数字经济和管理创新丛书

数字经济与财经数据科学实验实践创新特色系列教材

数据、模型与决策

朱顺泉　何晓光　刘桂芳　李　亮　编著

机 械 工 业 出 版 社

本书向读者介绍经济管理类商科领域中常用的管理运筹学与管理统计学模型的建立及其电子表格软件的实现方法，主要包括线性规划、网络模型、整数线性规划、非线性规划、项目安排、库存决策、模拟决策、层次分析法、描述性统计、参数假设检验与区间估计、方差分析、相关分析、线性回归分析、时间序列分析、马尔可夫过程等模型的建立及其电子表格软件的实现方法等内容。

本书紧跟数字经济与财经数据科学时代潮流，内容新颖、全面，实用性强，融理论、方法、应用案例于一体。

本书可供 MBA（工商管理硕士）、工商管理类、管理科学与工程类、金融学类、经济学类、统计学类等专业学生使用，适用于数据、模型与决策，管理运筹学，管理统计学等课程。

图书在版编目（CIP）数据

数据、模型与决策 / 朱顺泉等编著. —北京：机械工业
出版社，2024.7
（数字经济和管理创新丛书）
ISBN 978 - 7 - 111 - 75818 - 1

Ⅰ. ①数…　Ⅱ. ①朱…　Ⅲ. ①决策模型　Ⅳ. ①C934

中国国家版本馆 CIP 数据核字（2024）第 097957 号

机械工业出版社（北京市百万庄大街 22 号　邮政编码 100037）
策划编辑：刘　畅　　　　责任编辑：刘　畅　赵晓峰
责任校对：王小童　李　杉　　封面设计：王　旭
责任印制：张　博
北京建宏印刷有限公司印刷
2024 年 8 月第 1 版第 1 次印刷
184mm × 260mm · 18.5 印张 · 410 千字
标准书号：ISBN 978 - 7 - 111 - 75818 - 1
定价：65.00 元

电话服务　　　　　　　　网络服务
客服电话：010 - 88361066　机 工 官 网：www.cmpbook.com
　　　　　010 - 88379833　机 工 官 博：weibo.com/cmp1952
　　　　　010 - 68326294　金 书 网：www.golden-book.com
封底无防伪标均为盗版　机工教育服务网：www.cmpedu.com

前　言

党的二十大报告擘画了未来中国经济和社会发展前进的方向，凸显了中国高质量发展的要求和趋势，为中国数字经济发展指明了方向。数字经济是构建现代化经济体系的重要引擎，主要包括数字产业化和产业数字化。发展数字经济，能够推动 5G 网络、工业互联网、大数据、人工智能、基础软件等数字产业发展。数字产业发展又能进一步推动数实融合，通过运用数字技术对传统产业进行全方位、全链条改造，可以有效提高全要素生产率，促进传统产业的数字化、网络化、智能化发展。发展数字经济，促进数字经济和实体经济深度融合，打造具有国际竞争力的数字产业集群，将是未来数字经济发展的着力点。数字经济与财经数据科学的高速发展，推动数据、模型与决策课程教学改革进入了一个新的阶段。

本书的出版试图改变我国商科中的管理科学（数据、模型与决策）教学过于强调数学理论的现状，注重应用和解决实际问题。本书将应用运筹学与统计学等方法，面向实际的管理问题，建立模型，并借助计算机软件工具进行求解，着重讨论管理科学中模型的建立与应用。其目的是使读者能理解并掌握管理科学的一般理论与方法，并将其应用于管理工作的实践，以促进商科中的管理科学与实际管理问题的有机融合。

全书共分两篇：上篇为管理运筹学；下篇为管理统计学。其中，管理运筹学包括：线性规划模型的图解法与灵敏度分析，线性规划模型的应用与决策，分配与网络模型与决策，整数线性规划模型与决策，非线性规划模型与决策，项目安排：计划评审法/关键路径法，模拟与多准则决策。管理统计学包括：描述性统计，参数假设检验与区间估计，方差分析及其应用，相关分析及其应用，线性回归分析及其应用，时间序列分析及其预测，马尔可夫过程及其预测。

本书是国家级一流专业投资学建设点项目（2020）、广东省一流课程投资学建设项目（2022）、广东省研究生教育创新计划项目（案例库建设）（2022）、广州华商学院科研团队项目（2021HSKT02，2021HSKT03）等的阶段性成果，也是编者们多年来讲授数据、模型与决策，管理运筹学，管理统计学等课程及从事相关科研项目的总结。书中难免有不妥之处，恳请广大读者批评指正。

本书配有数字文件、教学课件、教学大纲、教学进度表、案例分析等资源，读者可通过机工教育服务网（www.cmpedu.com）自行下载。

编者

2023 年 12 月于广州

目　录

下篇 管理统计学

第1章 数据、模型与决策绪论

1.1 引言

管理是一门艺术与科学相结合的学问。从管理要素的角度来看，金融财务、物流等要素的管理中，科学的成分要多一些；人力资源、战略管理、组织行为中，艺术的成分要多一些；而市场分析、营销管理等，科学与艺术的成分并重。

本书介绍的是管理的科学成分，艺术成分一般要在实践中去体会，学校中难以学到。但管理的科学成分可以在学校中学到。

通俗地讲，管理科学就是应用科学的方法（主要是运筹学和统计学的方法）来解决管理问题，以帮助管理者更好地进行决策。

学生在学习本课程的管理科学模型与方法时，应注意几点：

1）我们主要讨论的管理科学方法应用的领域是工商企业管理领域，即盈利企业的管理；实际上它也可以应用到非营利组织中去。

2）管理科学的建模技巧和求解方法都是基于数学（主要是运筹学和统计学）方法和计算机工具；

3）除了介绍方法外，还包含有逻辑性地解决问题的哲学观（科学方法论）。

应用管理科学来解决问题的主要步骤是：

1）提出问题：认清问题，获得收集数据。

2）寻求可行方案：建模。

3）求解。

4）确定评估目标及方案的标准、方法或途径。

5）评估各个方案：解的检验、灵敏性分析等。

6）选择最优方案：决策。

7）方案实施：回到实践中。

8）后评估：考察问题是否得到圆满解决。

步骤1）~步骤4）是形成问题，需要数据；步骤5）、步骤6）是分析问题，即定性分析与定量分析相结合，构成决策。本书的定位主要是面向实际问题建模和求解，进行结论分析即决策。

1.2 量本利分析模型

管理决策者在处理问题时往往首先遇到的是数据，这些数据有可能是拿到别人采集的数据，也可能是自己制订出抽样调查方案所得到的数据，然后管理决策者必须科学、合理地在这些数据中提取所需要的信息，建立相应的模型，最后做出决策。学生在整个学习过程中掌握量本利分析模型是非常重要的。

下面先通过一个例子来说明什么是数据、模型与决策。

1.2.1 量本利分析模型的建立

量本利分析即盈亏平衡分析，它是通过分析产品产量、成本与盈利之间的关系，找出各投资方案中盈利与亏损在产量、产品价格、单位产品成本等方面的临界值，以判断投资方案在各种不确定因素作用下的盈亏情况，从而为决策提供依据。

例 1 – 1

盈亏平衡分析

例 1–1 盈亏平衡分析—数据

　　华丽床垫厂生产一种床垫，年固定成本为 90000 元，生产一个床垫的可变成本为 50 元，床垫的销售单价为 100 元。假定市场条件不变，产品价格稳定，所有的产品均能被销售。试确定该产品在盈亏平衡点的产量（盈亏平衡点即保本点，此时总成本等于总收益）。如果该厂生产 2400 个床垫，盈亏情况如何？

　　注：固定成本是总成本中不随产量变化的那部分成本；可变成本是总成本中随产量变化而变化的那部分成本；边际成本是总成本随产量变化的变化率，即：当多生产 1 单位产品，总成本的增加量。

解：设当产量为 X 时达到盈亏平衡点，则可建立如下模型：

（1）成本 – 产量模型

总成本为
$$C(X) = 90000 + 50X$$
式中，X 为床垫的产量；$C(X)$ 为生产 X 个床垫的总成本，它是产量 X 的函数。

（2）收入 – 销售量模型

收入为
$$R(X) = 100X$$
式中，X 为床垫的销售量（这里床垫的销售量等于床垫的生产量）；$R(X)$ 为销售 X 个床垫的总收入，它是产量 X 的函数。

边际收益是销售量变化一个单位时的收益变化量。由收入 – 销售量模型可见，床垫的边际收入为 100 元。

（3）利润 – 产量模型

总利润为
$$P(X) = R(X) - C(X)$$
$$= 100X - (90000 + 50X)$$
$$= -90000 + 50X$$

式中，$P(X)$ 为总利润，它是 X 的函数。

（4）盈亏平衡分析
$$X = 1000 \text{（个）}, \quad P(1000) = -40000 \text{（元）}$$

即损失 40000 元。
$$X = 2000 \text{（个）}, \quad P(2000) = 10000 \text{（元）}$$

即公司盈利 10000 元。

因此，盈亏平衡点（不亏也不盈利）应该在 1000 ~ 2000 元之间。

盈亏平衡点时，总成本等于总收益。即当总利润为零时，达到盈亏平衡。
$$P(X) = -90000 + 50X = 0 \text{（元）}$$

计算可得这时的产量为 $X = 1800$（个）。

若生产 2400 个床垫，则其利润为 $P(2400) = -90000 + 50 \times 2400 = 30000$（元）

当产量 X 大于 1800 个（盈亏均衡点的产量）时，该产品盈利；当产量 X 小于 1800 个时，该产品亏损；当产量 X 等于 1800 个时，既无盈利也无亏损。

在这个例子中，涉及数据搜集、模型建立和求解，目的是帮助我们做出管理决策。所以这个过程又称为数据、模型与决策。

1.2.2　量本利分析模型的两种求解方法

下面讨论如何以 Excel 为背景，用电子表格描述和解决上述例子中的问题。

打开 Excel 后，出现工作表。该工作表用作描述问题与建立模型，称为 Spreadsheet。在 Spreadsheet 上进行本量利分析的基本步骤如下：

首先在 Spreadsheet 中进行问题描述。用地址 B4、B5、B6 的单元格分别表示固定费用、单位产品可变费用和产品单价，在这些单元中分别输入已知数据，见表 1 –1。

表 1 –1　量本利分析模型

序号	A	B
1	例 1 – 1 量本利分析模型	
2		
3	产品成本	
4	固定费用	90000
5	单位产品可变费用	50
6	产品单价	100
7		

（续）

序号	A	B
8		
9	模型	
10	产品产量	2400
11		
12	总成本	210000
13		
14	总收益	240000
15		
16	总利润	30000

　　然后在 Spreadsheet 中建立模型。可在单元格 A9 处输入"模型"两个字，表示以下为模型。用单元格 B10 表示产品产量，它是一个有待于确定的决策变量。由于总成本、总收益与总利润均与该决策变量有关，所以可将单元格 B10 用一个框围起来以表示该决策变量的重要性。单元格 B12、B14、B16 分别表示总成本、总收益与总利润。总成本（单元格 B12）等于年固定费用与年可变费用之和，其中年可变费用等于单位可变费用与产品的产量之积，所以在单元格 B12 中输入下述公式：

$$= B4 + B5 * B10$$

　　总收益（单元格 B14）等于产品价格与产品产量之积，在单元格 B14 中输入下述公式：

$$= B6 * B10$$

　　总利润（单元格 B16）等于总收益与总成本之差，在单元格 B16 中输入公式：

$$= B14 - B12$$

　　运用上述模型即可计算不同产品产量下的盈亏情况。例如，当产品的产量为 2400 个时，可在单元格 B10 中输入 2400，即得到此时的总成本、总收益与总利润分别为 210000 元、240000 元与 30000 元，见表 1-1。表 1-2 给出了该模型的公式。

表 1-2　量本利分析模型的公式

序号	A	B
1	例 1-1 量本利分析模型	
2		
3	产品成本	
4	固定费用	90000
5	单位产品可变费用	50
6	产品单价	100
7		

（续）

序号	A	B
8		
9	模型	
10	产品产量	2400
11		
12	总成本	= B4 + B5 * B10
13		
14	总收益	= B6 * B10
15		
16	总利润	= B14 − B12

最后确定盈亏平衡点。盈亏平衡点是总成本等于总收益的点，或总利润等于 0 的点。前面已经算出，当产量为 2400 个时，总利润为 30000 元，所以该点不是盈亏平衡点。可在单元格 B10 中继续输入其他产量值进行试算，直到总利润为 0。下面介绍两种使用 Excel 中的命令迅速求出盈亏平衡点产量的方法，第一种方法是使用模拟运算表，第二种方法是使用单变量求解方法。

方法一：模拟运算表

Excel 中的模拟运算表可用来计算不同输入下的输出值。在本例中，可用模拟运算表计算不同产量下的盈利值或亏损值，其中，盈利值（或亏损值）为 0 时所对应的那一个产量，即为盈亏平衡点下的产量。用模拟运算表求盈亏点下产量的步骤如下：

第一步：确定输入的决策变量值（即床垫的产量）的范围与计算步长。

前面已经计算到，当床垫的产量为 2400 个时，总利润为正值，即盈利；在表 1 − 1 的模型中，若在单元格 B10 中试输入 1400，得到总利润为负值。因此，在产量为 1400 与 2400 之间，必有一个值使得总利润为 0，这个值即为盈亏平衡点的产量，因此，可将输入范围定为 [1400，2400]，假设计算步长为 200。

第二步：在单元格 A23：A28 中分别输入从 1400 ~ 2400、步长为 200 的产量值，见表 1 − 3。

表 1 − 3　构造模拟运算数据表

序号	A	B
20	用数据表计算盈亏点	
21	产品产量	利润
22		30000
23	1400	
24	1600	
25	1800	
26	2000	
27	2200	
28	2400	

第三步：在单元格 **B22** 中输入计算总利润的公式，即：= **B16**。

第四步：用 **Excel** 中的模拟运算表计算不同产量下的利润值。

1）用鼠标选择单元格 A21：B27 的区域。

2）在 Excel 工作表的菜单栏中，选择"数据"→"假设分析"→"数据表"。选择"数据表"，如图 1-1 所示。

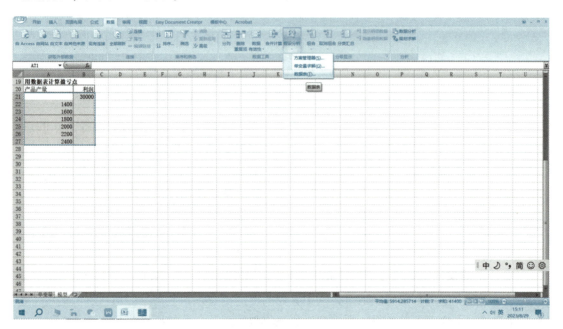

图 1-1　创建模拟运算表

3）出现"数据表"对话框，在"输入引用列的单元格"一栏中输入"＄B＄10"，B10 是表示产品产量的单元格，这表示数据表要计算的是不同产量下的利润，如图 1-2 所示。

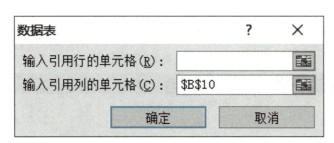

图 1-2　数据表对话框

4）选择"确定"。

这时，表内将出现不同产量所对应的利润值，见表 1-4。从表中数据可见，当产量为 1800 个时，总利润为 0，即盈亏均衡点的产量为 1800 个。

表 1 – 4   使用模拟运算数据表计算盈亏点的产量

序号	A	B
20	用数据表计算盈亏点	
21	产品产量	利润
22		30000
23	1400	– 20000
24	1600	– 10000
25	1800	0
26	2000	10000
27	2200	20000
28	2400	30000

方法二： 单变量求解方法

Excel 中的单变量求解可用来确定产生某个特定输出值（称为目标值）对应的输入值。使用该方法可迅速查出总利润（目标值）为 0 时对应的产量（输入值）。用单变量求解方法求盈亏点产量的步骤如下：

第一步：设置 B12 = B5 * B10 + B4，B14 = B6 * B10，B16 = B14 – B12。然后在 Excel 的菜单栏中选择"数据"→"假设分析"→"单变量求解"。选择"单变量求解"，如图 1 – 3 所示。

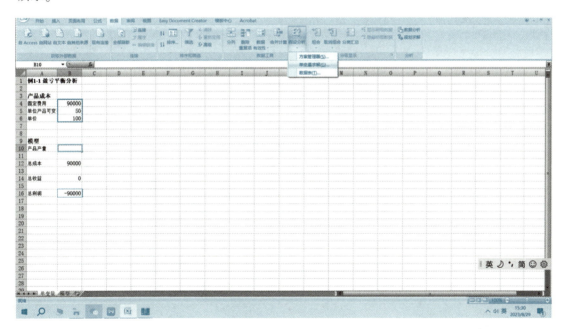

图 1 – 3   创建单变量求解表

第二步：选择"单变量求解"对话框。在"目标单元格"一栏中输入 "＄B ＄16"（总利润值），在"目标值"一栏中输入"0"（表示总利润为 0），在"可变单元格"一栏中输入"＄B＄10"（产品产量），如图1－4所示。该对话框的输入表明，下面要寻找的是当总利润为0时对应的产量值。选择"确定"。

这时，出现"单变量求解状态"表，如图1－5所示。它表示已经求得了一个解。选择"确定"。

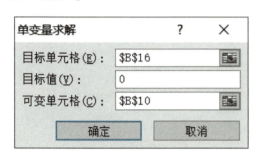

图1－4 单变量求解对话框

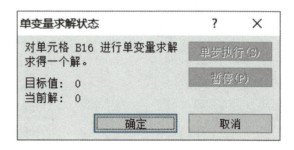

图1－5 单变量求解状态表

这时，在单元格B10中即得到盈亏平衡点的产品产量，为1800个，见表1－5。

表1－5 使用单变量求解确定盈亏均衡点的产量

序号	A	B
1	例1－1量本利分析模型	
2		
3	产品成本	
4	固定费用	90000
5	单位产品可变费用	50
6	单价	100
7		
8		
9	模型	
10	产品产量	1800
11		
12	总成本	180000
13		
14	总收益	180000
15		
16	总利润	0

1.3 数据、模型与决策的含义与特点

在上例中，涉及数据搜集、模型建立和求解，目的是帮助我们做出管理决策。所以这个过程又称为数据、模型与决策，有的书也称为管理科学。

《中国企业管理百科全书》对管理科学的解释是：应用分析、试验、量化的方法，对经济管理系统中的人力、物力、财力等资源进行统筹安排，为决策者提供依据的最优方案，以实现最有效的管理。

这里我们将管理科学理解为"运用数据和模型（主要是运筹学和统计学），对人、财、物等要素进行定量分析，以做出科学决策的管理理论与方法"。

该理论的主要特点包括：

1）管理领域的各项活动都以经济效果的优劣作为评价标准。

2）使衡量各项活动效果的标准定量化，并借助于数学模型描述事物的现状及发展规律，并找出最优的实施方案。

3）强调使用先进的科学理论和管理方法，如运筹学、统计学等方法与模型。

4）强调应用计算机从事管理工作，在运筹学与统计学模型的实际应用中，往往需要进行十分浩繁的数值计算，即便那些本身不复杂的模型也是如此，以至手工计算根本无法胜任，必须借助于计算机才能完成。因此，管理科学的发展有赖于计算机的发展，而研究管理科学的各种计算程序也是管理科学的重要任务之一。

在发达国家，大部分成功企业均将定量化方法应用于企业生产和管理，并取得了很大的成功。为促进管理科学理论与方法在实际工作中的应用，美国大部分大学都强调计算机的应用。

自 20 世纪 80 年代以来，管理科学在我国得到了迅速的发展，许多大学建立了管理科学系，培养了大批技术管理人才；然而，管理科学在实际工作中的应用还远未普及。究其原因，除了我国的企业管理水平有待提高外，一个重要的问题是我国管理科学教学中存在理论与实际相分离的状况，我国传统管理科学教学中常常过于强调数学理论与方法解释，如数学公式的推导等，而对管理科学的思想、从实际问题中建立模型的技术，以及定量化方法在实际管理问题中的应用有所忽略，学生在学完管理科学后，仍然不知道如何解决实际问题。其结果是一方面使得不少人员望而却步，将管理科学看成深奥的、难以掌握的、抽象的数学问题；另一方面使管理科学难以在实际中普及。

近年来，美国高校管理科学教学的思想、内容、方法和手段有了根本的转变，主要表现在美国普遍采用"计算机电子表格"这一全新的教学方法。管理科学已日益成为经济管理类学生最重要和最欢迎的课程之一，在教学中使用电子表格软件已经成为管理科学的新潮流。并且各行各业都在广泛地应用电子表格软件，这为我们进行相应的教学提供了一个舒适而愉快的环境。

本书介绍应用运筹学、统计学等内容，面向实际问题，建立模型，并借助计算机软件工具进行求解，着重讨论管理科学中模型的建立与应用。其目的是使读者能理解并掌握管理科学的一般理论与方法，并将其应用于管理工作的实践，以促进商科中管理科学与实际管理问题的有机融合。

1.4 本书要讨论的主要内容

管理科学发展至今，已经成为一个十分庞大而复杂的学科，既有理论体系，又有应用体系，既有研究体系，又有教育体系，其内涵十分丰富，涉及管理的对象也非常广，如：各行各业的人、财、物等要素的管理，非本书所能总揽。按照模型的性质，运筹学主要分为四类：确定型（线性规划、网络规划等）、随机型（随机过程，随机规划等）、混合型（动态规划、组合规划、模拟等）和模糊型（模糊规划、模糊对策等）。统计学主要包括：描述统计、参数估计、假设检验、方差分析、相关分析、回归分析、时间序列分析及其预测、马尔可夫预测等。为了使本书有一定的针对性和适用性，我们将本书定位为以下几个方面模型的建立与决策。

1）数据、模型与决策绪论。

2）线性规划模型的图解法与灵敏度分析。

3）线性规划模型的应用与决策。

4）分配与网络模型与决策。

5）整数线性规划模型与决策。

6）非线性规划模型与决策。

7）项目安排：计划评审法/关键路径法。

8）模拟与多准则决策。

9）描述性统计。

10）参数假设检验与区间估计。

11）方差分析及其应用。

12）相关分析及其应用。

13）线性回归分析及其应用。

14）时间序列分析及其预测。

15）马尔可夫过程及其预测。

思 考 题

1. 简述应用管理科学来解决问题的步骤或过程。

2. 刘文华是红星机械厂的厂长，正在考虑对一种新型电水壶进行投资，新产品市场售价为 125 元/件，其生产的单位变动成本为 75 元，每年固定成本总额为 60 万元。

试问：生产多少件新产品，企业才能达到盈亏平衡，以便于进行投资决策？

3. 东风公司只生产甲产品，销售单价为 25 元，单位变动成本为 14 元，每年固定成本总额为 792000 元，本年销售产品数量 150000 件。

计算：（1）本年实现的利润；

（2）安全边际额；

（3）该公司如果税前目标利润为 6 万元，试计算保利点销售量和销售额。

上篇　管理运筹学

数据、模型与决策
Data, models, and decision-making

第 2 章　线性规划模型的图解法 与灵敏度分析

在社会经济活动中，人们总是希望通过某种途径，追求可能达到的最佳结果，这就是优化问题。其基本思路是在满足一定的约束条件下，使预定的目标值达到最优。

本章讨论优化技术中线性规划问题，它最初是为解决第二次世界大战的后勤问题而产生的，自 1947 年乔治·伯纳德·丹齐格（George Bernard Dantzig）提出解线性规划的单纯形法后，线性规划的理论体系和计算方法日趋完善。随着计算机的发展，线性规划已广泛应用于商业、工业和军事，如人力资源规划、选址、库存管理、生产计划、投资分析、营销决策等。

线性规划是一种帮助管理者制定决策和解决问题的方法。为了说明线性规划问题的共性，我们考虑以下几个典型的应用。

1）制造商希望建立一个生产时间表和库存计划，以满足未来一段时间的市场需求。最理想的情况是，既满足市场需求，又使生产和库存的成本最低。

2）金融财务分析师必须选择若干支股票和债券进行投资组合，使其所做的投资组合的回报最大（或者使投资组合的风险最小化）。

3）营销经理希望将固定的广告预算在广播、电视、报纸、杂志等媒体中进行最好的分配，使广告的效果最好。

4）一家公司的仓库分布于全国各地，现有一些客户订单，公司希望确定每个仓库到每个客户的发货量，使总的运输成本最低。

2.1　一个简单的最大化问题

例 2 – 1

广州电器厂生产 A、B 两种电器需要用到原材料 1 和原材料 2，有关数据见表 2 – 1。

表 2 – 1　广州电器厂月生产安排

项目	1 件产品 A	1 件产品 B	总量
原材料 1（单位/件）	6	2	1800
原材料 2（单位/件）	0	1	350
劳动时间（h/件）	2	4	1600
利润（元/件）	3	8	—

根据市场调查知道两种产品的市场需求状况可以确定，按当前的定价可确保所有产品均能销售出去。问第一个月内产品 A 与产品 B 各应生产多少，可使总利润最大？

此问题的目标是总利润最大化，所要决策的变量是产品的产量，而产品的产量则受到可提供的原材料与劳动时间的约束，因此该问题可以用目标、决策变量和约束条件三个因素加以描述。实际上，所有的线性规划问题都包含这三个因素。现对这三个因素简单说明如下：

1）目标函数是指系统所追求的目标的数学描述。如最大利润、最小成本等。

2）决策变量是指系统中有待确定的未知因素。如决定企业经营目标的各产品的产量等。

3）约束条件是指实现系统目标的限制因素，它限制了目标值所能达到的程度。如原材料供应量、市场需求等。

解：1）决策变量。本问题的决策变量是第一个月产品 A 和产品 B 的产量。可设：X 为第一个月产品 A 的产量（件）；Y 为第一个月产品 B 的产量（件）；X，Y 为本问题的决策变量。

2）目标函数。本问题的目标函数是总利润最大。由于产品 A 与产品 B 每件利润分别为 3 元与 8 元，而其产量分别为 X 与 Y，所以总利润可计算如下：

$$总利润 = 3X + 8Y$$

3）约束条件。本问题有四个约束。

第一个约束：原材料 1 的约束。每件产品 A 与每件产品 B 对原材料 1 的消耗量分别为 6 与 2，而两种产品的产量分别为 X 与 Y，所以这两种产品在第一个月对原材料 1 的总消耗量为 $6X + 2Y$。由题意，原材料 1 的可提供量为 1800。因此，

$$6X + 2Y \leq 1800$$

第二个约束：$Y \leq 350$。

第三个约束：$2X + 4Y \leq 1600$。

第四个约束：非负约束。由于产量不可能为负值，所以有：$X \geq 0$，$Y \geq 0$。

因此，可建立本问题的线性规划模型如下：

目标函数：$\qquad\qquad\qquad\qquad \max 3X + 8Y$

约束条件 $\qquad \begin{cases} 6X + 2Y \leq 1800 \\ Y \leq 350 \\ 2X + 4Y \leq 1600 \\ X \geq 0, \ Y \geq 0 \end{cases}$

下一步要找出决策变量 X 与 Y 的值，使得在同时满足所有约束条件的前提下目标函数值达到最优，这就是线性规划的求解。

上面讨论的是线性规划问题，所谓线性规划，是指如果目标函数是关于决策变量的线性函数，而且约束条件也都是关于决策变量的线性等式或线性不等式。

2.2 线性规划问题的图解法

2.2.1 可行域与最优解

在例2-1中所要寻求的解是产品A与产品B的产量组合。实际上，给出产品A与产品B的任意一组产量组合，就可得到该问题的一个解，因此可以得到无穷多个解，但是其中只有满足所有约束条件的解才是符合题意的。满足所有约束条件的解称为该线性规划问题的可行解，全体可行解组成的集合称为该线性规划问题的可行域。其中使目标函数达到最优的可行解称为最优解。在例2-1中，如果能够找到一组能够满足所有约束条件的产量组合，则这个产量组合就是一个可行解；如果这个可行的产量组合能够使总利润最大，则这个组合就是所求的最优解。

2.2.2 线性规划的图解法

例2-1的可行域可用图2-1来描述。该问题的四个约束条件：

$$\begin{cases} 6X+2Y\leqslant1800 & ① \\ Y\leqslant350 & ② \\ 2X+4Y\leqslant1600 & ③ \\ X\geqslant0,\ Y\geqslant0 & ④ \end{cases}$$

利用约束条件画最大化问题图解，如图2-1所示。

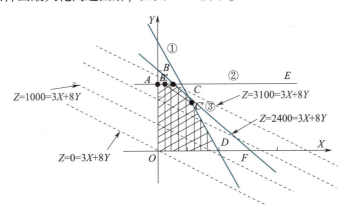

图2-1 最大化问题图解法

本问题是利润最大化，所以应在可行域内选择使利润达到最大值的解。

考虑哪些解可以使利润达到 $3X+8Y=1200$，做等利润线 $3X+8Y=2400$；得出：$3X+8Y=k$，k 取不同的值表示不同的利润。

不难发现所有的等利润都相互平行，且离原点越远的等利润线，利润最高。因此，最优解应是在可行域内离原点最远的那条等利润直线上的点。可见 B 点就是。而 B 点是直线②和直线③的交点。解此方程组可得：$X=100$，$Y=350$。

图解法适合于求解含有两个决策变量的线性规划问题。归纳步骤如下：

1）在坐标图上画出代表各约束条件的直线；

2）确定满足所有约束条件的可行域；

3）画出任意一条等利润直线，可令利润函数值等于任意一个特定值；

4）朝着使目标函数最优化的方向，平行移动该等利润直线，直到再继续移动就会离开可行域为止。此时，该等利润直线在可行域的那些点，就是最优解。

2.2.3 松弛变量与线性规划模型的标准式

将 $X=100$，$Y=350$ 代入有

$$\begin{cases} 6X+2Y=1300\leqslant1800 & ① \\ Y=350\leqslant350 & ② \\ 2X+4Y=1600\leqslant1600 & ③ \end{cases}$$

可见原材料 1 有多余，原材料 2 和劳动时间刚好用完。约束条件①称为非紧的约束，表示资源尚有多余；约束条件②和约束条件③称为紧的约束，表示资源已经全部使用完毕。

若在约束条件左边加上一个变量，使不等式变为等式，则：

$$\begin{cases} 6X+2Y+S_1=1800 \\ Y+S_2=350 \\ 2X+4Y+S_3=1600 \end{cases}$$

式中，X，Y，S_1，S_2，S_3 均大于 0。

上述等式形式的模型称为线性规划的标准形式。变量 S_1，S_2，S_3 称为松弛（slack）变量。如上面松弛变量的值为：

$$S_1=1800（右边的值）-1300（左边的值）=500$$
$$S_2=350（右边的值）-350（左边的值）=0$$
$$S_3=1600（右边的值）-1600（左边的值）=0$$

2.3 最小化问题

2.3.1 最小化线性规划问题

例 2-2

广州金属厂成本优化问题

广州金属厂从一、二两种矿石中提炼 A、B 两种金属。已知每吨矿石中金属 A、金属 B 的含量和两种矿石的价格见表 2-2。

例 2-2 广州金属厂
成本优化问题—数据

表 2 - 2　矿石成分与价格表

矿石	金属		价格（元/t）
	A	**B**	
Ⅰ	0.40	0.42	45
Ⅱ	0.25	0.15	10

据预测，金属 B 的需求量不少于 420kg，金属 A 由于销路问题，该厂决定，其产量不得超过 600kg。此外，矿石Ⅱ由于库存积压，要求其使用量不得少于 800t，问应使用各种矿石各多少 t，使得在满足要求的前提下总费用最小？

解：1）决策变量：两种矿石的使用量，可设 X 为矿石Ⅰ的使用量，Y 为矿石Ⅱ的使用量。

2）目标函数：总费用最小。总费用计算如下：总费用 $= 45X + 10Y$。

3）约束条件：本问题四个约束条件。

第一个约束条件是金属 A 的产量约束，第二个约束条件是金属 B 的需求约束，第三个约束条件是矿石Ⅱ的使用量约束，第四个约束条件是非负约束。

表达式如下：

$$\begin{cases} 0.40X + 0.25Y \leq 600 \\ 0.42X + 0.15Y \geq 420 \\ Y \geq 800 \\ X, \ Y \geq 0 \end{cases}$$

由上述分析，可建立该最小化问题的线性规划问题如下：

目标函数：$\qquad\qquad\qquad \min 45X + 10Y$

约束条件：

$$\begin{cases} 0.40X + 0.25Y \leq 600 & \text{金属 A 的产量约束} \\ 0.42X + 0.15Y \geq 420 & \text{金属 B 的需求约束} \\ Y \geq 800 & \text{矿石Ⅱ的使用量约束} \\ X, \ Y \geq 0 & \text{非负约束} \end{cases}$$

2.3.2　最小化问题图解法

利用约束条件：

$$\begin{cases} 0.40X + 0.25Y \leq 600 & \text{金属 A 的产量约束　①} \\ 0.42X + 0.15Y \geq 420 & \text{金属 B 的需求约束　②} \\ Y \geq 800 & \text{矿石Ⅱ的使用量约束} \\ X, \ Y \geq 0 & \text{非负约束} \end{cases}$$

画最小化问题图解，如图2–2所示。

本问题的目标是最小化问题，所以应在可行域内选择使费用达到最小值的解。做等费用直线族 $45X + 10Y = k$（k 可取不同的常数），对于等费用直线族来说，越靠近原点的等费用直线对应的费用越小。因此，最优解应是在可行域内的、最接近原点的那条等费用直线上的点。本问题中，既在可行域内的、又最接近原点的那条等费用直线上的点是点 A，所以点 A 的坐标就是最优解。而点 A 是直线①和直线②的交点。解此线性方程组，得到：$X = 333.3t$，$Y = 1866.7t$。相应的最优解为 $45X + 10Y = 33666$（元）。

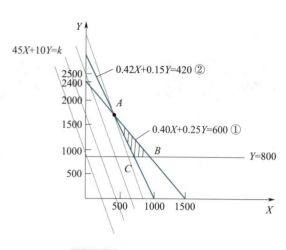

图2–2 最小化问题图解法

2.3.3 剩余变量

在例2–2中，将 $X = 333.3t$，$Y = 1866.7t$，代入约束条件：

$$
\begin{cases}
0.40X + 0.25Y = 600 \leqslant 600 & \text{金属 A 的产量约束} \quad ① \\
0.42X + 0.15Y = 420 \geqslant 420 & \text{金属 B 的需求约束} \quad ② \\
Y = 1866.7 \geqslant 800 & \text{矿石 Ⅱ 的使用量约束} \quad ③ \\
X,\ Y \geqslant 0 & \text{非负约束}
\end{cases}
$$

约束条件①与约束条件②的左边等于右边称为紧的约束，约束条件③的左边大于右边，说明矿石 Ⅱ 的使用量不仅能够满足所要求的最小使用量，而且有剩余，称为非紧约束。

使上面的不等式变为等式，可写为如下的等式形式：

目标函数：$\qquad\qquad\qquad \min 45X + 10Y$

约束条件：

$$
\begin{cases}
0.40X + 0.25Y + S_1 = 600 \\
0.42X + 0.15Y - S_2 = 420 \\
Y - S_3 = 800 \\
X,\ Y,\ S_1,\ S_2,\ S_3 \geqslant 0 \quad \text{非负约束}
\end{cases}
$$

此模型称为线性规划模型的标准形式。变量 S_2，S_3 称为剩余变量，变量 S_1 称为松弛变量。松弛变量的值是"="等式右边的值减去左边的值，剩余变量的值是"="等式左边的值减去右边的值，即超额或有剩余的那部分数量。

在例2–2中，约束条件①的松弛变量为

$$S_1 = 600\ (右边的值) - 600\ (左边的值) = 0$$

约束条件②和约束条件③的剩余变量分别为

$$S_2 = 420 \text{（左边的值）} - 420 \text{（右边的值）} = 0$$
$$S_3 = 1866.7 \text{（左边的值）} - 800 \text{（右边的值）} = 1066.7$$

2.4　线性规划问题的解的讨论

在前面的讨论中，都得到了唯一的最优解，但是，并不是所有的线性规划问题都能得到最优解。

（1）唯一解

在例 2 - 1 中，得到了唯一的最优解。

（2）无穷多解

在例 2 - 1 中，将产品 A 的单位产品利润从 3 增加到 4，这时该问题的解将发生变化，用图解法可求出该问题的最优解。

（3）线性规划问题无可行域的情况

如在例 2 - 1 中，若再要求产品 A 的产量不得小于 400，显然要使线性规划的解同时在两个区域，这是不可能的，可见这时无可行域。因此该线性规划问题无解。

注意：有无可行域取决于约束条件，而与目标函数无关。

（4）线性规划问题可行域无界的情况

线性规划问题的可行域无界，是指最大化问题中的目标函数值可以无限增大或最小化问题中的目标函数值可以无限减小。

如在例 2 - 1 中，若没有原材料与劳动时间的约束，但要求产品 A 与产品 B 的总产量不得少于 350 单位，则该模型为

目标函数：
$$\max 3X + 8Y$$

约束条件：
$$\begin{cases} X + Y \geq 350 & \text{产量约束} \\ X \geq 0, \ Y \geq 0 & \text{非负约束} \end{cases}$$

利用上述约束条件画图，那么该模型的可行域是位于直线 $X + Y = 350$ 右上半部分。在该可行域内，目标函数值（利润）可无限增大，因此该规划问题的可行域无界。

2.5　线性规划的灵敏度分析

2.5.1　灵敏度分析的含义

本节讨论线性规划问题的灵敏度分析的内容、灵敏度报告的获得与使用以及影子价格的概念。

灵敏度分析是研究当一个线性规划问题中的系数发生变化时，其对函数最优解的影响程度。运用灵敏度分析，回答以下问题：

1）如果目标函数的系数发生了变化，对最优解会产生什么影响？

2）如果改变约束条件的右端值，对最优解会产生什么影响？

因为灵敏度分析研究的是系数的变化对最优解的影响，所以在进行灵敏度分析之前首先要计算出原线性规划的最优解。因此，灵敏度分析有时也称为后优化分析。

在例2-1中，假定市场状况或生产工艺发生了变化，使得目标函数中的系数发生了变化，例如，产品A的单位产品利润从3元增至3.5元，那么已求得的最优解、最优目标值会发生变化吗？目标函数的系数在什么范围内变化，才不会影响最优解？

另外，如果原材料或劳动时间的供应量增加，最大利润将会如何变化？这些问题在实际生产管理中十分重要，它也是灵敏度分析所要回答的问题。

2.5.2　线性规划的电子表格求解方法

我们以例2-1为例，在图2-3中的B5: D7和B8: C8区域设置已知数据，B14: C14区域设决策变量X，Y，目标函数的利润最大化与约束条件的公式计算设置如图2-3所示。

	A	B	C	D
2				
3			单位产品的资源需求	
4	资源	产品A	产品B	可提供资源量
5	原材料1	6	2	1800
6	原材料2	0	1	350
7	劳动时间	2	4	1600
8	单位产品利润	3	8	
9				
10	**模型**			
11				
12		决　策	变　量	
13		产品A	产品B	
14	产量			
15				
16	总利润最大化	=SUMPRODUCT(B8:C8,B14:C14)		
17				
18	约束	使用量（左边）		可提供量（右边）
19	原材料1	=SUMPRODUCT(B5:C5,$B$14:$C$14) <=		=D5
20	原材料2	=SUMPRODUCT(B6:C6,$B$14:$C$14) <=		=D6
21	劳动时间	=SUMPRODUCT(B7:C7,$B$14:$C$14) <=		=D7

图2-3　数据设置与求解公式

设置好已知数据、决策变量单元格和约束条件计算公式以后，点击Excel"数据"菜单的"规划求解参数"菜单，得到的结果如图2-4所示。

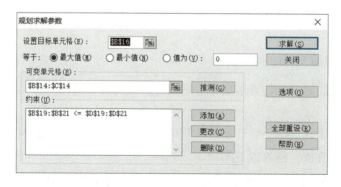

图2-4　规划求解参数设置

点击图 2 - 4 中的"选项"按钮，设置采用线性模型，决策变量假定非负，给出的设置如图 2 - 5 所示。

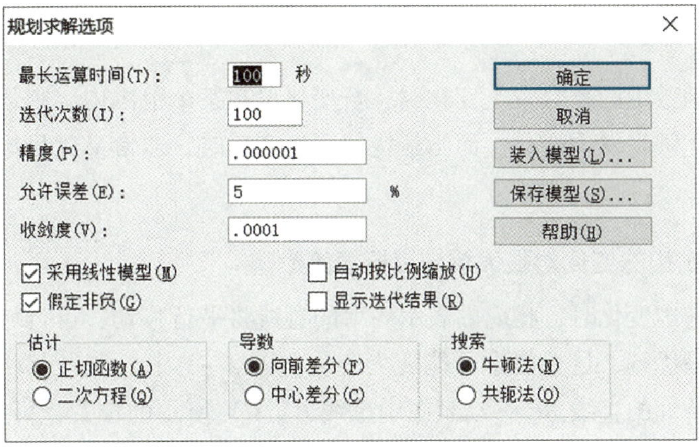

图 2 - 5　规划求解选项设置

点击图 2 - 5 的"确定"按钮，回到图 2 - 4 的界面，再点击图 2 - 4 界面的"求解"按钮，得到图 2 - 6 的结果。

图 2 - 6　求解结果

2.5.3　灵敏度分析的内容

灵敏度分析是研究当目标函数中的系数发生变化，以及当约束条件右边的值发生变化时，原有的最优解、最优目标值受到的影响。

1. 目标函数中系数的变化对最优解与最优目标值的影响

当目标函数中的系数变化时，等利润直线变得陡峭或平坦，它与可行域的交点也可能随之变化。目标函数中的系数改变足够大时，可使最优解发生变化。图 2 - 1 中，若等利

润线在 AE 和 BF 之间变化时，则点 B 仍然是既在可行域上、又离原点最远的顶点，此时最优解保持不变；若等利润线变得足够陡峭或平坦超出了直线 AE 和 BF 之间的范围，则该等利润线将与可行域相交于另一顶点 C（或点 A），这时最优解将从顶点 B 变为另一个顶点 C（或点 A）。

可见当目标函数中的系数发生变化时，若变化量在某个范围内，则最优解不变；若变化足够大，则最优解将发生变化。而当最优解发生变化时，通常最优目标值也将随之发生变化。

2. 约束条件右边的变化对最优解与目标值的影响

当约束条件右边变化时，相应的表示约束的直线将平行移动，可行域将发生变化。当该移动足够大，最优解、目标值也可能随之变化。图 2 - 1 中，如当劳动时间减少时，表示劳动时间约束条件的直线 BC 移动至图中虚线 $B'C'$ 所示的位置，可行域亦随之变化，从多边形 $OABCD$ 变为 $OAB'C'D$。这时，最优解与目标值均将发生变化。但是约束条件 ①（原材料 1 约束）的右边发生变化，而且变化不太大，则可行域的变化不会影响最优解与目标值，该约束是非紧的。当然如果变化很大，以致使该约束条件成为紧的，这时，最优解与目标值均可能发生变化。

可见，当约束条件右边发生变化时，最优解与目标值可能会发生变化。综上所述，灵敏度分析的主要内容包括：

1）目标函数中的系数变化时，表示目标函数的直线族变得陡峭或平坦，它与可行域的交点也可能随之变化。灵敏度分析是研究目标函数中的系数变化对最优解与目标值的影响以及目标函数中的系数改变多少，方可使最优解发生变化。

2）约束条件右边变化时，相应的表示约束条件的直线将平行移动，可行域发生变化，最优解与目标值也可能随之变化。灵敏度分析是研究约束条件右边变化时对目标值或最优解的影响状况。

2.5.4 敏感性报告及其解释

下面讨论如何获得敏感性报告，并利用敏感性报告进行灵敏度分析。

灵敏度分析所要解决的问题可通过数学方法进行分析，例如，可用数学公式计算目标函数的系数或约束条件右边变化对最优解与目标值的影响。不过这种计算一般比较复杂。运用 Excel 的规划求解功能可得到敏感性报告。

1. Excel 敏感性报告

要用 Excel 获得敏感性报告，得到的结果如图 2 - 7 所示。

点击图 2 - 7 中的"确定"按钮，得到的结果如图 2 - 8 所示。

2. 敏感性报告中各项指标的含义

我们对敏感性报告中的各项指标的含义做出解释，如图 2 - 8 所示。

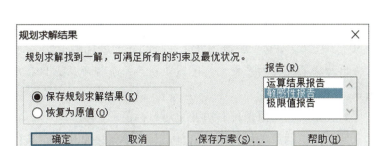

图 2 -7　敏感性报告的获取

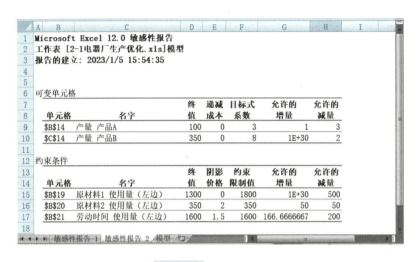

图 2 -8　敏感性报告

图 2 -8　敏感性
报告—数据

敏感性报告由两部分组成。位于报告上部的表格（单元格 A6: H10）是关于目标函数中的系数变化对最优解产生的影响；位于报告下部的表格（单元格 A12: H17）是关于约束条件右边变化对目标值的影响，如图 2 -8 所示。

位于报告上部的表格中前三列是关于该问题中决策变量的信息，其中单元格是指决策变量所在单元格的地址，名字是指这些决策变量的名称，终值是决策变量的终值，即最优解。例 2 -1 中，有两个决策变量：产品 A 的产量和产品 B 的产量。它们在电子表格上的地址分别是 $B$14 和 $C$14，其最优解分别为 100 单位和 350 单位。第四列是递减成本，它的绝对值表示目标函数中决策变量的系数必须改进多少，才能得到该决策变量的正数解。这里的"改进"，在最大化问题中是指增加，在最小化问题中是指减少。例 2 -1 中，两个决策变量均已得到正数解，所以它们的递减成本均为零。第五列目标式系数是指目标函数中的系数，它是题目中的已知条件。本例中目标函数中两个决策变量的系数分别为 3 和 8。第六列和第七列分别是允许的增量和运行的减量，它们表示目标函数中的系数在允许的增量与减量范围内变化时，最优解不变。例 2 -1 中，第一个决策变量（产品 A 的产量）的目标式系数为 3，允许的增量为 1，允许的减量为 3，因此该目标系数在 [3 - 3，3 +1] 即 [0，4] 范围内变化，该问题的最优解不变。同理第二个决策变量（产品 B

的产量）的目标系数为8，允许的增量为1E + 30，允许的减量为2，因此该目标系数在[8 − 2，8 + 1E + 30]即[6，+∞]范围内变化，该问题的最优解不变。

注意：这里给出的决策变量的允许变化范围是指其他条件不变，仅在该决策变量变化时的允许变化范围。

位于报告下部的表格反映约束条件右边变化对目标值的影响。

表格中的前三列是关于约束条件左边的信息，其中单元格是指约束条件左边所在单元格的地址，名字是约束条件左边的名称，终值是约束条件左边的终值。

例2 − 1中，有三个约束条件，它们分别是原材料1使用量、原材料2使用量和劳动时间使用量，它们在电子表格上对应的地址分别是 $B$19、$B$20、$B$21，其终值分别为1300、350和1600。

第四列是阴影价格即影子价格，后面讨论。

第五列为约束限制值，指约束条件右边的值，通常是题目给定的已知条件，例2 − 1中的三个约束条件右边的值分别是原材料1、原材料2、劳动时间的供应量，它们分别是1800、350、1600。

第六列与第七列是允许的增量和允许的减量，它们表示约束条件右边在允许的增量与减量范围内变化时，影子价格不变。

例2 − 1中，第一个约束条件右边的值为1800，允许的增量为1E + 30，允许的减量为500，因此该约束条件右边在[1800 − 500，1800 + 1E + 30]即[1300，+∞]范围内变化时，原材料1的影子价格不变。

注意：这里给出的决策变量的允许变化范围是指其他条件不变，仅在该决策变量变化时的允许变化范围。

同理第二个约束条件右边在[350 − 50，350 + 50]即[300，400]范围内变化时，原材料2的影子价格不变。

第三个约束条件右边在[1600 − 200，1600 + 166.7]即[1400，1766.7]范围内变化时，劳动时间的影子价格不变。

3. 影子价格

在敏感性报告中，第四列是影子价格，这是一个十分重要的概念，影子价格是指约束条件右边增加（或减少）一个单位，目标值增加（或减少）的数量。

在例2 − 1中有三个资源约束，每种资源的影子价格是该种资源供应量增加（或减少）一个单位时，总利润增加（或减少）的数量。

例如，从敏感性报告可知：

第一个约束条件（原材料1供应量约束）的影子价格为0，这说明在允许的范围[1300，+∞]内，再增加一个单位（减少）的原材料1供应量，总利润不变。

第二个约束条件（原材料2供应量约束）的影子价格为2，这说明在允许的范围[300，400]内，再增加一个单位（减少）的原材料2供应量，总利润将增加（或减少）2元。

第三个约束条件（劳动时间供应量约束）的影子价格为 1.5，这说明在允许的范围 [1400，1766.7] 内，再增加一个单位（减少）的劳动时间供应量，总利润将增加（或减少）1.5 元。

4. 使用敏感性报告进行敏感度分析

下面采用敏感性报告对例 2-1 进行灵敏度分析，并回答开始提出的问题。

1）若产品 A 的利润系数从 3 元增至 3.5 元，那么，已求得的最优解、目标值会变化吗？该系数在什么范围内，才不会影响最优解？

由敏感性报告（见图 2-8）上部的表格可知，产品 A 的系数在允许的变化范围 [3-3,3+1]，即 [0，4] 区间变化时，不会影响最优解。现在产品 A 的利润系数是 3.5，是在允许的变化范围内，所以最优解不变，仍然是 X = 100，Y = 350。

注意，目标值将由原来的 3100，变为 $3.5 \times 100 + 8 \times 350 = 3150$。

2）如果原材料 2 供应量增加 30kg，最大利润将为多少？

由敏感性报告（见图 2-8）下部的表格可知，当原材料 2 的约束条件右边在允许变化的范围 [350-50，350+50]，即 [300，400] 范围内变化时，原材料 2 的影子价格不变。现在原材料 2 的供应量增加了 30kg，变为 380kg，在允许增加的范围内，所以其影子价格不变，仍然等于 2。这就是说，原材料 2 的供应量每增加 1kg，将使最大利润增加 2 元。当原材料 2 的供应量增加 30kg 时，最大利润将增加 $2 \times 30 = 60$（元），最大利润 = $3100 + 60 = 3160$（元）。

思 考 题

1. 广州某财务分析公司是为许多客户管理股票资产组合的投资公司。一名新客户要求该公司处理 80000 元的投资组合。作为个人投资战略，该客户希望他的资产组合限制在下面两个股票的组合中。两种股票的有关数据见表 2-3。

表 2-3 两种股票的有关数据表

股票	每股价格（元）	每股最大预期年收益（元）	可能的投资（元）
西北石油	50	6	50000
西南石油	30	4	45000

设 x = 西北石油的股份数；y = 西南石油的股份数。

1）假设客户希望最大化总的年收益，则目标函数是什么？

2）写出下面三个条件下的每一个的数学表达式。

①总的投资基金是 80000 元。

②对西北石油的最大投资是 50000 元。

③对西南石油的最大投资是 45000 元。

2. 某投资公司的财务顾问得知有两家公司有并购计划。西部电缆公司是制造建筑光缆方面的优秀公司，而康木交换公司是一家数字交换系统方面的新公司。西部电缆公司股票的现在每股交易价是 40 元，而康木交换公司的每股交易价是 25 元。如果并购发生了，财务顾问预测西部电缆公司每股价格将上涨到 55 元，康木交换公司每股价格将上涨到 43 元。财务顾问确认投资康木交换公司的风险比较高。假设投资在这两种股票上的资金的最大值为 50000 元，财务顾问希望至少在西部电缆公司上投资 15000 元、在康木交换公司投资 10000 元。又因为康木交换公司的风险比较高，所以财务顾问建议对康木交换公司的最大投资不能超过 25000 元。

1）建立线性规划模型，决定对西部电缆公司和康木交换公司应该各投资多少才能使总投资回报最大？

2）画出可行域。

3）确定每个极点的坐标。

4）找出最优解。

3. 已知某公司计划推出 A 和 B 两种服务。已知 A 服务每次收益 2 万元，B 服务每次收益 3 万元，两种服务的推出需要企业提供相应的人员和计算机，每种服务需要的人员和计算机等相关数据见表 2-4。问：应当如何安排各种服务的次数，才能使公司收益最大？

表 2-4　数据表

项目	A 服务	B 服务	公司现有人员和设备数量
前台服务人员	1 人	2 人	8 人
技术支持人员	4 人	0 人	16 人
计算机	0 台	4 台	12 台

4. 某公司使用 M_1、M_2、M_3 三种原材料，生产 P_1、P_2 两种产品。现有原材料数、每单位产品所需原材料数和每单位产品可得利润等数据见表 2-5。问：如何组织生产才能使利润总额最大？

表 2-5　数据表

原材料	单位产品所需原材料（t）		现有原材料数（t）
	P_1	P_2	
M_1	2	5	8
M_2	6	3	12
M_3	0	4	16
单位产品利润（万元）	400	600	

5. 某工厂生产 A 和 B 两种产品，生产每件产品 A，产值 0.5 万元，但是要排放某种污染物 20μg；生产每件产品 B，产值 1.5 万元，但是要排放某种污染物 40μg。已知根据以往客户订货状况，产品 A 每月需求大于或等于 200 件，小于或等于 300 件；产品 B 每月需求大于或等于 150 件，按照总公司要求，每月工厂必须完成的产值指标为 1000 万元。

问：如何组织生产才能使完成生产任务的污染物排放达到最小？

案例分析　创业投资基金公司的管理报告分析

广州某创业投资基金公司为计算机软件和互联网的应用发展提供创业基金。目前该基金公司有两个投资机会：一是需要资金去开发互联网安全软件的公司；二是需要资金去开发对顾客满意度进行调查的应用软件的公司，开发安全软件的公司要求该基金运作公司必须在接下来三年给其第一年提供 600000 元，第二年提供 600000 元，第三年提供 250000 元。开发调查应用软件的公司要求基金公司在接下来三年给其第一年提供 500000 元，第二年提供 350000 元，第三年提供 400000 元。该基金公司认为这两项投资都是值得尝试的。但是，由于其他的投资，公司只能在第一年投资 800000 元，第二年投资 700000 元，第三年投资 500000 元。

该基金运作公司的金融分析小组对这两项计划进行了调查，建议公司的目标应该是追求总投资利润现值最大化。净现值应考虑到三年后两家公司的股票价值和三年内的资金流出量。按 8% 的回报率计算，该基金公司的金融分析小组估计，如果对开发安全软件的公司进行 100% 的投资，净现值应该是 1800000 元；对开发调查软件的公司进行 100% 的投资，净现值应该是 1600000 元。

该基金公司对安全公司和市场调查的公司投入任何比例的资金。比如，如果基金公司对安全公司投资 40% 的资金，那么第一年就需要 $0.40 \times 600000 = 240000$（元），第二年需要 $0.40 \times 600000 = 240000$（元），第三年需要 $0.40 \times 250000 = 100000$（元），在这种情况下，净利润的值就是 $0.40 \times 1800000 = 720000$（元）。对市场调查的公司的投资计算方法相同。

对该基金公司的投资问题进行分析，准备一个报告介绍你的建议和结论。包括如下内容：

1）这两种投资应该各占多大的比例？总投资的净现值是多少？

2）接下来三年为两个公司的资金分配计划是什么？基金公司每年投资的总额是多少？

3）如果基金公司愿意在第一年追加 100000 元投资，会对投资计划产生什么影响？

4）制定追加 100000 元投资以后的投资分配计划。

5）你是否建议第一年再追回投资 100000 元。

在该报告中应该包括线性规划模型和图形的求解等。

第3章 线性规划模型的应用与决策

本章通过几个例子来说明线性规划模型在市场、人员安排、财务等领域中的应用及其模型的求解方法与决策。线性规划模型在物流领域中的应用与决策在第4章介绍。

要想成功建立商务决策优化模型，需要考虑三个要素：①决策变量；②目标函数；③约束条件。

3.1 市场调查问题模型的建立与决策

例 3 - 1

例 3 - 1　市场调查
范例—数据

某市场调查公司受某厂的委托，调查消费者对某种新产品的了解。该厂对市场调查公司提出的要求如下：

1）共对 500 个家庭进行调查。

2）在被调查的家庭中，至少有 200 个家庭没有孩子，同时至少有 200 个家庭有孩子。

3）至少对 300 个被调查家庭采用问卷式书面调查，对其余家庭可采用口头调查。

4）至少 50% 的有孩子的被调查家庭必须采用问卷式书面调查。

5）至少 60% 的无孩子的被调查家庭必须采用问卷式书面调查。

对不同家庭采用不同调查方式的费用见表 3 - 1。

表 3 - 1　不同家庭采用不同调查方式的费用

家庭类型	调查费用（元）	
	问卷式书面调查	口头调查
有孩子的家庭	50	30
没有孩子的家庭	40	25

问：市场调查公司应如何进行调查，使得在满足厂方要求的条件下，总的调查费用最少？

解：（1）决策变量

设对有孩子的家庭采用问卷式书面调查的数目为 x_1；对有孩子的家庭采用口头调查的数目为 x_2；对没有孩子的家庭采用问卷式书面调查的数目为 x_3；对没有孩子的家庭采用口

头调查的数目为 x_4。

（2）目标函数

本问题的目标是使得总调查费用最小，即

$$\min z = 50x_1 + 30x_2 + 40x_3 + 25x_4$$

（3）约束条件

共对 500 个家庭进行调查：$x_1 + x_2 + x_3 + x_4 = 500$

至少有 200 个家庭没有孩子：$x_3 + x_4 \geqslant 200$

至少有 200 个家庭有孩子：$x_1 + x_2 \geqslant 200$

至少对 300 个家庭采用问卷式书面调查：$x_1 + x_3 \geqslant 300$

至少 50% 的有孩子的被调查家庭必须采用问卷式书面调查：$x_1 \geqslant 50\% \ (x_1 + x_2)$

至少 60% 的没有孩子的被调查家庭必须采用问卷式书面调查：$x_3 \geqslant 60\% \ (x_3 + x_4)$

$x_1,\ x_2,\ x_3,\ x_4 \geqslant 0$

由此得到数学模型如下：

$$\min z = 50x_1 + 30x_2 + 40x_3 + 25x_4$$

约束条件：

$$
\begin{cases}
x_1 + x_2 + x_3 + x_4 = 500 \\
x_1 + x_2 \geqslant 200 \\
x_3 + x_4 \geqslant 200 \\
x_1 + x_3 \geqslant 300
\end{cases}
$$

$$
\begin{cases}
x_1 \geqslant 50\% \ (x_1 + x_2) \\
x_3 \geqslant 60\% \ (x_3 + x_4) \\
x_1,\ x_2,\ x_3 \geqslant 0
\end{cases}
$$

该模型的已知数据、决策变量、目标函数、约束条件等设置如图 3-1 所示。

	A	B	C	D	E	F	G
1							
2							
3		单位成本	问卷式书面调查	口头调查			
4		有孩子的家庭	50	30			
5		没有孩子的家庭	40	25			
6							
7		调查家庭数	问卷式书面调查	口头调查	实际家庭数		最少家庭数
8		有孩子的家庭			=SUM(C8:D8)	>=	200
9		没有孩子的家庭			=SUM(C9:D9)	>=	200
10		合计	=SUM(C8:C9)	=SUM(D8:D9)	=SUM(C10:D10)	=	500
11			>=				
12		问卷式书面调查数	300				
13							
14			要求		家庭比例		
15		有孩子，书面调查	=C8	>=	=0.5*SUM(C8:D8)	0.5	有孩子的家庭
16		没孩子，书面调查	=C9	>=	=0.6*SUM(C9:D9)	0.6	没有孩子的家庭
17							
18					总费用	=C8*C4+D8*D4+C5*C9+D9*D5	
19							

图 3-1 数据设置与求解公式

规划求解参数设置如图 3-2 所示。

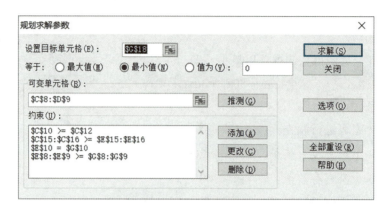

图3-2 规划求解参数设置

规划求解选项设置如图3-3所示。

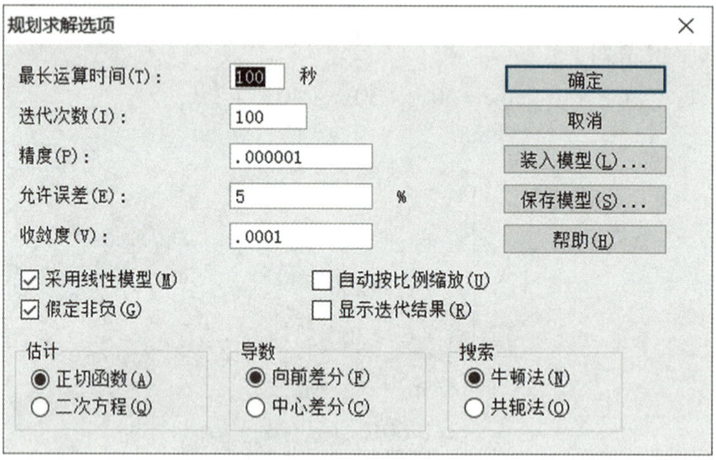

图3-3 规划求解选项设置

求解结果如图3-4所示。

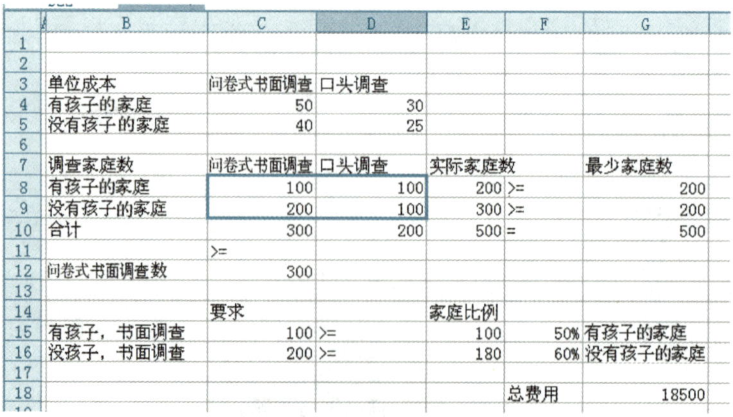

	A	B	C	D	E	F	G
1							
2							
3		单位成本	问卷式书面调查	口头调查			
4		有孩子的家庭	50	30			
5		没有孩子的家庭	40	25			
6							
7		调查家庭数	问卷式书面调查	口头调查	实际家庭数		最少家庭数
8		有孩子的家庭	100	100	200	>=	200
9		没有孩子的家庭	200	100	300	>=	200
10		合计	300	200	500	=	500
11			>=				
12		问卷式书面调查数	300				
13							
14			要求		家庭比例		
15		有孩子, 书面调查	100	>=	100		50% 有孩子的家庭
16		没孩子, 书面调查	200	>=	180		60% 没有孩子的家庭
17							
18						总费用	18500

图3-4 求解结果

3.2 人力资源分配问题模型的建立与决策

例 3 – 2

某通信中心需全天 24h 为客户提供热线电话服务，中心接线员分别于班次开始时上班，每次需连续工作 8h。已知各班次所需接线员人数见表 3 – 2。问：通信中心至少聘用多少接线员才能正常运转？

例 3 – 2 通信中心
排班—数据

表 3 – 2 各班次所需接线员人数

班次	时间	需要接线员数量（人）
1	0:00 ~ 4:00	5
2	4:00 ~ 8:00	10
3	8:00 ~ 12:00	20
4	12:00 ~ 16:00	27
5	16:00 ~ 20:00	30
6	20:00 ~ 24:00	15

解：设 x_1，x_2，x_3，x_4，x_5，x_6 分别表示各个班次安排的接线员数量，则可建立下述线性规划模型。

$$\min z = x_1 + x_2 + x_3 + x_4 + x_5 + x_6$$

约束条件：
$$\begin{cases} x_6 + x_1 \geqslant 5 \\ x_1 + x_2 \geqslant 10 \\ x_2 + x_3 \geqslant 20 \\ x_3 + x_4 \geqslant 27 \\ x_4 + x_5 \geqslant 30 \\ x_5 + x_6 \geqslant 15 \\ x_1, x_2, x_3, x_4, x_5, x_6 \geqslant 0 \end{cases}$$

该模型的已知数据、决策变量、目标函数、约束条件等设置如图 3 – 5 所示。

	A	B	C	D	E	F	G
				D2		fx =G7+G2	
1							
2	1	0：00~4：00		=G7+G2	5		
3	2	4：00~8：00		=G2+G3	10		
4	3	8：00~12：00		=G3+G4	20		
5	4	12：00~16：00		=G4+G5	27		
6	5	16：00~20：00		=G5+G6	30		
7	6	20：00~24：00		=G6+G7	15		
8							
9						=SUMPRODUCT(G2:G7)	
10							

图 3 – 5 数据设置与求解公式

规划求解参数设置如图 3-6 所示。

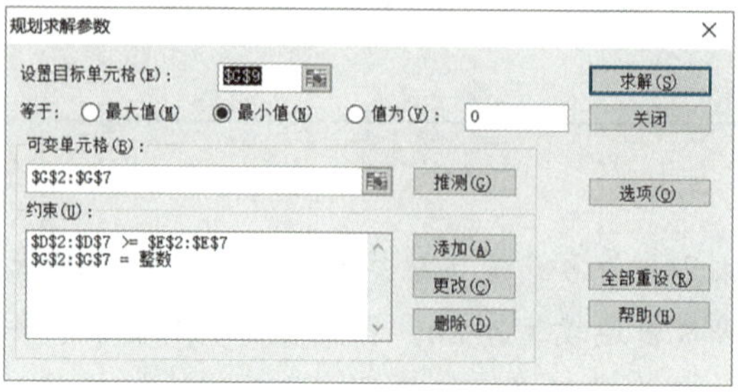

图 3-6 规划求解参数设置

图 3-6 中的"选项"中的设置为选择"采用线性模型"和"假定非负"。

求解结果如图 3-7 所示。

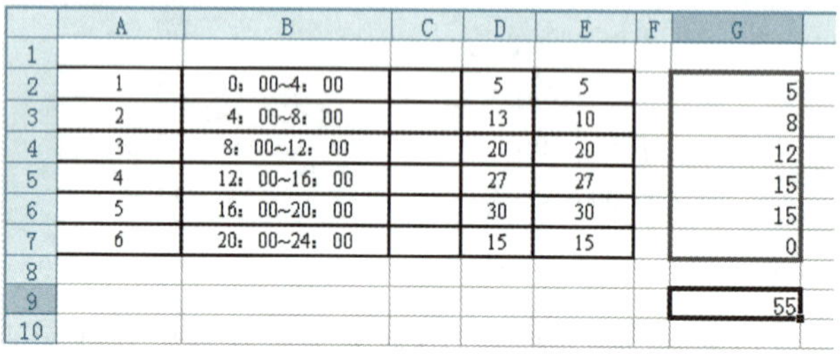

	A	B	C	D	E	F	G
1							
2	1	0: 00~4: 00		5	5		5
3	2	4: 00~8: 00		13	10		8
4	3	8: 00~12: 00		20	20		12
5	4	12: 00~16: 00		27	27		15
6	5	16: 00~20: 00		30	30		15
7	6	20: 00~24: 00		15	15		0
8							
9							55
10							

图 3-7 求解结果

3.3 投资组合线性规划模型的建立与决策

投资组合优化问题研究如何选择投资对象,例如,如何选择不同的债券或股票,在满足某些要求的前提下使得收益最大或风险最小。因此,其决策变量是对各种可能的投资对象的投资组合,其目标函数通常是期望回报最大化或风险最小化,而约束条件则可包括总投资额、公司政策、法律法规等约束。本节讨论的是如何进行投资组合收益优化问题的求解问题。

例 3-3

例 3-3 公司投资
组合优化问题
——数据

公司投资组合优化问题

某公司董事会决定将 20 万元进行债券投资。经咨询,现有五种债券是比较好的投资对象,它们是黄河汽车、长江汽车、华南电器、西南电器、镇山纸业。它们的投资回报率见表 3-3。为减少风险,董事会要求对汽车业的投资不得超过 12 万元,对电器业的投资不得超过 8 万元,其中对长江汽车的投资不得超过对汽车业投资的 65%,对纸业的投资

不得低于对汽车业投资的20%，该公司应如何投资，才能在满足董事会要求的前提下使得总回报额最大？

表3-3　五种债券投资回报率表

债券名称	黄河汽车	长江汽车	华南电器	西南电器	缜山纸业
投资回报率	0.065	0.092	0.045	0.055	0.042

解：根据题意，本问题的决策变量是对五种投资对象的投资额，设该公司对五种债券的投资额分别为X_1，X_2，X_3，X_4，X_5。

本问题的目标是获得最大的债券回报额。债券回报额等于回报率投资额。由表3-3可知，五种债券的回报率分别为0.065、0.092、0.045、0.055、0.042，所以总回报额应等于各种债券回报额之和，即

$$总回报额 = 0.065X_1 + 0.092X_2 + 0.045X_3 + 0.055X_4 + 0.042X_5$$

公司的目标函数是使上述总回报额最大化，即

$$\max 0.065X_1 + 0.092X_2 + 0.045X_3 + 0.055X_4 + 0.042X_5$$

本问题的约束条件包括：总投资额约束，以及对汽车业、电器业、长江汽车、纸业的投资限制。因此，本问题的线性规划模型如下：

$$\max 0.065X_1 + 0.092X_2 + 0.045X_3 + 0.055X_4 + 0.042X_5 （总回报额最大化）$$

约束条件：

$$\begin{cases} X_1 + X_2 + X_3 + X_4 + X_5 = 200000 & （总投资额约束）\\ X_1 + X_2 \leq 120000 & （汽车业投资约束）\\ X_3 + X_4 \leq 80000 & （电器业投资约束）\\ X_2 \leq 0.65(X_1 + X_2) & （长江汽车业投资约束）\\ X_5 \geq 0.20(X_1 + X_2) & （纸业投资约束）\\ X_1, X_2, X_3, X_4, X_5 \geq 0 & （非负约束） \end{cases}$$

该模型的已知数据、决策变量、目标函数、约束条件等设置如图3-8所示。

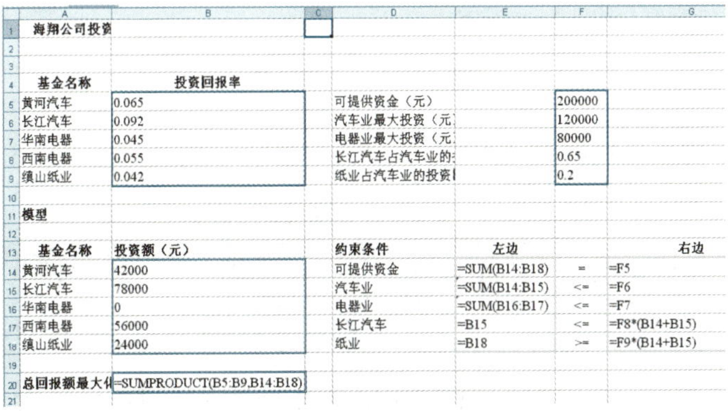

图3-8　数据设置与求解公式

规划求解参数设置如图 3 - 9 所示。

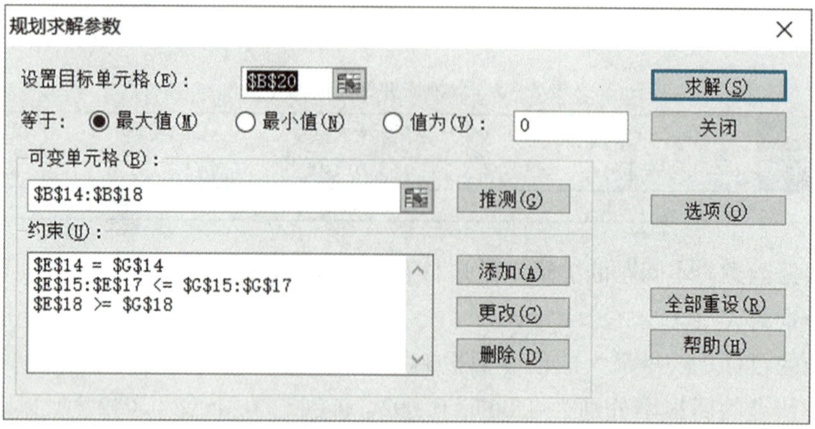

图3-9 规划求解参数设置

在图 3 - 9 中的"选项"中选择"采用线性模型"和决策变量"假定非负"。求解结果如图 3 - 10 所示。

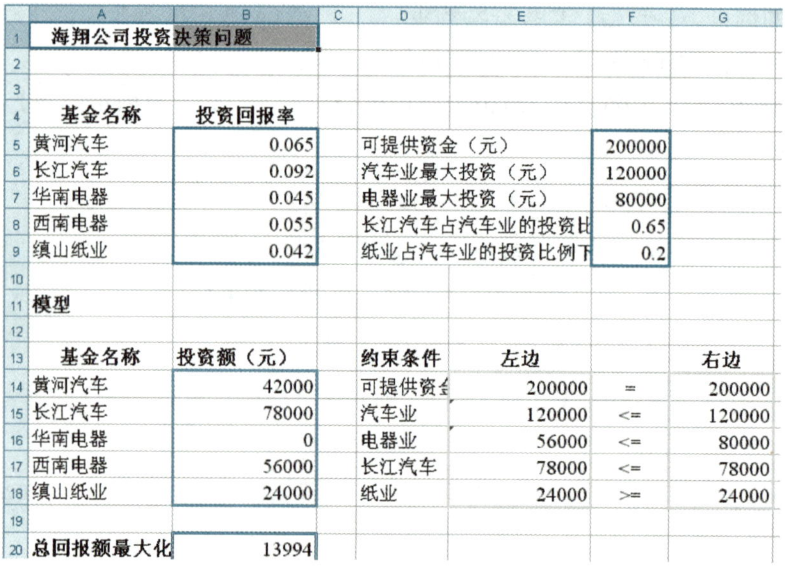

	A	B	C	D	E	F	G
1	海翔公司投资决策问题						
2							
3							
4	基金名称	投资回报率					
5	黄河汽车	0.065		可提供资金（元）		200000	
6	长江汽车	0.092		汽车业最大投资（元）		120000	
7	华南电器	0.045		电器业最大投资（元）		80000	
8	西南电器	0.055		长江汽车占汽车业的投资比		0.65	
9	缤山纸业	0.042		纸业占汽车业的投资比例下		0.2	
10							
11	模型						
12							
13	基金名称	投资额（元）		约束条件	左边		右边
14	黄河汽车	42000		可提供资金	200000	=	200000
15	长江汽车	78000		汽车业	120000	<=	120000
16	华南电器	0		电器业	56000	<=	80000
17	西南电器	56000		长江汽车	78000	<=	78000
18	缤山纸业	24000		纸业	24000	>=	24000
19							
20	总回报额最大化	13994					

图3-10 求解结果

从图 3 - 10 可得该公司的最优投资组合见表 3 - 4。

表3-4 五种债券回报额表

债券名称	黄河汽车	长江汽车	华南电器	西南电器	缤山纸业
回报额（元）	42000	78000	0	56000	24000

这时，满足所有的约束条件，且总回报额最大，达到13994元。

3.4　个人理财计划模型的建立与决策

本节讨论如何进行个人理财计划模型的建立与决策。

例 3 – 4

个人理财计划问题：老李打算在退休前为他正在读高中的儿子准备一笔教育资金，以保证儿子四年大学与三年硕士生的学习费用。据估计，四年大学与三年硕士生的学习费用见表 3 – 5。

例 3 – 4　个人理财计划问题——数据

表 3 – 5　学费表　　　　　　　　　　　　（单位：千元）

年份	第一年	第二年	第三年	第四年	第五年	第六年	第七年
费用	13	11	12	13	15	16	20

经多方调查，老李发现三种债券值得购买（且只能在第一年年初购买）。这三种债券的面值均为 1000 元，但由于它们的回报率不同，所以购买价格不同。三种债券的购买价格、回报率与到期年限见表 3 – 6。同时，老李也考虑在每年的年初将经费存入银行，在下一年年初再全部取出（即一年期存款），这时可得利息 2%（假设扣除利息税后）。老李希望能设计一个理财计划，使得在保证儿子七年学习费用的前提下，所需投入的教育资金最少。

表 3 – 6　债券的购买价格、回报率与到期年限

债券	购买价格（千元）	回报率	到期年限
1	1.05	5%	4
2	1.00	3%	5
3	1.15	7%	6

解：老李面临的决策包括：第一年投入的教育资金和购买的债券数量，以及七年内每年年初存入银行的资金，这些变量也就是本问题的决策变量。

设：投入的教育资金为 F，第一年购买三种债券的数量分别为 B_1，B_2，B_3 单位（份，每份 1000 元），每年年初存入银行的资金分别为 S_1，S_2，S_3，S_4，S_5，S_6，S_7（千元）。

本问题的目标函数是投入的教育资金 F 最小化（注意 F 既是决策变量，又是目标函数），即：$\min F$。

本问题的约束条件则是在七年内满足各年的学习费用。下面对学习费用逐年进行分析。

第一年的现金流入是投入的教育资金 F，现金流出是购买债券及存入银行的资金。因此，教育资金 F 扣除购买债券及存入银行的资金后，剩余的资金（即现金流入量与现金流出量之差，称为净现金流）应等于第一年的学习费用。即

$$F - 1.05B_1 - B_2 - 1.15B_3 - S_1 = 13 \quad (满足第一年学习费用约束)$$

第二年的现金流入来自债券的回报，以及第一年存款取出后的资金（本息之和）；现金流出量是第二年存入银行的资金。现金流入量与现金流出量之差（净现金流）应等于第二年的学习费用。即

$$0.05B_1 + 0.03B_2 + 0.07B_3 + 1.02S_1 - S_2 = 11 \quad (满足第二年学习费用约束)$$

同理可得第三年与第四年的约束条件分别为

$$0.05B_1 + 0.03B_2 + 0.07B_3 + 1.02S_2 - S_3 = 12 \quad (满足第三年学习费用约束)$$

$$0.05B_1 + 0.03B_2 + 0.07B_3 + 1.02S_3 - S_4 = 13 \quad (满足第四年学习费用约束)$$

第五年的现金收入除了债券回报和第四存款的本息之外，由于债券1已到期，还可得到债券1的本金。这里，债券1的本金应等于债券1的票面价值乘以债券1的购买份数。因此有

$$(1 + 0.05)B_1 + 0.03B_2 + 0.07B_3 + 1.02S_4 - S_5 = 15 \quad (满足第五年学习费用约束)$$

同理可得第六年与第七年的约束条件分别为

$$(1 + 0.03)B_2 + 0.07B_3 + 1.02S_5 - S_6 = 16 \quad (满足第六年学习费用约束)$$

$$(1 + 0.07)B_3 + 1.02S_6 - S_7 = 20 \quad (满足第七年学习费用约束)$$

最后是非负约束：

$$F, B_1, B_2, B_3, S_1, S_2, S_3, S_4, S_5, S_6, S_7 \geqslant 0 \quad (非负约束)$$

综上所述，可得到线性规划模型如下：

目标函数：$\min F$

约束条件：

$$
\begin{cases}
F - 1.05B_1 - B_2 - 1.15B_3 - S_1 = 13 \\
0.05B_1 + 0.03B_2 + 0.07B_3 + 1.02S_1 - S_2 = 11 \\
0.05B_1 + 0.03B_2 + 0.07B_3 + 1.02S_2 - S_3 = 12 \\
0.05B_1 + 0.03B_2 + 0.07B_3 + 1.02S_3 - S_4 = 13 \\
(1 + 0.05)B_1 + 0.03B_2 + 0.07B_3 + 1.02S_4 - S_5 = 15 \\
(1 + 0.03)B_2 + 0.07B_3 + 1.02S_5 - S_6 = 16 \\
(1 + 0.07)B_3 + 1.02S_6 - S_7 = 20 \\
F, B_1, B_2, B_3, S_1, S_2, S_3, S_4, S_5, S_6, S_7 \geqslant 0
\end{cases}
$$

该模型的已知数据、决策变量、目标函数、约束条件等设置如图 3-11 所示。

规划求解参数设置如图 3-12 所示。

在图 3-12 的"选项"中的设置选择"采用线性模型"和"假定非负"。

求解结果如图 3-13 所示。

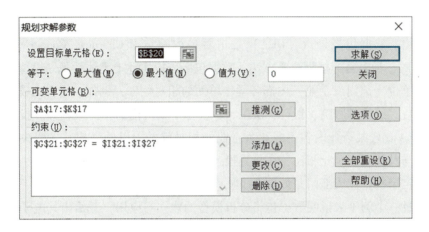

	A	B	C	D	E	F	G	H	I	J	K
4	年份	年需金额数（千元）				债　券					
5	1	13			1	2	3				
6	2	11	价格（千元）		1.05	1.00	1.15				
7	3	12	回报率		0.05	0.03	0.07				
8	4	13	到期年限		4	5	6				
9	5	15									
10	6	16	银行存款复利			1.02					
11	7	20									
14	模型										
16	资金	债券1	债券2	债券3	第一年存款		第二年存款		第三年存款 第四年存款 第五年存款 第六年存款 第七年存款		
	0	0	0	0	0		0		0 0 0 0 0		
19						现金流		净现金流	金需要		
20	资金最=A17		约束条件		流入	流出					
21	（千元）		第一年	=A17		=SUMPRODUCT(B6:G6,B17:D17)	=E21-F21	=	=B5		
22			第二年	=SUMPRODUCT($E$7:$G$7,$B$17:$D$17)+$F$10*E17		=F17	=E22-F22	=	=B6		
23			第三年	=SUMPRODUCT($E$7:$G$7,$B$17:$D$17)+$F$10*F17		=G17	=E23-F23	=	=B7		
24			第四年	=SUMPRODUCT($E$7:$G$7,$B$17:$D$17)+$F$10*G17		=H17	=E24-F24	=	=B8		
25			第 五 年	=SUMPRODUCT($E$7:$G$7,$B$17:$D$17)+B17+$F$10*H17		=I17	=E25-F25	=	=B9		
26			第六年	=(1+F7)*C17*G7*D17*F10*I17		=J17	=E26-F26	=	=B10		
27			第七年	=(1+G7)*D17*F10*J17		=K17	=E27-F27	=	=B11		

图 3 – 11　数据设置与求解公式

规划求解参数

设置目标单元格(E)：$B$20

等于：　○ 最大值(M)　● 最小值(N)　○ 值为(V)：0

可变单元格(B)：
$A$17:$K$17

约束(U)：
$G$21:$G$27 = $I$21:$I$27

求解(S)　关闭　推测(G)　选项(O)　添加(A)　更改(C)　删除(D)　全部重设(R)　帮助(H)

图 3 – 12　规划求解参数设置

	A	B	C	D	E	F	G	H	I	J	K
4	年份	年需金额数（千元）				债　券					
5	1	13			1	2	3				
6	2	11	价格（千元）		1.05	1.00	1.15				
7	3	12	回报率		0.05	0.03	0.07				
8	4	13	到期年限		4	5	6				
9	5	15									
10	6	16	银行存款复利			1.02					
11	7	20									
14	模型										
16	资金	债券1	债券2	债券3	第一年存款	第二年存款	三年存款 四年存款 第五年存款 第六年存款 第七年存款				
17	89.53	26.76	0.00	18.69	26.94	19.12	10.15 0.00 14.40 0 0				
19						现金流		净现金流	现金需要量		
20	资金最小化	89.5274			约束条件	流入 流出					
21	（千元）				第1年	89.53　76.53	13.00	=	13.00		
22					第2年	30.12　19.12	11.00	=	11.00		
23					第3年	22.15　10.15	12.00	=	12.00		
24					第4年	13.00　0.00	13.00	=	13.00		
25					第5年	29.40　14.40	15.00	=	15.00		
26					第6年	16.00　0.00	16.00	=	16.00		
27					第7年	20.00　0.00	20.00	=	20.00		

图 3 – 13　求解结果

从图 3 – 13 可知，老李的最优理财计划见表 3 – 7。

表 3 – 7　老李的最优理财计划

资金（千元）	购买债券（千元）			银行存款（千元）						
	债券1	债券2	债券3	第一年	第二年	第三年	第四年	第五年	第六年	第七年
89.53	26.76	0.00	18.69	26.94	19.12	10.15	0.00	14.40	0.00	0.00

这时，满足所有的约束条件，且投入的教育资金最少，为 89.53 千元。

注意：债券的购买数量一般应为整数，在这里若加上整数的约束，则结果可能有所改变。

3.5　数据包络分析模型与决策

3.5.1　数据包络分析建模

我们知道，数据包络分析（DEA）是由著名运筹学家 Charnes、Cooper 和 Rhodes 于 1978 年提出的一种多目标规划决策方法。数据包络分析实际上是线性规划模型的应用，它可应于评价单位（部门或企业）内部各运作单元的相对效率，例如，用于比较公司下属各连锁店的效益，评估各医院、银行、法院、学校等下属机构的相对效率等。投资分析者也可以运用 DEA 比较某行业内各不同竞争企业的相对效益，以便做出其投资决策。它能分析一个企业与其他同类企业相比、在将其投入转化为产出过程中的相对有效性。运用 DEA 方法可以确定哪些企业或部门是低效的，从而采取相应的改进措施。

下面通过一个例子来说明数据包络分析模型的建立与应用，并给出其电子表格的求解方法和决策。

例 3 – 5

王先生的快餐连锁店

例 3–5　快餐连锁店—数据

王先生是一家快餐连锁公司在某地分公司的经理。在该地区，王先生管理着 10 个下属的快餐连锁店。王先生正在对这 10 家快餐连锁店去年的业绩进行评估，并依据或部分依据各连锁店的相对效率，提出关于这 10 家快餐连锁店经理年终奖的分配方案。王先生收集了反映该 10 家快餐连锁店效率的有关数据，见表 3 – 8。其中，连锁店的输出包括三个项目：净利润、平均顾客满意度和增长率。连锁店的输入包括两个项目：总工作时间和生产成本。王先生希望采用 DEA 分析这些数据，以确定每个连锁店的效率。本例中的输入目标、输出目标有多个，运用 DEA 可以很方便地处理这类问题。

表 3 – 8 10 家快餐连锁店的输入与输出数据

连锁店序号	平均顾客满意度	净利润（百万元）	增长率（%）	总工作时间（万小时）	生产成本（千万元）
1	93	10	7.9	13	6.75
2	90	14	8.4	20	9.07
3	95	12	7.6	22	8.69
4	92	10	8.0	16	6.31
5	93	6	8.5	16	6.34
6	91	4	10.0	9	4.43
7	85	10	9.0	24	7.28
8	90	6	9.2	17	3.23
9	96	15	6.7	15	7.42
10	89	10	8.7	21	6.35

1. 建模的基本思路

以快餐连锁店 4 的效率评估为例。王先生要采用 DEA 模型对表 3 – 8 中连锁店 4 的效率进行评估，以连锁店 4 去年的业绩作为对该连锁店经理的奖励依据。

解：首先，构造一个基于 10 个连锁店的输入数据与输出数据的、虚拟的合成连锁店，该合成连锁店的三项输出指标（净利润、平均顾客满意度和增长率）等于 10 个连锁店相应输出指标的加权平均值；而该合成连锁店的输入指标（总工作时间和生产成本）则等于 10 个连锁店相应输入指标的加权平均值。其中，当计算 10 个连锁店的输入的加权平均值时，各连锁店所取的权重与计算输出的加权平均值时所取的权重必须相同。然后，建立一个线性规划模型，该规划的约束条件是该虚拟合成连锁店的各项输出均必须大于或等于连锁店 4（即要求评价其相对效率的连锁店）的输出。这时，如果可以证明该合成连锁店的输入小于连锁店 4 的输入，那就表明合成连锁店与连锁店 4 相比，在较少的输入下，可以获得相同的或更多的输出。在这种情况下，合成连锁店比连锁店 4 的效率更高，换句话说，连锁店 4 比合成连锁店的效率低。由于合成连锁店的输入与输出是基于所有 10 个连锁店的数据的加权平均之上的，它反映所有 10 个连锁店的总体状况，所以在这种情况下，连锁店 4 与其他连锁店相比，相对效率较低。

本例的 DEA 模型及其电子表格解法如下：

2. 数据包络分析建模

在计算虚拟合成连锁店的输入与输出时，首先要确定每个连锁店的权重。设第 i 个连锁店的权重为 x_i，其中 $i = 1, 2, \cdots, 10$。DEA 模型要求这些权重之和等于 1。由此得到模型的第一个约束条件：

$$x_1 + x_2 + x_3 + \cdots + x_{10} = 1$$

虚拟合成连锁店的输出等于所有 10 个连锁店相应输出的加权平均值。例如，合成连锁店的输出指标"满意度"用下式计算：

合成连锁店的满意度 =（连锁店 1 的满意度）$\times x_1$ +（连锁店 2 的满意度）$\times x_2$ +（连锁店 3 的满意度）$\times x_3$ + $\cdots$ +（连锁店 10 的满意度）$\times x_{10}$

将各连锁店的满意度代入上式，得

合成连锁店的满意度 $= 93x_1 + 90x_2 + 95x_3 + 92x_4 + 93x_5 + 91x_6 + 85x_7 + 90x_8 + 96x_9 + 89x_{10}$

同理可得合成连锁店的其他输出指标。

对应于每一个输出指标，均有一个约束条件，那就是：合成连锁店的各个输出指标必须大于或等于连锁店 4 的相应输出指标。已知连锁店 4 的满意度是 92，所以对应于满意度指标的约束条件是：

$$93x_1 + 90x_2 + 95x_3 + 92x_4 + 93x_5 + 91x_6 + 85x_7 + 90x_8 + 96x_9 + 89x_{10} \geqslant 92$$

同理可得其他两个输出指标对应的约束条件。在这些关于输出的约束条件中，权重 x_i 是通过求解具有这些约束条件的线性规划模型得出的。因此，如果能够找到满足这些约束条件的解，那就说明合成连锁店的输出不小于连锁店 4 的输出。

然后考虑合成连锁店的输入，并写出合成连锁店各输入指标对应的约束条件。例如，合成连锁店的输入指标"总工作时间"用下式计算：

合成连锁店的总工作时间 =（连锁店 1 的总工作时间）$\times x_1$ +（连锁店 2 的总工作时间）$\times x_2$ +（连锁店 3 的总工作时间）$\times x_3$ + $\cdots$ +（连锁店 10 的总工作时间）$\times x_{10}$

同理可得合成连锁店的生产成本指标。每个输入指标对应于一个约束条件，这些约束条件的左边分别是合成连锁店的各个输入指标，右边则是合成连锁店的资源可提供量。在 DEA 模型中，设合成连锁店的可用资源（即约束条件右边）等于连锁店 4 的相应可用资源输入量乘以某个百分比 E。这里 E 是一个决策变量，它表示可提供给合成连锁店的输入资源与连锁店 4 的输入资源的比率。

在 DEA 模型中，如果合成单元能够以低于待评价单元的输入，获得不低于待评价单元的输出，则可以断定该待评价单元是相对低效率的。本例中，已知连锁店 4 的生产成本是 6.31，而 6.31E 表示合成连锁店的生产成本提供量。当 $E = 1$ 时，合成连锁店的生成成本提供量为 6.31，这说明合成连锁店与连锁店 4 具有相同的生产成本提供量；当 $E > 1$ 时，合成连锁店比连锁店 4 具有更多的生成成本资源提供量，当 $E < 1$ 时，合成连锁店比连锁店 4 具有较少的可用生成成本。可见，E 可以直接影响合成连锁店的输入资源提供量，所以 E 又称为效率指数。

DEA 模型的目标函数是使得 E 的值最小化，也就是使得合成连锁店的输入资源最小化。这里的 E 既是决策变量又是目标函数。如果求解结果为 $E = 1$ 或 $E > 1$（实际上 $E > 1$ 在理论上是不可能的），则表明合成连锁店需要与连锁店 4 相同或更多的输入资源，以获得不低于连锁店 4 的输出，这时无法断定连锁店 4 是相对低效的；如果 $E < 1$，则表明合成连锁店可用比连锁店 4 低的输入资源，却得到不低于连锁店 4 的输出，合成连锁店具有更高的效率，这时可以断定连锁店 4 是相对低效的。

目标函数：$\qquad\qquad\qquad\qquad\qquad \min E$

约束条件：

$$
\begin{cases}
x_1 + x_2 + x_3 + \cdots + x_{10} = 1 \\
93x_1 + 90x_2 + 95x_3 + 92x_4 + 93x_5 + 91x_6 + 85x_7 + 90x_8 + 96x_9 + 89x_{10} \geqslant 92 \\
10x_1 + 14x_2 + 12x_3 + 10x_4 + 6x_5 + 4x_6 + 10x_7 + 6x_8 + 15x_9 + 10x_{10} \geqslant 10 \\
7.9x_1 + 8.4x_2 + 7.6x_3 + 8x_4 + 8.5x_5 + 10x_6 + 9x_7 + 9.2x_8 + 6.7x_9 + 8.7x_{10} \geqslant 8 \\
13x_1 + 20x_2 + 22x_3 + 16x_4 + 16x_5 + 9x_6 + 24x_7 + 17x_8 + 15x_9 + 21x_{10} \leqslant 16E \\
6.75x_1 + 9.07x_2 + 8.69x_3 + 6.31x_4 + 6.34x_5 + 4.43x_6 + 7.28x_7 + 3.23x_8 + 7.42x_9 + \\
6.35x_{10} \leqslant 6.31E
\end{cases}
$$

3.5.2　数据包络分析模型的求解与决策

以上例的模型为背景，来说明采用电子表格建立与求解数据包络分析 DEA 模型的方法与步骤，DEA 模型的电子表格见表 3 – 9。

表 3 – 9　快餐连锁店 DEA 模型电子表格

序号	A	B	C	D	E	F	G	H	I	J	K	L
1	快餐连锁店 4 的效率											
2	—	—	—	—	—	连锁店	—	—	—	—	—	—
3	输出指标	1	2	3	4	5	6	7	8	9	10	—
4	平均顾客满意度	93	90	95	92	93	91	85	90	96	89	—
5	净利润	10	14	12	10	6	4	10	6	15	10	—
6	增长率	7.9	8.4	7.6	8	8.5	10	9	9.2	6.7	8.7	—
7	—	—	—	—	—	—	—	—	—	—	—	—
8	输入指标	—	—	—	—	—	—	—	—	—	—	—
9	总工作时间	13	20	22	16	16	9	24	17	15	21	—
10	生产成本	6.75	9.07	8.69	6.31	6.34	4.43	7.28	3.23	7.42	6.35	—
11	—	—	—	—	—	—	—	—	—	—	—	—
12	—	—	—	—	—	—	—	—	—	—	—	—
13	模型	—	—	—	—	—	—	—	—	—	—	—
14	—	—	—	—	—	—	—	—	—	—	—	—
15	—	—	—	—	—	—	—	—	—	—	—	—
16	—					权重						效率
17	—	x1	x2	x3	x4	x5	x6	x7	x8	x9	X10	E
18	最优解	0	0	0	0	0	0.231	0	0.273	0.496	0	0.885
19	—	—	—	—	—	—	—	—	—	—	—	—

（续）

序号	A	B	C	D	E	F	G	H	I	J	K	L
20	约束条件	—	左边	—	右边	—	—	mine	0.885	—	—	—
21	权重之和 =1		1	=	1	—	—	—	—	—	—	—
22	平均顾客满意度	—	94.206	> =	92	—	—	—	—	—	—	—
23	净利润	—	10.000	> =	10	—	—	—	—	—	—	—
24	增长率	—	8.145	> =	8	—	—	—	—	—	—	—
25	总工作时间	—	14.160	< =	14.160	—	—	—	—	—	—	—
26	生产成本	—	5.585	< =	5.584	—	—	—	—	—	—	—

其基本步骤如下：

1）输入已知数据。首先输入已知数据。在单元格 B4：K6 中输入 10 个连锁店的输出数据，在单元格 B9：K10 中输入 10 个连锁店的输入数据，见表 3 – 9。

2）决策变量。本题的决策变量是各连锁店的权重和连锁店 4 的效率指数 E。用单元格 B18：L18 分别表示 10 个连锁店的权重和连锁店 4 的效率指数。

3）目标函数。本题的目标函数是使得连锁店 4 的效率指数 E 最小化。用单元格 I20 表示目标函数 E，它也就是单元格 L18 中的决策变量 E。在单元格 I20 中输入："= L18"。

4）约束条件。如前所述，所有 10 个连锁店的权重之和应等于 1，同时每一个输出指标与输入指标都有一个对应的约束条件。所以本题共有六个约束条件。

第一个约束条件是 10 个连锁店的权重之和等于 1。用单元格 C21 表示该约束条件的左边，并键入 "= sum(B18：K18)"。

得到 10 个连锁店的权重之和。用单元格 E21 表示第一个约束条件右边，并键入数字 1。该约束条件的左边应等于右边。

第二个约束条件是输出指标"平均顾客满意度"对应的约束条件。用单元格 C22 表示第二个约束条件的左边，并键入下式：

$$= sumproduct(B4：K4，\ \$B\$18：\$K\$18)$$

得到合成连锁店的平均顾客满意度。将上述公式复制到单元格 C23：C24，分别得到第三个约束条件和第四个约束条件的左边，它们分别表示合成连锁店的净利润和增长率的输出指标。用单元格 E22 表示第二个约束条件的右边，并键入下式：

$$= E4$$

得到连锁店 4 的满意度。合成连锁店的满意度应不小于连锁店 4 的满意度。将上式复制到单元格 E23：E24，分别得到第三个约束条件和第四个约束条件的右边，它们分别表示连锁店 4 的净利润和增长率。合成连锁店的净利润和增长率应不小于连锁店 4 的相应指标。

第五个约束条件是输入指标"总工作时间"对应的约束条件。用单元格 C25 表示第

五个约束条件的左边, 并键入下式:

$$= \text{sumproduct}(B9:K9,\ \$B\$18:\$K\$18)$$

得到合成连锁店的工作时间。将上式复制到单元格 C26, 得到第六个约束条件的左边的合成连锁店的生产成本。用单元格 E25 表示第五个约束条件的右边, 并键入下式:

$$= E9 * \$L\$18$$

得到连锁店 4 的工作时间与效率指数 E 的乘积。它表示可提供给合成连锁店的工作时间资源。合成连锁店的工作时间应不超过其工作时间可提供量。将上式复制到单元格 E26, 得到第六个约束条件的右边, 它表示允许合成连锁店的生产成本, 合成连锁店的生产成本应不超过生产成本的允许量。

模型的公式见表 3 – 10。

表 3 – 10　快餐连锁店 DEA 模型的公式

序号	A	B	C	D	E	F	G	H	I	J	K	L
1	快餐连锁店 4 的效率			—	—	—	—	—	—	—	—	—
2	—	—	—	—	—	连锁店						
3	输出指标	1	2	3	4	5	6	7	8	9	10	—
4	平均顾客满意度	93	90	95	92	93	91	85	90	96	89	—
5	净利润	10	14	12	10	6	4	10	6	15	10	—
6	增长率	7.9	8.4	7.6	8	8.5	10	9	9.2	6.7	8.7	—
7	—											
8	输入指标	—	—	—	—	—	—	—	—	—	—	—
9	总工作时间	13	20	22	16	16	9	24	17	15	21	—
10	生产成本	6.75	9.07	8.69	6.31	6.34	4.43	7.28	3.23	7.42	6.35	—
11												
12												
13	模型											
14	—											
15												
16	—					权重						效率
17	—	x1	x2	x3	x4	x5	x6	x7	x8	x9	x10	E
18	最优解	0	0	0	0	0	0.231	0	0.273	0.496	0	0.885
19												
20	约束条件	—	左边	—	右边	—	—	mine	= L18			
21	权重之和 = 1	= sum(b18:k18)	=	1								
22	平均顾客满意度	—	= sumproduct(B4:K4, \$B\$18:\$K\$18)	> =	E4	—	—	—	—	—	—	—

（续）

序号	A	B	C	D	E	F	G	H	I	J	K	L
23	净利润	—	= sumproduct (B5: K5, $B$18: $K$18)	> =	E5	—	—	—	—	—	—	—
24	增长率	—	= sumproduct (B6: K6, $B$18: $K$18)	> =	E6	—	—	—	—	—	—	—
25	总工作时间	—	= sumproduct (B9: K9, $B$18: $K$18)	< =	E9 * $L$18	—	—	—	—	—	—	—
26	生产成本	—	= sumproduct (B10: K10, $B$18: $K$18)	< =	E10 * $L$18	—	—	—	—	—	—	—

5）运用电子表格求解。运用 Excel 的规划求解功能，可以求出本问题的解。在规划求解参数框内键入目标函数、决策变量和约束条件，如图 3 – 14 所示；单击"选择"项，选择"采用线性模型"和"假定非负"，单击"求解"，即在电子表格上得到规划的解。

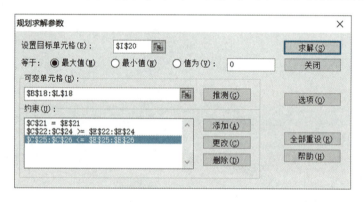

图 3 – 14 规划求解参数设置

从表 3 – 10 可见，最优解为

$x_1 = x_2 = x_3 = x_4 = x_5 = x_7 = x_{10} = 0$，$x_6 = 0.231$，$x_8 = 0.273$，$x_9 = 0.496$，$E = 0.885$。这时目标函数 $E = 0.885$。

6）求解结果分析。从本题的最优解可知，目标函数 $E = 0.885$，即连锁店 4 的效率指数得分为 0.885。这说明合成连锁店只要能够得到相当于连锁店 4 输入资源的 88.5% 作为其输入资源，就可以获得不小于连锁店 4 的输出，因此，通过 DEA 分析得到的结论是：合成连锁店比连锁店 4 具有更高的效率，而连锁店 4 则是相对低效的。

从本题的最优解还可以知道，合成连锁店的输入和输出分别是由权重为 23.1% 的连锁店 6、27.3% 的连锁店 8 和 49.6% 的连锁店 9 的输入和输出加权平均所得出的。通过对约束条件的分析，还可以得到关于连锁店 4 和其他连锁店的效率比较方面的信息。合成连锁店至少可以获得与连锁店 4 相同的输出，事实上，合成连锁店能够以小于连锁店 4 的输入资源，获得比连锁店 4 大 1.206 的满意度，以及比连锁店 4 高 0.146 的增长率（比较 C22: C24 和单元格 E22: E24 可得）。从表 3 – 10 中的工作时间约束可见，合成连锁店使用的工作时间仅相当于连锁店 4 的工作时间的 88.5% 左右（比较单元格 C25 和 E9 可得）。显然合成连锁店比连锁店 4 具有更高的效率。可以确定，连锁店 4 与其他连锁店相比，是相对低效的。根据 DEA 分析得到的结果，管理者应进一步考察和改善连锁店的运作情况，以确定采取哪些措施可以使得连锁店 4 更有效地使用资源，并获得更多的产出。

采用同样的方法可分别对其他连锁店进行 DEA 分析。通过这些分析，最终得到连锁店 DEA 分析的结论见表 3 – 11。

表 3 – 11 连锁店 DEA 分析的结论

连锁店	1	2	3	4	5	6	7	8	9	10
目标函数 E	0.944	1	1	0.885	0.760	1	0.967	1	1	0.945

从表 3 – 11 可见，连锁店 2、3、6、8、9 的效率指数为 100%，因此根据 DEA 分析结果，它们是有效率的，而其他连锁店均为相对低效的。值得注意的是，这里得到的某连锁店的效率指数为 100%，并不一定表明该连锁店的运作已经处于最佳状态了。它只表明其他连锁店的各种线性组合均不能构成一个比该连锁店更有效的合成连锁店。另一方面，对于 DEA 低效的连锁店而言，则存在其他有效连锁店的某个线性组合，可以得到一个合成连锁店，该合成连锁店能够以小于该低效连锁店的输入获得不小于该低效连锁店的输出。DEA 认为，一个待评价决策单元应该能够具有与虚拟合成单元相同的运作效率，否则该待评价决策单元就是 DEA 低效的。

DEA 的目的是确定某待评价决策单元是否相对低效。应当指出的是，这种方法不能判断一个待评价决策单元是否绝对有效。事实上，在一个待评价决策单元的输出指标中，只要有一个最大输出，就不能被 DEA 判断为相对低效。

3.6 线性规划模型的 Python 应用

1. 一般线性规划模型的描述

线性规划是一种优化问题，它的目标是在给定一组线性约束条件下，最大化或最小化一个线性目标函数。线性规划问题通常可以表示为以下形式：

目标函数： $z = c_1 x_1 + c_2 x_2 + \cdots + c_n x_n$

约束条件：

$$\begin{cases} a_{11} x_1 + \cdots + a_{1n} x_n \leqslant b_1 \\ \qquad\qquad \vdots \\ a_{m1} x_1 + \cdots + a_{mn} x_n \leqslant b_m \end{cases}$$

式中，x_1，x_2，$\cdots$，x_n 是决策变量，表示要优化的量。c_1，c_2，$\cdots$，c_n 是变量的系数，表

示目标函数的权重。a_{11}，a_{12}，$\cdots$，a_{mn} 是约束条件中的系数，表示变量的影响。b_1，b_2，$\cdots$，b_m 是约束条件的右侧常数，表示约束条件的限制。

下面是线性规划模型标准形式的数学形式：

$$\min z = c^{\mathrm{T}} - x$$

约束条件：
$$\begin{cases} Ax \leqslant b \\ x \geqslant 0 \end{cases}$$

式中，x 是一个包含 n 个变量的列向量，c 是目标函数的系数向量，A 是包含 m 个约束条件的系数矩阵，b 是包含 m 个约束条件的取值向量。

2. 线性规划模型的求解方法

线性规划模型可以使用多种方法进行求解，其中比较常用的包括单纯形法、内点法和分支定界法。

1）单纯形法（simplex method）：单纯形法是最早被发明的线性规划求解方法之一。它是一种迭代方法，通过不断调整目标函数的取值来逐步接近最优解。单纯形法的基本思想是，将线性规划问题转化为一个几何问题，并在几何空间中移动一个向量来寻找最优解。在每次迭代中，单纯形法选择一个基本可行解，并计算它相邻顶点中的最优解，以此不断接近最优解。单纯形法可以高效地处理小规模的线性规划问题，但在处理大规模问题时效率可能较低。

2）内点法（interior point method）：内点法是一种基于对偶理论和非线性优化方法的线性规划求解方法。与单纯形法不同，内点法通过在可行域内的内部点上搜索来求解线性规划问题，避免了单纯形法中在可行域边界上搜索的不必要计算。内点法可以处理大规模的线性规划问题，并且通常比单纯形法更快。但是，内点法需要较复杂的数学理论和计算技术，可能不太容易实现。

3）分支定界法（branch and bound method）：分支定界法是一种递归算法，通过将线性规划问题分解为多个子问题并逐个求解，最终得到最优解。在分支定界法中，每个子问题都是线性规划问题，但是它们的约束条件和目标函数可能不同。该方法通过将线性规划问题的可行域分为若干个不相交的子域来搜索最优解，并使用上下界限制来剪枝，避免不必要的计算。分支定界法可以处理较大规模的线性规划问题，并且在解决某些类型的特定问题时效果很好。但是，该方法可能需要搜索大量的子问题，因此对于某些问题可能效率较低。

3. 线性规划模型的案例

一个现实生活中的线性规划问题是生产计划问题。假设一个工厂有两条生产线，分别可以生产产品 A 和产品 B。生产线的生产能力和原材料的供应量是有限的。公司希望最大化利润，同时满足生产线和原材料的限制。假设公司已经确定了产品 A 和产品 B 的销售价格以及每个产品的生产成本。该问题可以建模为以下的线性规划模型：

$$\max z = 12x_{\mathrm{A}} + 16x_{\mathrm{B}}$$

约束条件：

$$\begin{cases} 2x_A + 4x_B \leqslant 1000 & \text{（生产线 1 的生产能力）} \\ 3x_A + 2x_B \leqslant 1200 & \text{（生产线 2 的生产能力）} \\ 2x_A + x_B \leqslant 800 & \text{（原材料 A 的供应量）} \\ x_A + 2x_B \leqslant 1000 & \text{（原材料 B 的供应量）} \\ x_A,\ x_B \geqslant 0 & \text{（非负约束）} \end{cases}$$

式中，x_A 和 x_B 分别表示生产产品 A 和产品 B 的数量。目标函数表示公司希望最大化利润，约束条件限制了生产线和原材料的供应量。

4. 线性规划模型的 Python 求解

现在我们使用 Python 线性规划求解器对该问题进行求解。

```
from scipy.optimize import linprog
# 定义目标函数系数
c = [-12, -16]
# 定义约束条件系数矩阵和约束条件值
A = [[2,4],[3,2],[2,1],[1,2]]
b = [1000,1200,800,1000]
# 定义变量的边界
x0_bounds = (0, None)
x1_bounds = (0, None)
# 调用 linprog 函数求解线性规划问题
res = linprog(c,A_ub = A,b_ub = b,bounds = [x0_bounds,x1_bounds],method =
'simplex')
# 输出最优解和最优解的取值
print(res.fun)
print(res.x)
```

输出结果如下：

```
-5400.0
[350. 75.]
```

求解函数工具得出的最优解为 $z = 5400$（注意我们使用 scipy 库时标准形式是求最小值，所以我们将目标函数的系数转换为了原来数值的相反数），此时 $x_A = 350$，$x_B = 75$。这意味着最大化利润的生产计划是生产 350 个产品 A 和 75 个产品 B，从而实现 $z = 5400$ 的最大利润。

5. linprog（）函数的使用方法

下面介绍 linprog()函数的使用方法。其调用格式为：linprog(c，A_ub = None，b_ub = None，A_eq = None，b_eq = None，bounds = None，method = 'simplex'，callback = None， options = None）

该函数中各参数的含义如下：

c：array_like，目标函数的系数向量，是一个一维数组，长度为变量个数。

A_ub：array_like，约束条件的系数矩阵，是一个二维数组，大小为（m，n），其中 m 为约束条件个数，n 为变量个数。默认值为 None，表示没有上界约束条件。

b_ub：array_like，约束条件的取值向量，是一个一维数组，长度为约束条件个数。默认值为 None，表示没有上界约束条件。

A_eq：array_like，等式约束条件的系数矩阵，是一个二维数组，大小为（p，n），其中 p 为等式约束条件个数，n 为变量个数。默认值为 None，表示没有等式约束条件。

b_eq：array_like，等式约束条件的取值向量，是一个一维数组，长度为等式约束条件个数。默认值为 None，表示没有等式约束条件。

bounds：sequence，变量的边界范围，是一个元组的列表，元组的形式为（lb，ub），其中 lb 和 ub 分别为变量的下界和上界。默认值为 None，表示所有变量都没有边界范围。

method：str，求解方法的名称。默认值为'simplex'，表示使用单纯形法求解；其他可选值包括'interior-point'（内点法）和'highs'（使用 HIPS 求解器）。

callback：callable，回调函数，用于在每次迭代时输出信息。默认值为 None，表示不需要输出迭代信息。

options：dict，求解工具的选项字典。默认值为 None，表示使用默认选项。

需要注意的是，linprog（）函数求解的是线性规划问题的标准形式，即目标函数是最小化形式，所有约束条件均为小于等于形式，并且所有变量均为非负约束。如果遇到不是标准形式的问题，可以通过调整约束条件和变量的边界来将问题转化为标准形。

思 考 题

1. 某市场调查公司受某厂商的委托，调查消费者对某种新产品的了解和反应情况。该厂对市场调查公司提出了以下要求：

1）至少调查 2000 户人家；

2）在晚上调查的户数和白天调查的户数相等；

3）至少应调查 700 户有孩子的家庭；

4）至少应调查 450 户没有孩子的家庭。

对不同家庭采用不同调查方式的费用见表 3－12。

表 3－12　不同家庭采用不同调查方式的费用

家庭	调查费用（元）	
	白天调查	晚上调查
有孩子的家庭	25	30
没有孩子的家庭	20	24

问：

1）市场调查公司应如何进行调查，使得在满足厂商要求的条件下，总的调查费用最少？

2）分别对白天和晚上会见的两种家庭的费用进行灵敏度分析。

3）对调查的总户数、有孩子的家庭和没有孩子的家庭的最少调查数进行灵敏度分析。

2．某基金公司受人委托，准备用 120 万元投资 A 和 B 两个基金，其中基金 A 的单位投资额为 50 元，年回报率为 10%，基金 B 的单位投资额为 100 元，年回报率为 4%，委托人要求在每年的年回报额至少达到 6 万元的基础上要求投资风险最小。据测定每单位 A 基金的投资风险指数为 8，每单位 B 基金的投资风险指数为 3，风险指数越大表明投资风险越大。委托人要求至少在基金 B 中的投资额不少于 30 万元。

1）为了使总的投资风险指数最小，该公司应该在基金 A 和基金 B 中各投资多少单位？

2）为了使总的投资回报金额最大，应该如何投资？这时投资风险指数是多少？

3．某生产基地每天需要从 A，B 两仓库提取原料用于生产，需提取的原材料有：原材料甲不少于 240 件，原材料乙不少于 80kg，原材料丙不少于 120t。已知每辆货车从仓库 A 每天能运回甲 4 件、乙 2kg、丙 6t，运费为每车 200 元；从仓库 B 每天能运回甲 7 件、乙 2kg、丙 2t，运费为每车 160 元。为满足生产需要，基地每天应发往 A、B 两仓库多少辆货车，并使总运费最低？

4．基金公司的第一年~第七年的现金流需求表（万元）见表 3 – 13。

表 3 – 13　现金流需求表

年份	第一年	第二年	第三年	第四年	第五年	第六年	第七年
现金需求（万元）	1.3	1.1	1.2	1.3	1.5	1.6	2.0

经多方调查，基金经理发现三种债券值得购买（且只能在第一年年初购买）。这三种债券的面值均为 1000 元，但由于它们的回报率不同，所以它们的购买价格不同。它们的购买价格、回报率与到期年限见表 3 – 14。

表 3 – 14　债券的购买价格、回报率与到期年限

债券	购买价格（千元）	回报率	到期年限
1	1.05	5%	4
2	1.00	3%	5
3	1.15	7%	6

同时，基金经理也考虑在每年的年初将经费存入银行，在下一年年初再全部取出（即一年期存款），这时可得利息 2%（假设扣除利息税后）。

基金经理希望能设计一个理财计划，使得在保证七年现金流的前提下，所需投入的资金最少。

5. 一个城镇有四所学校，它们分别是：A、B、C、D。县政府实施了一系列教学标准测试 (SOL)，包括阅读、数学和历史，要求所有学校对五年级的所有小孩以此标准化管理。测试的平均分会作为衡量学校业绩的输出。学校委员会确定了三个主要的资源或输入，它们会影响学校的 SOL 分数，这些要素是教师对学生的比例、每位学生的补充基金（在正常预算之上由私人提供的部分）以及家长的平均教育水平（其中，12——高中水平，16——大学水平等）。这些输入和输出总结如下：

$$输入1 = 教师对学生的比例；\quad 输出1 = 平均阅读 SOL 分数$$
$$输入2 = 每位学生的补充基金；\quad 输出2 = 平均数学 SOL 分数$$
$$输入3 = 家长的平均教育水平；\quad 输出3 = 平均历史 SOL 分数$$

每个学校的实际输入和输出数据见表 3 – 15。

表 3 – 15　数据

学校	输入			输出		
	1	2	3	1	2	3
A	0.06	260	11.3	86	75	71
B	0.05	320	10.5	82	72	67
C	0.08	340	12.0	81	79	80
D	0.06	460	13.1	81	73	69

例如，在 A 学校，教师对学生的比例是 0.06（或者大约 16.67 个学生对 1 个教师），每个学生有 260 美元的补充基金，家长的平均教育水平是 11.3。A 学校在阅读、数据和历史方面的平均分分别为 86、75 和 71。

学校委员会想找出此镇中哪些学校把输入转化成输出方面的效率低。DEA 线性规划模型将把一个学校与其他的学校进行比较。为了进行完整的分析，每个学校都必须有一个单独的模型。在这个思考题中，把 D 学校和其他学校进行比较。

案例分析 3 – 1　国家保险联合会的风险分析

国家保险联合会对股票证券领域进行投资。现有一笔 200000 元的资金需要将其投资于股票市场。拟投资的股票以及相应的财务数据见表 3 – 16。

表 3 – 16　拟投资的股票以及相应的财务数据表

	股票			
	A	B	C	D
每股价格（元）	100	50	80	40
年收益率	0.12	0.08	0.06	0.10
单元元投资风险指数	0.10	0.07	0.05	0.08

风险指数衡量股票预期年收益的相对不确定性，数值越高，风险越大。

风险指数是由公司的高级财务顾问制定的。国家保险联合会的高级管理层制定了以下的投资方针：总的年收益率至少为9%，任何一种股票投入资金量都不可以超过总资金量的50%。

1）建立一个线性规划模型来确定风险最小的投资组合。

2）如果公司忽略风险，以最大年收益率作为投资目标，那么应如何投资？

3）上述两部分的投资组合在投资金额上相差多少元，为什么公司可能会更偏好1）的选择？

案例分析 3 – 2　海滨财务服务公司的投资资金分析

海滨财务服务公司的一名投资顾问想要开发一个用于分配投资资金的模型。公司有以下四种投资选择：股票、债券、共同基金和现金。该公司预估了在下一个投资期里以上四种投资的年收益率和相应的风险见表 3 – 17。

表 3 – 17　海滨财务服务公司四种投资的年收益率和相应的风险数据表

投资项目	年收益率（%）	风险
股票	10	0.8
债券	3	0.2
共同基金	4	0.3
现金	1	0.0

风险是用介于 0 ~ 1 之间的一个指数来衡量的，更高的风险值意味着更大的波动性和不确定性。由于现金是一种货币市场资金，它的年收益较低，但同时它是无风险的。我们的目的是确定投资组合中每种选择的资金比例，以使总投资组合的年回报最大化（针对客户所能承受的各个风险水平）。

总风险是所有投资选择的风险之和。比如，一个客户将40%资金投资于股票，30%投资于债券，20%投资于基金，10%投资于现金，那么他的总风险是：$0.4 \times 0.8 + 0.3 \times 0.2 + 0.2 \times 0.3 + 0.1 \times 0 = 0.44$。有一名投资顾问将会与每名投资者商讨其投资目标并决定一个最大风险值。对于一个谨慎的投资者，最大风险值不超过0.3；对于一个中度冒险的投资者，最大风险值介于0.3 ~ 0.5 之间；对于一个偏爱风险的投资者，最大风险值介于0.5 以上。

此外，对于所有的投资客户，海滨财务服务公司还制定了特别的方针，这些方针如下所示。

1）对股票的投资不超过总资金的75%。

2）对基金的投资不少于对债券的投资。

3）对现金的投资介于总资金的10% ~ 30%。

需要解决的问题如下：

1）假定某客户的最大风险是0.4，那么最优投资组合是什么？它的年收益率和总风险分别是多少？

2）假定某一个比较谨慎的客户的最大风险值是0.18，那么最优投资组合是什么？它的年收益率和总风险分别是多少？

3）假定某个比较好冒险的客户的最大风险值是0.7，那么最优投资组合是什么？它的年收益率和总风险分别是多少？

4）参照问题3）的结果，该客户是否有兴趣让投资顾问增加对股票允许投资的最大比例或是减少对现金数量至少为10%比例的约束，请加以解释。

5）相对于直接用投资资金的数量，即金额来表示决策变量，我们前面用投资比例来表示决策变量有什么优势？

案例分析3-3 小型家具厂的数据分析

某家具厂生产四种小型家具，由于该四种家具具有不同的大小、形状、重量和风格，所以它们所需要的主要原料（木材和玻璃）、制作时间、最大销售量与利润均不相同。该厂每天可提供的木材、玻璃与工人劳动时间分别为600单位、1000单位、400h，见表3-18。问：

1）应如何安排该四种家具的日产量，使得该厂的日利润最大？

2）该厂是否愿意付出10元的加班费，让某工人加班1h？

3）如果可提供的工人劳动时间变为398h，该厂的日利润将有何变化？

4）该厂应优先考虑购买何种资源？

5）若因市场变化，第一种家具的单位利润从60元下降到55元，问该厂的生产计划及日利润将如何变化？

表3-18 某家具厂基本数据

家具类型	劳动时间（h/件）	木材（单位/件）	玻璃（单位/件）	单位产品利润（元/件）	最大销售量（件）
1	2	3	6	60	100
2	1	2	2	20	200
3	3	1	1	40	50
4	2	2	2	30	100
可提供量	400h	600单位	1000单位		

在Excel工具中，对题中线性规划模型进行计算，并应用灵敏度分析的结果对上述问题做出解释。

案例分析3-4 投资咨询公司案例分析

威廉姆斯公司是一个投资咨询公司，为大量的客户管理高达1.2亿美元的资金。公司运用一个很有价值的模型，为每个客户安排投资量，分别投资在股票增长基金、收入基金和货币市场基金。为了保证客户投资的多元化，公司对这三种投资的数额加以限制。一般来讲，投资在股票方面的资金应该占总投资的20%~40%，投资在收入基金上的资金应该确保在20%~50%之间，货币市场基金方面的投资至少应该占30%。

此外，公司还尝试着引入了风险承受能力指数，以迎合不同投资者的需求。比如，威廉姆斯公司的一位新客户希望投资800000万美元，对其风险承受能力进行评估得出其风险指数为 0.05。公司的风险分析人员计算出，股票增长基金的风险指数是 0.10，收入基金的风险指数是 0.07，货币市场的风险指数是 0.01。整个投资的风险指数是各项投资所占总投资的百分比与其风险指数乘积的代数和。

此外公司预测，股票增长基金的年收益率是 18%，收入基金的收益率是 12.5%，货币市场基金的收益率是 7.5%。现在，基于以上信息，公司应该如何安排这位客户的投资呢？建立线性规划模型，求出使总收益最大的解，并根据模型写出管理报告：

1）如何将 800000 美元投资于这三种基金，按照你的计划，投资的年收益是多少？

2）假设客户的风险承受指数提高到 0.055，那么在投资计划更改后，收益将增加多少？

3）假设客户的风险承受指数不变，仍然是 0.05，而股票成长基金的年收益率从 16% 下降到 14%，那么新的最佳投资方案是什么？

4）假设现在客户认为投资在股票方面的资金太多了，如果增加一个约束条件即投资于股票增长基金的资金不可以超过投资于收入基金的资金，那么新的最佳方案是什么？

5）当遇到预期收益率变化时，你所建立的线性规划模型应该可以对客户的投资方案做出修改，那么这个模型的适应范围是什么？

案例分析 3-5　广州某投资服务公司如何分配投资资金

资产分配是关于决定如何分配投资资金到多种资产种类的过程，如股票、债券基金、房产和现金等。投资组合模型用来确定应该在每种资产种类上分配的投资资金的比例。目标是建立一个在风险和回报间提供最佳平衡的投资组合。我们现在将建立一个优化模型来确定一个包含混合的共同基金的最佳投资组合。一个模型是为风险厌恶的投资者设计，另一个模型是为风险偏好的投资者设计。

广州某投资服务公司愿意建立一个投资组合模型，能用于确定一个混合六种共同基金的最佳投资组合。可以用多种方法代表风险，但是对金融资产的投资组合，所有方法都与回报的变化性相关。表 3-19 显示六种基金的五个一年期的年回报率（%）。第一年表示所有基金的年回报都是好的，第二年内大部分基金的年回报也是好的，但是第三年小市值价值基金的年回报不好，第四年的中期债券基金的年回报不好，第五年六个基金中有四个年回报不好。

表 3-19　六种基金的五个一年期的年回报率（用于做接下来的 12 个月的计划）

基金名称	年回报率（%）				
	第一年	第二年	第三年	第四年	第五年
外国股票	10.06	13.12	13.47	45.42	-21.93
中期债券	17.64	3.25	7.51	-1.33	7.36
大市值成长	32.41	18.71	33.28	41.46	-23.26
大市值价值	32.36	20.61	12.93	7.06	-5.37
小市值成长	33.44	19.40	3.85	58.68	-9.02
小市值价值	24.56	25.32	-6.70	5.43	17.31

精确预测任一基金在接下来 12 个月的回报是不可能的，但该公司的投资组合管理者认为表 3 – 19 的这五种回报可用于代表下一年投资回报的可能性。出于为他们的客户建立投资组合的目的，该公司的投资组合管理者将选择这六种基金的一个投资组合，并假定这五个可能的方案中有一个能描述接下来 12 个月的回报。

该公司的投资组合管理者被要求为公司的保守客户建立一个投资组合。这类客户对风险有很强的规避意识。经理的任务是决定投资在这六种基金的比例，以使投资组合能以最小的风险提供最大可能的回报。

在投资组合模型中，风险可通过多样化达到最小化。为了说明多样化的价值，我们假定把所有投资都放在这六种基金的一种上。则每种基金都有可能损失，如外国股票损失 21.93%，中期债券损失 1.33% 等。

如何构建这些基金的一个多样化投资组合，以最小化风险为目标。

第 4 章　分配与网络模型与决策

本章讨论的模型属于一类特殊的线性规划问题，通常称为网络流问题，可分为如下不同的问题。

1）运输问题；

2）指派问题；

3）转运与网络规划模型（最小费用流、最大流、最短路问题）；

4）生产、库存、销售计划等动态规划问题。

最后一节的生产与库存问题，实际上是转运问题的应用。

4.1　运输问题模型与决策

若一家公司拥有多个工厂，这些工厂在不同的地点，并且生产同一种产品。这些产品要运输到不同的地点，以满足用户的需求。这些工厂称作供应节点，它们是运输的起点。用户所在地则称为需求节点，它们是运输的终点或目的地。对于各个供应节点（即工厂）而言，它们可提供的数量是有限的；对于各个需求节点（即用户）而言，它们的需求量是某个特定的值。假定产品既不能从一个供应节点运输到另一个供应节点，也不能从一个需求节点运输到另一个需求节点，而只能从供应节点运至需求节点。公司面临的问题是：应如何组织运输，才能在满足供应节点的供应量约束与需求节点的需求量约束的前提下，使得运输成本最低。这类问题就是运输问题。

运输问题可分为供需均衡的运输问题和供需非均衡的运输问题。若所有供应点的供应量之和等于所有需求点的需求量之和，则这类运输问题称为供需均衡（或产销均衡）的运输问题。这时，所有供应点的供应量全部供应完毕，而所有需求点的需求量全部满足。若所有供应点的供应量之和不等于所有需求点的需求量之和，则这类运输问题称为供需非均衡（或产销非均衡）的运输问题。

运输问题可以采用表上作业法处理，也可以运用线性规划模型求解。本节运用线性规划分析运输问题，并采用电子表格方法，可以十分方便地求出运输问题的最优解。下面举例说明运输模型的建立与求解。

4.1.1 均衡运输问题

例 4 – 1

广州某设备厂均衡运输问题

某设备厂下设三个不同地点的分厂 A，B，C，该三个分厂生产同一种设备，设每月的生产能力分别为 20 台、30 台和 40 台。该设备厂有四个固定用户，该四个用户下月的设备需求量分别为 20 台、15 台、23 台和 32 台。设各分厂的生产成本相同，从各分厂至各用户的单位设备运输成本见表 4 – 1，而且各分厂本月末的设备库存量为 0。问该厂应如何安排下月的生产与运输，才能在满足四个用户需求的前提下使总运输成本最低。

例 4 – 1 某设备厂
均衡运输优化模
型—数据

表 4 – 1　某设备厂运输成本表

分厂名称	运输成本（元/台）				月生产能力/t
	用户 1	用户 2	用户 3	用户 4	
工厂 A	70	40	80	60	20
工厂 B	70	100	110	50	30
工厂 C	80	70	130	40	40
下月设备需求量/t	20	15	23	32	—

解：本问题可用图 4 – 1 的网络图描述。网络图左边的节点表示三个分厂，右边的节点表示四个用户，左节点、右节点间的连线表示从左边某分厂生产的设备运输到右边某用户的成本。网络图最左边的数字分别为三个分厂的生产能力，最右边的四个数字分别为四个用户的需求量。

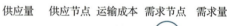
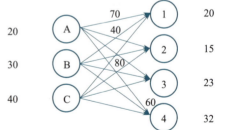

图 4 – 1　网络图

本题中的总供应量 = 20 + 30 + 40 = 90（台），总需求量 = 20 + 15 + 23 + 32 = 90（台），即所有供应节点的供应量之和等于所有需求节点的需求量之和。所以，本问题是供需均衡的运输问题。这时，所有供应点的供应量全部完毕，而所有需求点的需求量全部满足。根据题意，本问题的决策变量是下月各分厂为各用户生产与运输的设备数量。可设：

分厂 A 下月为四个用户生产和运输的设备数量分别为 A_1，A_2，A_3，A_4（台）；

分厂 B 下月为四个用户生产和运输的设备数量分别为 B_1，B_2，B_3，B_4（台）；

分厂 C 下月为四个用户生产和运输的设备数量分别为 C_1，C_2，C_3，C_4（台）。

本问题的目标函数是使总运输成本最小化。总运输成本的计算公式如下：

总运输成本 = $\sum$（各分厂至各用户的设备运输成本）×（各分厂至各用户的运输量）

因此，本问题的目标函数为：

$$\min 70A_1+40A_2+80A_3+60A_4+70B_1+100B_2+110B_3+50B_4+80C_1+70C_2+130C_3+40C_4$$

本问题的约束条件有两个部分，第一部分是需求约束，即各用户从各分厂收到的设备总数不得少于它们的需求量：

$A_1+B_1+C_1=20$（用户 1 从三个分厂收到的设备总数应等于其需求量）

$A_2+B_2+C_2=15$（用户 2 从三个分厂收到的设备总数应等于其需求量）

$A_3+B_3+C_3=23$（用户 3 从三个分厂收到的设备总数应等于其需求量）

$A_4+B_4+C_4=32$（用户 4 从三个分厂收到的设备总数应等于其需求量）

第二部分是生产能力约束，即各分厂生产和运输的设备总数不得超过其生产能力：

$A_1+A_2+A_3+A_4=20$（分厂 A 下月生产与运输的设备总数应等于其月生产能力）

$B_1+B_2+B_3+B_4=30$（分厂 B 下月生产与运输的设备总数应等于其月生产能力）

$C_1+C_2+C_3+C_4=40$（分厂 C 下月生产与运输的设备总数应等于其月生产能力）

最后还有非负约束，即：

A_1，A_2，A_3，A_4，B_1，B_2，B_3，B_4，C_1，C_2，C_3，$C_4\geqslant 0$（非负约束）

综上所述，本问题的线性规划模型如下：

$$\min 70A_1+40A_2+80A_3+60A_4+70B_1+100B_2+110B_3+50B_4+80C_1+70C_2+130C_3+40C_4$$

约束条件：

$$\begin{cases}A_1+B_1+C_1=20\\A_2+B_2+C_2=15\\A_3+B_3+C_3=23\\A_4+B_4+C_4=32\\A_1+A_2+A_3+A_4=20\\B_1+B_2+B_3+B_4=30\\C_1+C_2+C_3+C_4=40\\A_1,\ A_2,\ A_3,\ A_4,\ B_1,\ B_2,\ B_3,\ B_4,\ C_1,\ C_2,\ C_3,\ C_4\geqslant 0\ \text{（非负约束）}\end{cases}$$

该数学模型的已知数据、决策变量、目标函数、约束条件等设置如图 4－2 所示。

	A	B	C	D	E	F	G	H	I	J
1										
2										
3	单位运输成本									
4										
5		供应节点		需求节点						
6			用户1	用户2	用户3	用户4				
7		工厂A	70	40	80	60				
8		工厂B	70	100	110	50				
9		工厂C	80	70	130	40			总成本	
10									=SUMPRODUCT(C7:F9,C14:F16)	
11	运量									
12		供应节点		需求节点						
13			用户1	用户2	用户3	用户4	总运出量		可提供量	
14		工厂A					=SUM(C14:F14)	=	20	
15		工厂B					=SUM(C15:F15)	=	30	
16		工厂C					=SUM(C16:F16)	=	40	
17		总收货量	=SUM(C14:C16)	=SUM(D14:D16)	=SUM(E14:E16)	=SUM(F14:F16)				
18			=	=	=	=				
19		总需求量	20	15	23	32				
20										

图 4－2　数据设置与求解公式

规划求解参数设置如图 4 –3 所示。

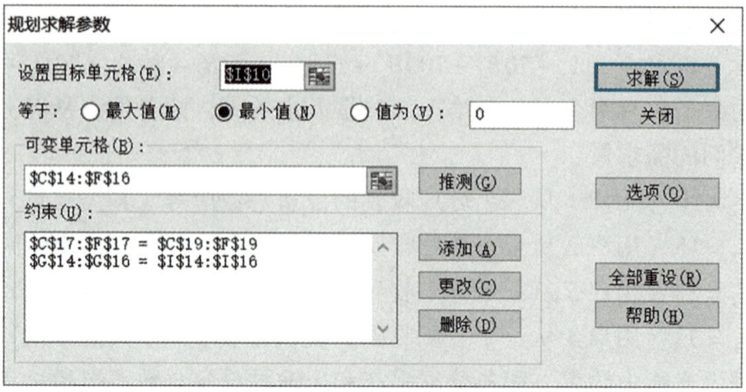

图 4 –3　规划求解参数设置

“选项” 中的设置为选择 “采用线性模型” 和 “假定非负”。

求解结果如图 4 –4 所示。

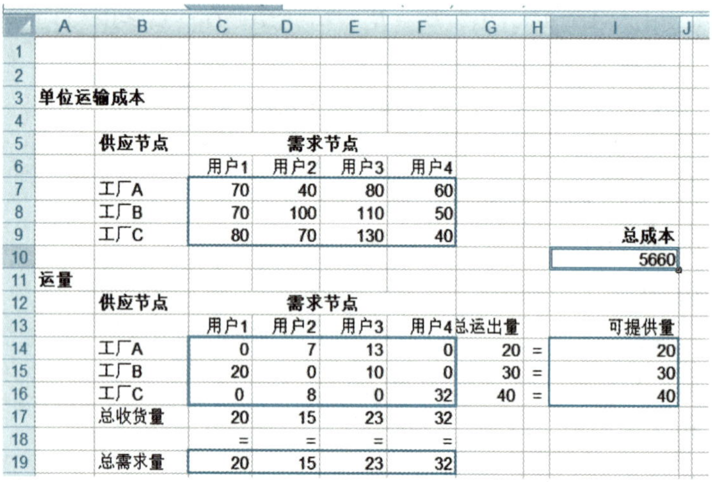

	A	B	C	D	E	F	G	H	I
1									
2									
3	单位运输成本								
4									
5		供应节点		需求节点					
6			用户1	用户2	用户3	用户4			
7		工厂A	70	40	80	60			
8		工厂B	70	100	110	50			
9		工厂C	80	70	130	40			总成本
10									5660
11	运量								
12		供应节点		需求节点					
13			用户1	用户2	用户3	用户4	总运出量		可提供量
14		工厂A	0	7	13	0	20	=	20
15		工厂B	20	0	10	0	30	=	30
16		工厂C	0	8	0	32	40	=	40
17		总收货量	20	15	23	32			
18			=	=	=	=			
19		总需求量	20	15	23	32			

图 4 –4　求解结果

从图 4 –4 中可见，该设备厂下月的生产运输决策见表 4 –2。这时，满足所有的约束条件，且运输总成本最低，为 5660 元。

表 4 –2　生产运输决策　　(单位：台)

分厂名称	运输量			
	用户 1	用户 2	用户 3	用户 4
工厂 A	0	7	13	0
工厂 B	20	0	10	0
工厂 C	0	8	0	32

以上决策可用网络图描述，如图 4 - 5 所示。

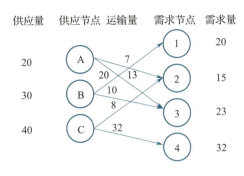

以上是对供需均衡的运输问题的分析。当供需为非均衡时，模型中的约束条件将发生变化。这时，若所有供应点之和大于所有需求点的需求量之和，则所有需求点的需求量全部满足，而某些供应点的供应量未供应完毕，所以，在约束条件中，各用户收到的产品数量应等于其需求量，而各厂生产的产品数量则应小于其供应能力。若所有供应点的供应量之和小于所有需求点的需求

图 4 - 5　网络图

量之和，则所有供应点的供应量全部供应完毕，而某些需求点的需求量不能全部满足，所以，在约束条件中，各用户收到的产品数量应小于其需求量，而各厂生产的产品数量则应等于其供应能力。例 4 - 2 是一个总供应量大于总需求量的非均衡运输问题。

4.1.2　非均衡运输问题

例 4 - 2

某设备厂非均衡运输问题

若例 4 - 1 中的三个分厂经过技术改造，每月的生产能力均增加了 5 台，即分别从 20 台、30 台和 40 台增加为 25 台、35 台和 45 台，其他条件不变。问该厂应如何安排下月的生产与运输，才能在满足四个用户需求的前提下使总运输成本最低。

例 4 - 2　某设备厂非均衡运输问题—数据

解：本问题的网络图如图 4 - 6 所示。

本题中的总供应量 $= 25 + 35 + 45 = 105$（台），总需求量 $= 20 + 15 + 23 + 32 = 90$（台），即所有供应点的供应量之和大于所有需求点的需求量之和。所以本问题是供需非均衡的运输问题。这时，各需求点收到的产品总数等于其总需求量，而各供应点发出的产品总数则小于其总供应能力。

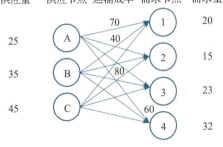

A_1，A_2，A_3，A_4，B_1，B_2，B_3，B_4，C_1，C_2，C_3，$C_4 \geqslant 0$（非负约束）

图 4 - 6　网络图

综上所述，本问题的线性规划模型如下：

$$\min 70A_1 + 40A_2 + 80A_3 + 60A_4 + 70B_1 + 100B_2 + 110B_3 + 50B_4 + 80C_1 + 70C_2 + 130C_3 + 40C_4$$

约束条件：

$$\begin{cases} A_1 + B_1 + C_1 = 20 \\ A_2 + B_2 + C_2 = 15 \\ A_3 + B_3 + C_3 = 23 \\ A_4 + B_4 + C_4 = 32 \\ A_1 + A_2 + A_3 + A_4 \leqslant 25 \\ B_1 + B_2 + B_3 + B_4 \leqslant 35 \\ C_1 + C_2 + C_3 + C_4 \leqslant 45 \\ A_1, A_2, A_3, A_4, B_1, B_2, B_3, B_4, C_1, C_2, C_3, C_4 \geqslant 0 \ (\text{非负约束}) \end{cases}$$

该模型的已知数据、决策变量、目标函数、约束条件等设置如图 4 - 7 所示。

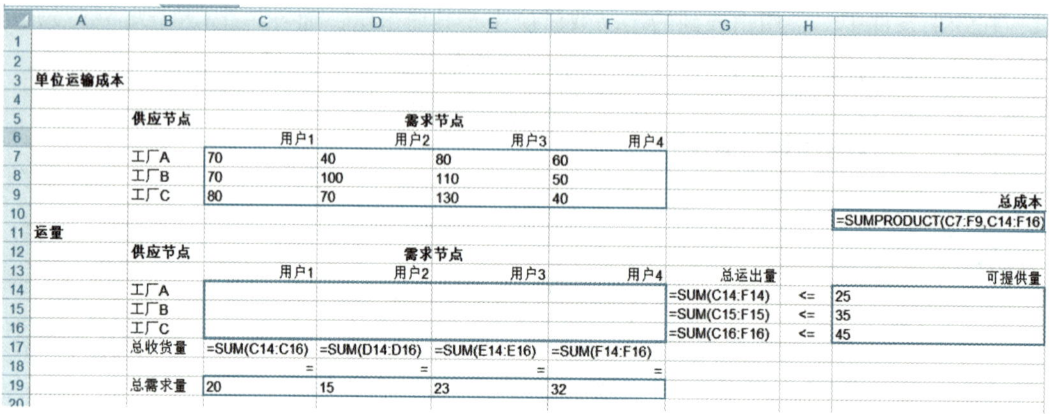

图 4 - 7　数据设置与求解公式

该非均衡运输问题规划求解参数设置如图 4 - 8 所示。

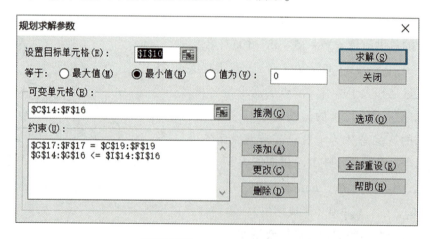

图 4 - 8　规划求解参数设置

"选项"中的设置为选择"线性模型"和"假设非负"。

该问题的求解结果如图 4 - 9 所示。

	A	B	C	D	E	F	G	H	I	J
1										
2										
3	单位运输成本									
4										
5		供应节点		需求节点						
6			用户1	用户2	用户3	用户4				
7		工厂A	70	40	80	60				
8		工厂B	70	100	110	50				
9		工厂C	80	70	130	40			总成本	
10									5510	
11	运量									
12		供应节点		需求节点						
13			用户1	用户2	用户3	用户4	总运出量		可提供量	
14		工厂A	0	2	23	0	25	<=	25	
15		工厂B	20	0	0	0	20	<=	35	
16		工厂C	0	13	0	32	45	<=	45	
17		总收货量	20	15	23	32				
18			=	=	=	=				
19		总需求量	20	15	23	32				
20										

图 4 - 9　求解结果

从图 4 - 9 中可见，该设备厂下月的生产运输决策见表 4 - 3。这时，满足所有的约束条件，且运输总成本最低，为 5510 元。

表 4 - 3　生产运输决策 （单位：台）

分厂名称	运输量			
	用户 1	用户 2	用户 3	用户 4
工厂 A	0	2	23	0
工厂 B	20	0	0	0
工厂 C	0	13	0	32

以上决策可用网络图描述如图 4 - 10 所示。

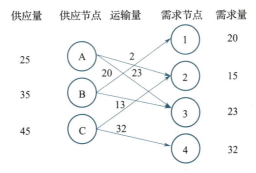

图 4 - 10　网络图

4.1.3　运输问题的一般线性规划模型

运输问题的一般线性规划模型如下：

$$\min \sum_{i=1}^{m} \sum_{j=1}^{n} c_{ij} x_{ij}$$

约束条件：

$$\begin{cases} \sum_{j=1}^{n} x_{ij} \leq s_i, i = 1, 2, \cdots, m \quad \text{（供给）} \\ \sum_{i=1}^{m} x_{ij} = d_j, j = 1, 2, \cdots, n \quad \text{（需求）} \\ x_{ij} \geq 0, \text{对所有的 } i, j \end{cases}$$

式中，x_{ij} 为起点 i 到终点 j 之间的运输数量；c_{ij} 为起点 i 到终点 j 之间的运输成本；s_i 为起点 i 的供应量或者生产能力；d_j 为终点 j 的需求量。

4.2 指派问题

在管理中经常要遇到这样的问题，某单位需要完成 n 项任务，恰好有 n 个人（机器、项目小组或承包商等）可完成这 n 项任务，这就需要指派每一个人（机器、项目小组或承包商等）完成一项任务。由于每个人（机器、项目小组或承包商等）完成任务的效率不同，如何将这 n 项任务指派给 n 个人（机器、项目小组或承包商等），使完成 n 项任务的总效率最好，这就是指派问题。

4.2.1 一般的指派问题

例 4 – 3

例 4 – 3　一般指派
问题—数据

一般指派问题

某设备由三个配件组成，分别记作 B_1，B_2，B_3。现有 A_1，A_2，A_3 三人，他们加工 B_1，B_2，B_3 配件的时间（h）见表 4 – 4。问应指派何人去完成何工作，使所需总时间最少？

表 4 – 4　加工配件时间数据　　　　　　　　　　（单位：h）

人	配件		
	B_1	B_2	B_3
A_1	3	5	4
A_2	4	6	3
A_3	5	4	5

这是一个指派问题，引入 0 – 1 变量 x_{ij}，

$$x_{ij} = \begin{cases} 1, \text{指派 } A_i \text{ 完成任务 } B_j \\ 0, \text{不指派 } A_i \text{ 完成任务 } B_j \\ i = 1, 2, 3, j = 1, 2, 3 \end{cases}$$

则该问题的数学模型可以表示为

$$\min z = 3x_{11} + 5x_{12} + 4x_{13} + 4x_{21} + 6x_{22} + 3x_{23} + 5x_{31} + 4x_{32} + 5x_{33}$$

约束条件：

$$\begin{cases} x_{11} + x_{12} + x_{13} = 1 \\ x_{21} + x_{22} + x_{23} = 1 \\ x_{31} + x_{32} + x_{33} = 1 \\ x_{11} + x_{21} + x_{31} = 1 \\ x_{12} + x_{22} + x_{32} = 1 \\ x_{13} + x_{23} + x_{33} = 1 \\ x_{ij} 为 0 或 1，i = 1，2，3；j = 1，2，3 \end{cases}$$

该模型的已知数据、决策变量、目标函数、约束条件等设置如图 4-11 所示。

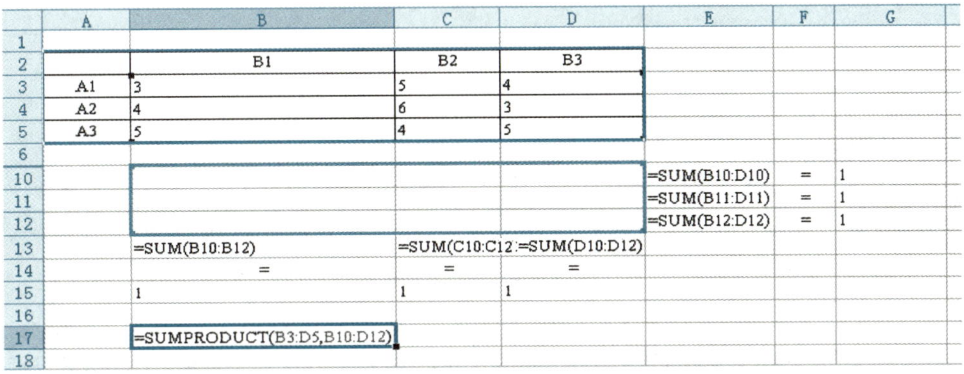

	A	B	C	D	E	F	G
1							
2		B1	B2	B3			
3	A1	3	5	4			
4	A2	4	6	3			
5	A3	5	4	5			
6							
10					=SUM(B10:D10)	=	1
11					=SUM(B11:D11)	=	1
12					=SUM(B12:D12)	=	1
13		=SUM(B10:B12)	=SUM(C10:C12)	=SUM(D10:D12)			
14		=	=	=			
15		1	1	1			
16							
17		=SUMPRODUCT(B3:D5,B10:D12)					
18							

图 4-11　数据设置与求解公式

本问题规划求解参数设置如图 4-12 所示。

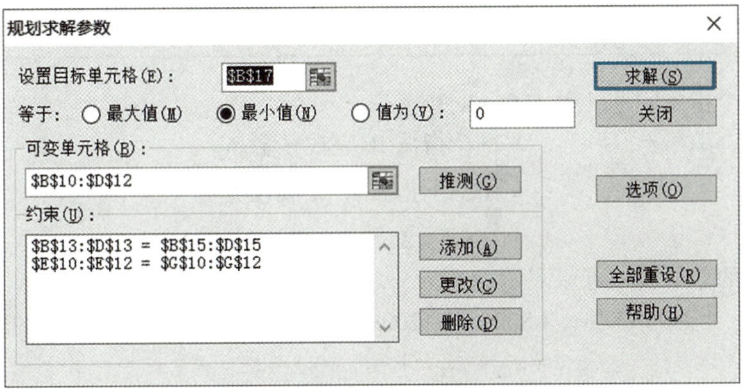

图 4-12　规划求解参数设置

"选项"中的设置为选择"采用线性模型"和"假定非负"。

本问题的求解结果如图 4-13 所示。

从图 4-13 中可知，A_1 去完成配件 B_1，A_2 完成配件 B_3，A_3 完成配件 B_2，可使所需的最少总时间为 10 小时。

	A	B	C	D	E	F	G
1							
2		B1	B2	B3			
3	A1	3	5	4			
4	A2	4	6	3			
5	A3	5	4	5			
6							
10		1	0	0	1	=	1
11		0	0	1	1	=	1
12		0	1	0	1	=	1
13		1	1	1			
14		=	=	=			
15		1	1	1			
16							
17		10					
18							

图 4 - 13 求解结果

4.2.2 特殊的指派问题

例 4 - 4

例 4 - 4 特殊指派
问题—数据

特殊指派问题

某公司有 A_1，A_2 和 A_3 三项业务需要 B_1，B_2 和 B_3 三位业务员分别处理。每个业务员的费用见表 4 - 5，其中业务员 B_2 不能处理业务 A_1。问：应指派何人去完成何业务，使所需总费用最少？

表 4 - 5 业务员费用数据 （单位：元）

业务	业务员		
	B_1	B_2	B_3
A_1	1500	不能处理	800
A_2	1200	900	750
A_3	900	800	900

这也是一个指派问题，引入 0 - 1 变量 x_{ij}，

$$x_{ij} = \begin{cases} 1，指派 B_j 完成任务 A_i \\ 0，不指派 B_j 完成任务 A_i \\ i = 1，2，3，j = 1，2，3 \end{cases}$$

则本问题的数学模型可以表示为

$$\min z = 1500x_{11} + 99999999x_{12} + 800x_{13} + 1200x_{21} + 900x_{22} + 750x_{23} + 900x_{31} + 800x_{32} + 900x_{33}$$

约束条件：
$$\begin{cases} x_{11} + x_{12} + x_{13} = 1 \\ x_{21} + x_{22} + x_{23} = 1 \\ x_{31} + x_{32} + x_{33} = 1 \\ x_{11} + x_{21} + x_{31} = 1 \\ x_{12} + x_{22} + x_{32} = 1 \\ x_{13} + x_{23} + x_{33} = 1 \\ x_{ij} 为 0 或 1，i = 1，2，3；j = 1，2，3 \end{cases}$$

该数学模型的已知数据、决策变量、目标函数、约束条件等设置如图 4 – 14 所示。

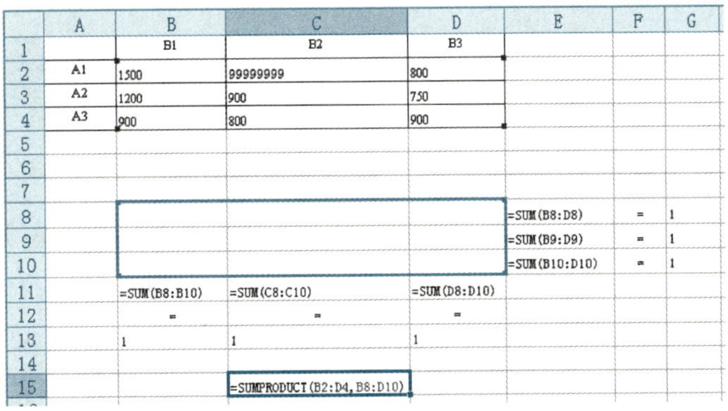

	A	B	C	D	E	F	G
1		B1	B2	B3			
2	A1	1500	99999999	800			
3	A2	1200	900	750			
4	A3	900	800	900			
5							
6							
7							
8					=SUM(B8:D8)	=	1
9					=SUM(B9:D9)	=	1
10					=SUM(B10:D10)	=	1
11		=SUM(B8:B10)	=SUM(C8:C10)	=SUM(D8:D10)			
12		=	=	=			
13		1	1	1			
14							
15			=SUMPRODUCT(B2:D4,B8:D10)				

图 4 – 14　数据设置与求解公式

该非均衡运输问题规划求解参数设置如图 4 – 15 所示。

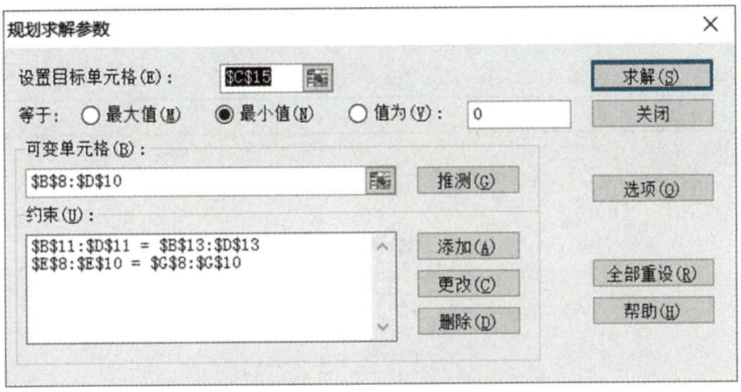

图 4 – 15　规划求解参数设置

"选项"中的设置为选择"采用线性模型"和"假定非负"。

该问题的求解结果如图 4 – 16 所示。

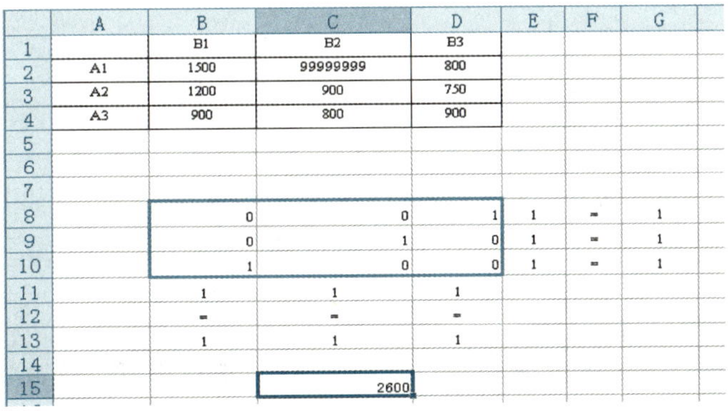

	A	B	C	D	E	F	G
1		B1	B2	B3			
2	A1	1500	99999999	800			
3	A2	1200	900	750			
4	A3	900	800	900			
5							
6							
7							
8		0	0	1	1	=	1
9		0	1	0	1	=	1
10		1	0	0	1	=	1
11		1	1	1			
12		=	=	=			
13		1	1	1			
14							
15			2600				

图 4 – 16　求解结果

从图 4 – 16 可知，B_1 去完成业务 A_3，B_2 完成配件 A_2，B_3 完成配件 A_1，可使所需的最少费用为 2600 元。

4.2.3 指派问题应用

例 4 – 5

快餐店指派问题

某快餐连锁经营公司有七个地点（A_1，A_2，$\cdots$，A_7）可以设立快餐店，由于地理位置因素，设立快餐店时必须满足以下约束：A_1，A_2，A_3 三个地点最多可选两个，A_4，A_5 至少选取一个，A_6，A_7 至少选取一个。已知各个地点设立快餐店的投资和预计年收益见表 4 – 6。已知目前公司有 650 万元可以进行快餐投资。问怎样投资才能使公司预计收益最高？

例 4 – 5　快餐店指派问题—数据

表 4 – 6　数据表　（单位：万元）

地点	A_1	A_2	A_3	A_4	A_5	A_6	A_7
利润	10	11	8	12	15	12	5
投资	103	140	95	150	193	160	80

首先引入 0 – 1 变量 x_i，

$$x_i = \begin{cases} 1, & \text{选择 } A_i \text{ 地址} \\ 0, & \text{不选择 } A_i \text{ 地址} \\ i = 1, 2, 3, \cdots, 7 \end{cases}$$

则本问题的数学模型可以表示为

$$\max z = 10x_1 + 11x_2 + 8x_3 + 12x_4 + 15x_5 + 12x_6 + 5x_7$$

约束条件：

$$\begin{cases} 103x_1 + 140x_2 + 95x_3 + 150x_4 + 193x_5 + 160x_6 + 80x_7 \leqslant 650 \\ x_1 + x_2 + x_3 \leqslant 2 \\ x_4 + x_5 \geqslant 1 \\ x_6 + x_7 \geqslant 1 \\ x_1, x_2, \cdots, x_7 \text{ 为 0 或 1} \end{cases}$$

该数学模型的已知数据、决策变量、目标函数、约束条件等设置如图 4 – 17 所示。

	A	B	C	D	E	F	G	H	I	J	K	L
1												
2	地点	A1	A2	A3	A4	A5	A6	A7				
3	利润/万元	10	11	8	12	15	12	5				
4	投资/万元	103	140	95	150	193	160	80		=SUMPRODUCT(B4:H4,B7:H7)	<=	650
5										=SUM(B7:D7)	<=	2
6										=SUM(E7:F7)	>=	1
7										=SUM(G7:H7)	>=	1
8												
9		=SUMPRODUCT(B3:H3,B7:H7)										
10												

图 4 – 17　数据设置与求解公式

本问题规划求解参数设置如图 4 – 18 所示。

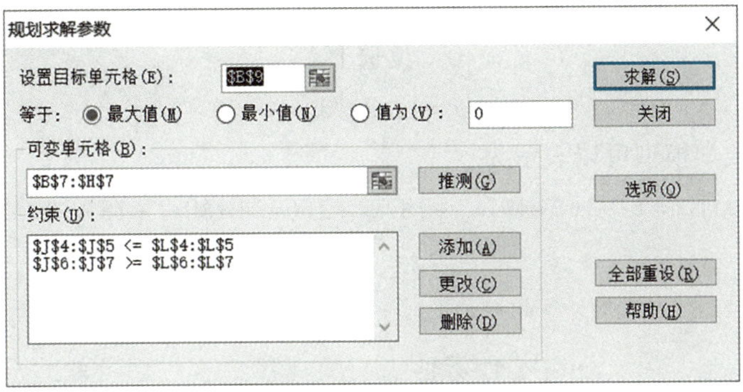

图 4 – 18 规划求解参数设置

"选项"中的设置为选择"采用线性模型"和"假定非负"。

本问题的求解结果如图 4 – 19 所示。

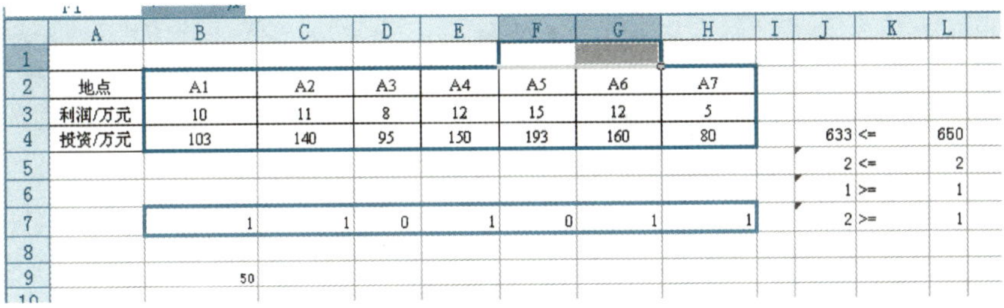

图 4 – 19 求解结果

从图 4 – 19 可知，A₃，A₅ 地点因成本较高，不选择，选择其余地点可使总收益最大，为 50 万元。

注意：此题有三个解，这里只列出了一个。

例 4 – 6

篮球队正式队员选拔问题

某校篮球队准备从以下六名预备队员中选拔三名为正式队员，使其平均身高尽可能高，这六名预备队员情况见表 4 – 7。

表 4 – 7 预备队员情况 （单位：cm）

预备队员	大张	大李	小王	小赵	小田	小周
身高	193	191	187	186	180	185
位置	中锋	中锋	前锋	前锋	后卫	后卫

队员的挑选要满足下列条件：①至少补充一名后卫；②大李和小田只能选一人；③最多补充一名中锋；④如果大李或小赵入选，小周就不能入选。

首先引入 $0-1$ 变量 x_i，

$$x_i = \begin{cases} 1, & \text{被选上} \\ 0, & \text{没选上} \\ i=1,2,3,\cdots,6 \end{cases}$$

则本问题的数学模型可以表示为：

$$\max z = (193x_1 + 191x_2 + 187x_3 + 186x_4 + 180x_5 + 185x_6)/3$$

约束条件：

$$\begin{cases} x_1 + x_2 + x_3 + x_4 + x_5 + x_6 = 3 \\ x_5 + x_6 \geqslant 1 \\ x_2 + x_5 \leqslant 1 \\ x_1 + x_2 \leqslant 1 \\ x_2 + x_6 \leqslant 1 \\ x_4 + x_6 \leqslant 1 \\ x_i \text{ 为 } 0,1 \text{ 变量} \end{cases}$$

4.2.4 指派问题的一般线性规划模型

为了说明 m 个代理和 n 个任务的指派问题的一般线性规划模型，首先引入 $0-1$ 变量 x_{ij}，

$$x_{ij} = \begin{cases} 1, & \text{如果代理 } i \text{ 被指派给任务 } j \\ 0, & \text{其他情况} \\ i=1,2,\cdots m, \ j=1,2,\cdots n \end{cases}$$

c_{ij} 为把代理 i 指派给任务 j 的成本。

则本问题的数学模型可以表示为：

$$\min \sum_{i=1}^{m} \sum_{j=1}^{n} c_{ij} x_{ij}$$

约束条件：

$$\begin{cases} \sum_{j=1}^{n} x_{ij} \leqslant 1, i=1,2,\cdots,m \quad \text{（代理）} \\ \sum_{i=1}^{m} x_{ij} = 1, j=1,2,\cdots,n \quad \text{（任务）} \end{cases}$$

假如某代理被指派给两个客户，则 $\sum_{j=1}^{n} x_{ij} \leqslant 2$。

一般地，如果 a_i 表示代理 i 能够被指派任务的最高上限，则

$$\sum_{j=1}^{n} x_{ij} \leqslant a_i \quad i=1,2,\cdots,m。$$

4.3 转运与网络规划模型

4.3.1 最小费用流问题（转运问题）

1. 基本概念

> **例 4 – 7**
>
>
>
> **最小费用流问题**
>
> 某公司有两个工厂生产产品，这些产品需要运送到两个仓库中，其配送网络如图 4 – 20 所示。目标是确定一个运输方案（即每条路线运送多少单位的产品），使通过配送网络运输成本最小？
>
> 例 4 – 7 最小费用流问题—数据

在图 4 – 20 中 F_1 和 F_2 代表两个工厂，为供应点；W_1 和 W_2 代表两个仓库，为需求点；DC 表示配送中心，为转运点。工厂 F_1 生产 80 个单位（供应量为 80），工厂 F_2 生产 70 个单位（供应量为 70），仓库 W_1 需要 60 个单位（需求量为 60），仓库 W_2 需要 90 个单位（需求量为 90）。F_1 到 DC、F_2 到 DC、DC 到 W_1、DC 到 W_2 的最大运输量均为 50 单位（弧的容量为 50）。单位运输成本：F_1 到 DC 为 300，F_2 到 DC 为 400，DC 到 W_1 为 200，DC 到 W_2 为 400，F_1 到 W_1 为 700，F_2 到 W_2 为 900。弧内的数值意义为（容量，单位运输成本）。

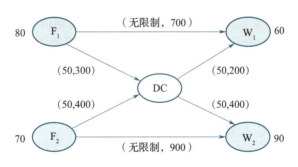

图 4 – 20 网络运输图

这个最小费用流在运输问题中的应用就是一个转运问题，实际上它是运输问题的一个推广。

最小费用流问题的三个基本概念如下：

（1）最小费用流问题的构成（网络表示）

1）节点：包括供应点、需求点和转运点。

2）弧：可行的运输线路（节点 i→节点 j），经常有最大流量（容量）的限制。

（2）最小费用流问题的假设

1）至少一个供应节点；

2）至少一个需求点；

3）剩下都是转运点；

4）通过弧的流只允许沿着箭头方向流动，通过弧的最大流量取决于该弧的容量；

5）网络中有足够的弧提供足够容量，使得所有在供应点中产生的流都能够到达需求点；

6）在流的单位成本已知的前提下，通过每一条弧的流的成本和流量成正比；

7）最小费用流问题的目标是在满足给定需求的条件下，使得通过网络供应的总成本最小（或总利润最大）。

（3）最小费用流问题的解的特征

1）具有可行解的特征：当且仅当供应点所提供的流量总和等于需求点所需要的流量总和时（即平衡条件），最小费用流问题有可行解。

2）具有整数解的特征：只要其所有的供应、需求和弧的容量都是整数值，那么任何最小费用流问题的可行解就一定有所有流量都是整数的最优解（与运输问题和指派问题的解一样）；因此，没有必要加上所有变量都是整数的约束条件。

与运输问题一样，在配送网络中，由于运送量（流量）经常以卡车、集装箱为单位，如果卡车装不满的话，就很不划算。整数解就避免了配送方案为小数的麻烦。

2. 最小费用流问题模型

最小费用流问题的模型为：

1）决策变量：设f_{ij}为通过弧（节点i→节点j）的流量。

2）目标是使通过网络供应的总成本最小。

3）约束条件：

①所有供应点：净流量（总流出减总流入）为正；②所有转运点：净流量为零；③所有需求点：净流量为负；④所有弧的流量f_{ij}受到弧的容量限制；⑤所有弧的流量f_{ij}非负。

具体而言，对于例4-7的最小费用流问题，其线性规划模型如下：

1）决策变量：设f_{ij}为通过弧（节点i→节点j）的流量。

2）目标函数。

本问题的目标是总运输成本最小，则数学模型为：

$$\min z = 700f_{F_1 \to W_1} + 300f_{F_1 \to DC} + 200f_{DC \to W_1} + 400f_{F_2 \to DC} + 900f_{F_2 \to W_2} + 400f_{DC \to W_2}$$

3）约束条件（节点净流量、弧的容量限制、非负）

$$\begin{cases} 供应点\ F_1: f_{F_1 \to W_1} + f_{F_1 \to DC} = 80 \\[4pt] 供应点\ F_2: f_{F_2 \to W_2} + f_{F_2 \to DC} = 70 \\[4pt] 转运点\ DC: f_{DC \to W_1} + f_{DC \to W_2} - (f_{F_1 \to DC} + f_{F_2 \to DC}) = 0 \\[4pt] 需求点\ W_1: 0 - (f_{F_1 \to W_1} + f_{DC \to W_1}) = -60\ 或\ f_{F_1 \to W_1} + f_{DC \to W_1} = 60 \\[4pt] 需求点\ W_2: 0 - (f_{F_2 \to W_2} + f_{DC \to W_2}) = -90\ 或\ f_{F_2 \to W_2} + f_{DC \to W_2} = 90 \\[4pt] 弧的容量限制: f_{F_1 \to DC}, f_{DC \to W_1}, f_{F_2 \to DC}, f_{DC \to W_2} \leqslant 50 \\[4pt] 非负: f_{F_1 \to W_1}, f_{F_1 \to DC}, f_{DC \to W_1}, f_{F_2 \to W_2}, f_{F_2 \to DC}, f_{DC \to W_2} \geqslant 0 \end{cases}$$

3. 最小费用流问题的求解

在图 4-21 中，定义 B4~B9 为"从"，定义 C4~C9 为"到"，定义 D4~D9 为"流量"，定义 H4~H8 为"节点"，在 I4~I8 中，分别输入" = SUMIF（从，节点，流量）- SUMIF（到，节点，流量）"；在 D11 中输入" = SUMPRODUCT（D4：D9，G4：G9）"。

该模型的已知数据、决策变量、目标函数、约束条件等设置如图 4-21 所示。

	A	B	C	D	E	F	G	H	I	J	K
1											
2											
3		从	到	流量		容量	单位成本	节点	净流量		供应/需求
4		F1	W1				700	F1	=SUMIF(从,节点,流量)-SUMIF(到,节点,流量)	=	80
5		F1	DC			<=50	300	F2	=SUMIF(从,节点,流量)-SUMIF(到,节点,流量)	=	70
6		DC	W1			<=50	200	DC	=SUMIF(从,节点,流量)-SUMIF(到,节点,流量)	=	0
7		DC	W2			<=50	400	W1	=SUMIF(从,节点,流量)-SUMIF(到,节点,流量)	=	-60
8		F2	DC			<=50	400	W2	=SUMIF(从,节点,流量)-SUMIF(到,节点,流量)	=	-90
9		F2	W2				900		=SUMIF(从,节点,流量)-SUMIF(到,节点,流量)		
10											
11			总成本	=SUMPRODUCT(D4:D9,G4:G9)							

图 4-21 数据设置与求解公式

该非均衡运输问题规划求解参数设置如图 4-22 所示。

规划求解参数 ☒

设置目标单元格(E)： $D$11 [▦] 求解(S)

等于： ○最大值(M) ● 最小值(N) ○值为(V)： 0 关闭

可变单元格(B)：

流量 [▦] 推测(G) 选项(O)

约束(U)：

$D$5:$D$8 <= $F$5:$F$8
$I$4:$I$9 = $K$4:$K$9

添加(A)
更改(C) 全部重设(R)
删除(D) 帮助(H)

图 4-22 规划求解参数设置

"选项"中的设置为选择"采用线性模型"和"假定非负"。

该问题的求解结果如图 4-23 所示。

	A	B	C	D	E	F	G	H	I	J	K
1											
2											
3		从	到	流量		容量	单位成本	节点	净流量		供应/需求
4		F1	W1	30			700	F1	80	=	80
5		F1	DC	50	<=	50	300	F2	70	=	70
6		DC	W1	30	<=	50	200	DC	0	=	0
7		DC	W2	50	<=	50	400	W1	-60	=	-60
8		F2	DC	30	<=	50	400	W2	-90	=	-90
9		F2	W2	40			900		0		
10											
11			总成本	110000							

图 4-23 求解结果

4.3.2 最大流问题

在许多实际的网络系统中都存在着流量和最大流问题。例如，铁路运输系统中的车辆流，城市给排水系统的水流问题等。而网络系统最大流问题是图与网络流理论中十分重要的优化问题，它对解决生产中的实际问题起着十分重要的作用。

1. 最大流问题的基本概念

最大流问题与网络中的流有关，但目标不是使流的总成本最小，而是寻找一个流的方案，使得通过网络的流量最大。除了目标（流最大化和成本最小化）不一样外，最大流问题的特征和最小费用流问题的特征非常相似。

例 4 - 8

例 4 - 8 最大流问题—数据

最大流问题

某公司要从起始点 v_s（发点）运送货物到目的地 v_t（收点），其网络如图 4 - 24 所示。

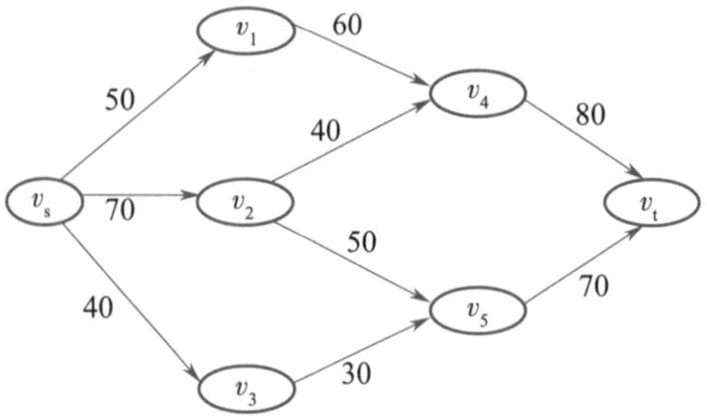

图 4 - 24 最大流问题

图 4 - 24 中每条弧（节点 $i \rightarrow$ 节点 j）旁边的权 c_{ij} 表示这段运输线路的最大通过能力（容量）。要求制定一个运输方案，使得从 v_s 到 v_t 的运输量达到最大，这个问题就是寻求网络系统的最大流问题。

最大流问题的假设：

1）网络中所有流起源于一个叫作源的节点（发点），所有的流终止于另一个叫作汇的节点（收点）；

2）其余的节点叫作转运点；

3）通过每一条弧的流只允许沿着弧的箭头方向流动；

4）目标是使得从发点（源）到收点（汇）的总流量最大。

2. 最大流问题模型

最大流问题的模型为：

1）决策变量：设 f_{ij} 为通过弧（节点 i→节点 j）的流量。

2）目标是使通过网络的总流量最大，即从发点流出的总流量最大。

3）约束条件：①所有转运点（中间点）净流量为零；②所有弧的流量 f_{ij} 受到弧的容量限制；③所有弧的流量 f_{ij} 非负。

具体而言，对于上述例子的最大流问题，其线性数学模型为：

1）决策变量：设 f_{ij} 为通过弧（节点 i→节点 j）的流量。

2）目标函数：

本问题的目标是从 v_s 流出的总流量最大，即

$$\max F = f_{v_s \to v_1} + f_{v_s \to v_2} + f_{v_s \to v_3}$$

3）约束条件。

①转运点 v_1：$f_{v_1 \to v_4} - f_{v_s \to v_1} = 0$；

转运点 v_2：$(f_{v_2 \to v_4} + f_{v_2 \to v_5}) - f_{v_s \to v_2} = 0$；

转运点 v_3：$f_{v_3 \to v_5} - f_{v_s \to v_3} = 0$；

转运点 v_4：$f_{v_4 \to v_t} - (f_{v_1 \to v_4} + f_{v_2 \to v_4}) = 0$；

转运点 v_5：$f_{v_5 \to v_t} - (f_{v_2 \to v_5} + f_{v_3 \to v_5}) = 0$。

②弧的容量限制：$f_{ij} \leqslant c_{ij}$。

③非负：$f_{ij} \geqslant 0$。

最后得到模型为

$$\max F = f_{v_s \to v_1} + f_{v_s \to v_2} + f_{v_s \to v_3}$$

约束条件：

$$
\begin{cases}
f_{v_1 \to v_4} - f_{v_s \to v_1} = 0 \\
(f_{v_2 \to v_4} + f_{v_2 \to v_5}) - f_{v_s \to v_2} = 0 \\
f_{v_3 \to v_5} - f_{v_s \to v_3} = 0 \\
f_{v_4 \to v_t} - (f_{v_1 \to v_4} + f_{v_2 \to v_4}) = 0 \\
f_{v_5 \to v_t} - (f_{v_2 \to v_5} + f_{v_3 \to v_5}) = 0 \\
f_{ij} \leqslant c_{ij} \\
f_{ij} \geqslant 0
\end{cases}
$$

3. 最大流问题模型的求解

在图 4-25 中，定义 B4～B12 为"从"，定义 C4～C12 为"到"，定义 D4～D12 为"流量"，定义 H4～H10 为"节点"，在 I4～I10 中，分别输入" = SUMIF（从，节点，流量）- SUMIF（到，节点，流量）"；在 D14 中输入" = I4"。

该模型的已知数据、决策变量、目标函数、约束条件等设置如图 4-25 所示。

该非均衡运输问题规划求解参数设置如图 4-26 所示。

	A	B	C	D	E	F	G	H	I	J	K
1											
2											
3		从	到	流量		容量		节点	净流量		供应/需求
4		vs	v1		<=	50		vs	=SUMIF(从,节点,流量)-SUMIF(到,节点,流量)		发点
5		vs	v2		<=	70		v1	=SUMIF(从,节点,流量)-SUMIF(到,节点,流量)	=	0
6		vs	v3		<=	40		v2	=SUMIF(从,节点,流量)-SUMIF(到,节点,流量)	=	0
7		v1	v4		<=	60		v3	=SUMIF(从,节点,流量)-SUMIF(到,节点,流量)	=	0
8		v2	v4		<=	40		v4	=SUMIF(从,节点,流量)-SUMIF(到,节点,流量)	=	0
9		v2	v5		<=	50		v5	=SUMIF(从,节点,流量)-SUMIF(到,节点,流量)	=	0
10		v3	v5		<=	30		vt	=SUMIF(从,节点,流量)-SUMIF(到,节点,流量)		收点
11		v4	vt		<=	80					
12		v5	vt		<=	70					
13											
14			最大流	=I4							
15											

图 4 – 25　数据设置与求解公式

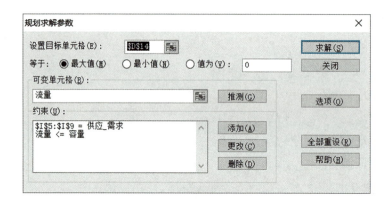

图 4 – 26　规划求解参数设置

"选项"中的设置为选择"采用线性模型"和"假定非负"。

该问题的求解结果如图 4 – 27 所示。

	A	B	C	D	E	F	G	H	I	J	K	L
1												
2												
3		从	到	流量		容量		节点	净流量		供应/需求	
4		vs	v1	50	<=	50		vs	150		发点	
5		vs	v2	70	<=	70		v1	0	=	0	
6		vs	v3	30	<=	40		v2	0	=	0	
7		v1	v4	50	<=	60		v3	0	=	0	
8		v2	v4	30	<=	40		v4	0	=	0	
9		v2	v5	40	<=	50		v5	0	=	0	
10		v3	v5	30	<=	30		vt	-150		收点	
11		v4	vt	80	<=	80						
12		v5	vt	70	<=	70						
13												
14			最大流	150								
15												

图 4 – 27　求解结果

请读者思考多个发点和多个收点的情况。

4. 最小费用最大流问题

在实际的网络应用当中，当涉及流的问题时，有时考虑的不只是流量，还要考虑费用的问题。例如，一个铁路运输系统的网络流，不但要考虑网络系统的货运量最大，还要考虑总费用最小。最小费用最大流就是要解决这一类的问题。

最小费用最大流问题就是：给定一个带收点和发点的网络，对每一条弧（节点 i→节点 j），除了给出容量 c_{ij} 外，还给出了这条弧的单位流量的费用 b_{ij}，要求一个最大流 F，并使得总的运费最小。

最小费用最大流问题也是一个线性规划问题。

例 4 – 9

管道网络问题

某公司有一个管道网络，如图 4 – 28 所示，使用这个网络可以把石油从采地 v_1 运送到销地 v_7。由于输油管道长短不一，每段管道除了有不同的流量 c_{ij} 限制外，还有不同流量的单位费用 b_{ij}。每段管道旁边括号内的数值的意义为（c_{ij}, b_{ij}）。如果使用这个网络系统，从采地 v_1 到销地

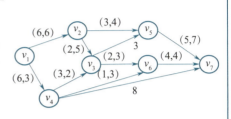

图 4 – 28 管道网络图

v_7 运送石油，怎样运送才能运送最多的石油并使得总的运送费用最小？

用线性规划来求解此问题，可以分两步走。

第一步：先求出此网络系统的最大流量 F。

设弧（v_i, v_j）上的流量为 f_{ij}，则最大流问题的模型为

$$\max F = f_{12} + f_{14}$$

约束条件：

$$
\begin{cases}
(f_{25} + f_{23}) - f_{12} = 0 & \text{转运点 } v_2 \\
(f_{35} + f_{36}) - (f_{23} + f_{43}) = 0 & \text{转运点 } v_3 \\
(f_{43} + f_{46} + f_{47}) - f_{14} = 0 & \text{转运点 } v_4 \\
f_{57} - (f_{25} + f_{35}) = 0 & \text{转运点 } v_5 \\
f_{67} - (f_{36} + f_{46}) = 0 & \text{转运点 } v_6 \\
f_{ij} \leqslant c_{ij} & \text{容量限制} \\
f_{ij} \geqslant 0 & \text{非负}
\end{cases}
$$

变量名的定义与最大流问题模型的求解类似。

该最大流问题的数据设置与求解公式如图 4 – 29 所示。

规划求解参数设置如图 4 – 30 所示。

"选项"中的设置为选择"采用线性模型"和"假定非负"。

该问题的求解结果如图 4 – 31 所示。

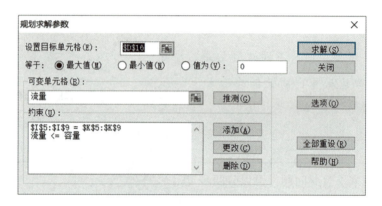

例4-9 最小费用
最大流问题
——数据1

图4-29 数据设置与求解公式

图4-30 规划求解参数设置

	A	B	C	D	E	F	G	H	I	J	K
1											
2											
3		从	到	流量		容量		节点	净流量		供应/需求
4		v1	v2	5	<=	6		v1	10		源
5		v1	v4	5	<=	6		v2	0	=	0
6		v2	v5	3	<=	3		v3	0	=	0
7		v2	v3	2	<=	2		v4	0	=	0
8		v3	v5	2	<=	2		v5	0	=	0
9		v3	v6	2	<=	2		v6	0	=	0
10		v4	v3	2	<=	3		v7	-10		汇
11		v4	v6	1	<=	1					
12		v4	v7	2	<=	2					
13		v5	v7	5	<=	5					
14		v6	v7	3	<=	4					
15											
16			最大流	10							

图4-31 求解结果

第二步：在最大流量 F 的所有解中，找出一个最小费用的解。

仍然设弧 (v_i, v_j) 的上的流量为 f_{ij}，这时网络上的最大流量 F 已经知道，只要在第一步的约束条件上，加上发点的总流量必须等于 F 的约束条件：$f_{12} + f_{14} = F$，即得最小费用最大流问题的约束条件，其目标函数是求其流量的最小费用：$\min z = \sum f_{ij} \cdot c_{ij}$。

最小费用最大流问题的数学模型为

$$\min z = 6f_{12} + 3f_{14} + 4f_{25} + 5f_{23} + 4f_{35} + 3f_{36} + 2f_{43} + 3f_{46} + 8f_{47} + 7f_{57} + 4f_{67}$$

约束条件：

$$
\begin{cases}
f_{12} + f_{14} = 10 & \text{发点 } v_1 \\
(f_{25} + f_{23}) - f_{12} = 0 & \text{转运点 } v_2 \\
(f_{35} + f_{36}) - (f_{23} + f_{43}) = 0 & \text{转运点 } v_3 \\
(f_{43} + f_{46} + f_{47}) - f_{14} = 0 & \text{转运点 } v_4 \\
f_{57} - (f_{25} + f_{35}) = 0 & \text{转运点 } v_5 \\
f_{67} - (f_{36} + f_{46}) = 0 & \text{转运点 } v_6 \\
0 - (f_{12} + f_{14}) = -10 & \text{收点 } v_7 \\
f_{ij} \leq c_{ij} & \text{容量限制} \\
f_{ij} \geq 0 & \text{非负}
\end{cases}
$$

该最大流问题的数据设置与求解公式如图 4-32 所示。

	A	B	C	D	E	F	G	H	I	J	K
1											
2											
3		从	到	流量		容量	单位费用	节点	净流量		供应/需
4		v1	v2		<=	6	6	v1	=D4+D5		10
5		v1	v4		<=	6	3	v2	=SUM(D6:D7)-D4	=	0
6		v2	v5		<=	3	4	v3	=SUM(D8:D9)-D7-D10	=	0
7		v2	v3		<=	2	5	v4	=SUM(D10:D12)-D5	=	0
8		v3	v5		<=	2	4	v5	=D13-D6-D8	=	0
9		v3	v6		<=	2	3	v6	=D14-D9-D11	=	0
10		v4	v3		<=	3	2	v7	=0-SUM(D12:D14)		-10
11		v4	v6		<=	1	3				
12		v4	v7		<=	2	8				
13		v5	v7		<=	5	7				
14		v6	v7		<=	4	4				
15											
16			总费用	=SUMPRODUCT(G4:G14,D4:D14)							

图 4-32　数据设置与求解公式

例 4-9　最小费用
最大流问题
—数据 2

规划求解参数设置如图 4-33 所示。

规划求解参数

设置目标单元格(E)：　$D$16

等于：　○ 最大值(M)　　● 最小值(N)　　○ 值为(V)：　0

可变单元格(B)：

流量

推测(G)

约束(U)：

$I$5:$I$9 = $K$5:$K$9
流量 <= 容量

添加(A)
更改(C)
删除(D)

求解(S)
关闭

选项(O)

全部重设(R)
帮助(H)

图 4-33　规划求解参数设置

"选项" 中的设置为选择 "采用线性模型" 和 "假定非负"。

该问题的求解结果如图 4-34 所示。

	A	B	C	D	E	F	G	H	I	J	K
1											
2											
3		从	到	流量		容量	单位费用	节点	净流量		供应/需求
4		v1	v2	4	<=	6	6	v1	10		10
5		v1	v4	6	<=	6	3	v2	0	=	0
6		v2	v5	3	<=	3	4	v3	0	=	0
7		v2	v3	1	<=	2	5	v4	0	=	0
8		v3	v5	2	<=	2	4	v5	0	=	0
9		v3	v6	2	<=	2	3	v6	0	=	0
10		v4	v3	3	<=	3	2	v7	-10		-10
11		v4	v6	1	<=	1	3				
12		v4	v7	2	<=	2	8				
13		v5	v7	5	<=	5	7				
14		v6	v7	3	<=	4	4				
15											
16			总费用	145							

图 4-34 求解结果

4.3.3 最短路问题

最短路问题是网络理论中应用最广泛的问题之一。许多优化问题都可使用这个模型，如线路安排、管道铺设和设备更新等。

1. 最短路问题基本概念

最短路问题最普遍的应用是在两个点之间寻找最短路，是最小费用流的一种特殊类型。其源的供应量为1，目的地（需求点）的需求量为1，转运点的净流量为0，没有弧的容量限制，目标是使通过网络到目的地的总距离最短。

例 4-10

例 4-10 最短路问题—数据

最短路问题

某人每天从住处 v_1 开车到工地 v_7 上班，如图 4-35 所示。图中各箭线（弧）旁的数字表示道路的长度（公里），试问他从家出发到工地，应选择哪条路线，才能使路上行驶的总距离最短。这是一个最短路问题。

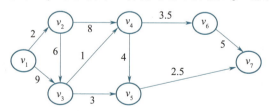

图 4-35 某人开车上班路线

最短路问题的假设：

1）在网络中选择一条路，始于某源终于目的地。

2）连接两个节点的连线叫作边（允许向任一方向行进）、弧（只允许沿着一个方向行进）。和每条边（或弧）相关的一个非负数，叫作该边的长度。

3）目标是为了寻找从源到目的地的最短路（总长度最小的路）。

2. 最短路问题模型

最短路问题的模型为：

1）决策变量：设 x_{ij} 为弧（节点 $i \rightarrow$ 节点 j）；其中，1 表示走，0 表示不走。

2）目标是通过网络的总长度最小，即从源到目的地的最短路。

3）约束条件：

$$\begin{cases}\text{一个源（出发点）：净流量为 1（表示开始）。}\\ \text{所有中间点：净流量为 0（表示如果有走入必有走出）。}\\ \text{一个目的地（需求点）：净流量为 -1（表示结束）。}\\ x_{ij}\text{ 非负。}\end{cases}$$

由于最短路问题是最小费用流问题的一种特殊类型，因此，也具有整数解的特征，没有必要加上所有决策变量是 0 - 1 变量的约束。

具体而言，对于例 4 - 10 的最短路问题，其线性规划数学模型为：

1）决策变量：设 x_{ij} 为弧（节点 $i \rightarrow$ 节点 j）的流量，$x_{ij} = \begin{cases}1, & \text{走}\\ 0, & \text{不走}\end{cases}$

2）本问题的目标是总距离最短，则数学模型为：

$$\min z = 2x_{12} + 9x_{13} + 6x_{23} + 8x_{24} + 1x_{34} + 3x_{35} + 4x_{45} + 3.5x_{46} + 2.5x_{57} + 5x_{67}$$

3）约束条件（节点净流量、非负）。

①源（出发点）v_1：$x_{12} + x_{13} = 1$。

②中间点。

v_2：$x_{23} + x_{24} - x_{12} = 0$

v_3：$x_{34} + x_{35} - (x_{13} + x_{23}) = 0$

v_4：$x_{46} + x_{45} - (x_{24} + x_{34}) = 0$

v_5：$x_{57} - (x_{35} + x_{45}) = 0$

v_6：$x_{67} - x_{46} = 0$

③目的地 v_7：$0 - (x_{67} + x_{57}) = -1$ 或 $x_{67} + x_{57} = 1$。

④$x_{ij} \geqslant 0$。

3. 最短路问题的求解

变量名的定义与最大流问题模型的求解类似。

该最短路问题的数据设置与求解公式如图 4 - 36 所示。

	A	B	C	D	E	F	G	H	I	J	K
1											
2											
3		从	到	是否走		距离		节点	净流量		供应/需求
4		v1	v2			2		v1	=SUMIF(从,节点,是否走)-SUMIF(到,节点,是否走)	=	1
5		v1	v3			9		v2	=SUMIF(从,节点,是否走)-SUMIF(到,节点,是否走)	=	0
6		v2	v3			6		v3	=SUMIF(从,节点,是否走)-SUMIF(到,节点,是否走)	=	0
7		v2	v4			8		v4	=SUMIF(从,节点,是否走)-SUMIF(到,节点,是否走)	=	0
8		v3	v4			1		v5	=SUMIF(从,节点,是否走)-SUMIF(到,节点,是否走)	=	0
9		v3	v5			3		v6	=SUMIF(从,节点,是否走)-SUMIF(到,节点,是否走)	=	0
10		v4	v5			4		v7	=SUMIF(从,节点,是否走)-SUMIF(到,节点,是否走)	=	-1
11		v4	v6			3.5					
12		v5	v7			2.5					
13		v6	v7			5					
14											
15			总距离	=SUMPRODUCT(D4:D13,F4:F13)							
16											

图 4 - 36　数据设置与求解公式

规划求解参数设置如图 4－37 所示。

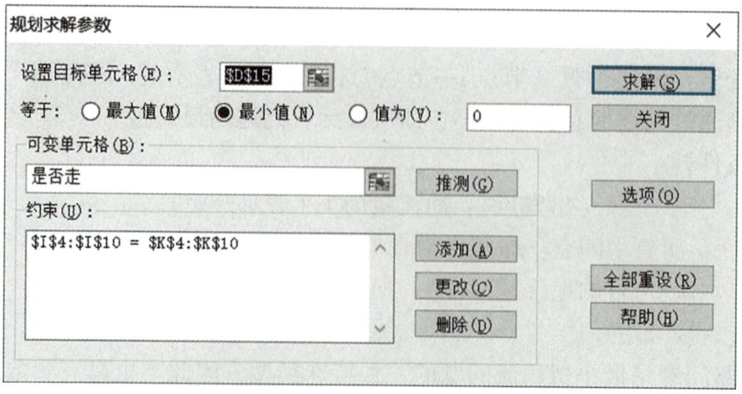

图 4－37 规划求解参数设置

“选项”中的设置为选择“采用线性模型”和“假定非负”。

该问题的求解结果如图 4－38 所示。

	A	B	C	D	E	F	G	H	I	J	K	L
1												
2												
3		从	到	是否走		距离		节点	净流量		供应/需求	
4		v1	v2	1		2		v1	1	=	1	
5		v1	v3	0		9		v2	0	=	0	
6		v2	v3	1		6		v3	0	=	0	
7		v2	v4	0		8		v4	0	=	0	
8		v3	v4	0		1		v5	0	=	0	
9		v3	v5	1		3		v6	0	=	0	
10		v4	v5	0		4		v7	-1	=	-1	
11		v4	v6	0		3.5						
12		v5	v7	1		2.5						
13		v6	v7	0		5						
14												
15			总距	13.5								

图 4－38 求解结果

4.4 生产、库存、销售计划等动态规划问题

在实际决策过程中，往往需要将问题分成若干个阶段，对不同阶段采取不同的决策，从而使整个决策过程达到最优。动态规划就是解决多阶段决策过程最优化的一种方法。这种方法把困难的多阶段决策问题变成一系列互相联系的比较容易的单阶段问题，解决了一系列比较容易的单阶段问题，也就解决了困难的多阶段问题。有时阶段可以用时间表示，在各个时间段，采用不同决策，它随时间而动，这就有“动态”的含意。要注意的是：动态规划是求解问题的一种方法，是考察问题的一种途径，而不是一种特殊的算法。因此，它不像线性规划那样有一个标准的数学表达式和明确定义的一组规划，而必须对具体问题具体分析。本节主要介绍动态规划在生产经营问题中的建模和计算机求解。

4.4.1　生产经营计划问题模型的建立与决策

> **例 4 - 11**
>
> #### 生产经营计划问题
>
> 　　某公司根据订单进行生产。已知半年内对某种产品的需求量、单位生产费用和单位存储费用（见表 4 - 8），还已知公司每月的生产能力为 100，每月仓库容量为 50。问：如何确定产品未来半年内每月最佳生产量和存储量，才能使总费用最少？

例 4 - 11　生产经营计划问题模型——数据

表 4 - 8　生产与库存的有关数据

月份	1	2	3	4	5	6
需求量（件）	50	40	50	45	55	30
单位生产费用（元）	825	775	850	850	775	825
单位存储费用（元）	40	30	35	20	40	40

　　解：1）决策变量。本问题的决策变量为产品未来半年内每月的最佳生产量和库存量。设每月生产量为每个 $x_i(i=1,2,\cdots,6)$，每月月末库存量为 $s_i(i=1,2,\cdots,6)$。

　　2）目标函数。本问题的目标是使得总费用最少，而总费用 = 生产总费用 + 存储总费用，即

$$\min z = 825x_1 + 775x_2 + 850x_3 + 850x_4 + 775x_5 + 825x_6 +$$
$$40s_1 + 30s_2 + 35s_3 + 20s_4 + 40s_5 + 40s_6$$

　　3）约束条件。

　　①因为每月的生产费用不同，所以可以考虑在生产费用低的月份多生产。对于每个月，有"上月库存量 + 本月生产量 - 市场需求 = 本月月末库存量"的关系（这里假设每月月末交货）。因此有：

　　1 月初没有库存，该月的市场需求为 50，则 $x_1 - 50 = s_1$；

　　2 月期初库存为 1 月的期末库存 s_1，市场需求是 40，则有：$s_1 + x_2 - 40 = s_2$；

　　同理，3 月：$s_2 + x_3 - 50 = s_3$；

　　4 月：$s_3 + x_4 - 45 = s_4$；

　　5 月：$s_4 + x_5 - 55 = s_5$；

　　6 月：$s_5 + x_6 - 30 = s_6$。

　　②公司每月的生产能力为 100：$x_i \leqslant 100$（$i=1,2,\cdots,6$）。

　　③每月仓库容量为 50：$s_i \leqslant 50$（$i=1,2,\cdots,6$）。

　　④非负：x_i，$s_i \geqslant 0$（$i=1,2,3,4,5,6$）。

　　由此得到数学模型：

$$\min z = 825x_1 + 775x_2 + 850x_3 + 850x_4 + 775x_5 + 825x_6 + 40s_1 + 30s_2 +$$
$$35s_3 + 20s_4 + 40s_5 + 40s_6$$

约束条件：

$$\begin{cases} x_1 - 50 = s_1 \\ s_1 + x_2 - 40 = s_2 \\ s_2 + x_3 - 50 = s_3 \\ s_3 + x_4 - 45 = s_4 \\ s_4 + x_5 - 55 = s_5 \\ s_5 + x_6 - 30 = s_6 \\ x_i \leqslant 100 \ (i = 1, 2, \cdots, 6) \\ s_i \leqslant 50 \ (i = 1, 2, \cdots, 6) \\ x_i, s_i \geqslant 0 \ (i = 1, 2, 3, 4, 5, 6) \end{cases}$$

上述模型用电子表格可描述的计算公式如图 4 - 39 所示。

	A	B	C	D	E	F	G	H	I	J	K
1											
2		月份	1	2	3	4	5	6			
3		单位生产费用	825	775	850	850	775	825			
4		单位存储费用	40	30	35	20	40	40			
5											
6		需求量	50	40	50	45	55	30		生产能力	
7		生产量							<=	100	
8		实际库存	-50	-40	-50	-45	-55	-30			
9			=	=	=	=	=	=		库存容量	
10		月末库存							<=	50	
11											
12									总费用	0	
13											

图 4 - 39 数据设置与求解公式

模型的求解结果如图 4 - 40 所示。

	A	B	C	D	E	F	G	H	I	J	K
1											
2		月份	1	2	3	4	5	6			
3		单位生产费用	825	775	850	850	775	825			
4		单位存储费用	40	30	35	20	40	40			
5											
6		需求量	50	40	50	45	55	30		生产能力	
7		生产量	50	90	0	45	85	0	<=	100	
8		实际库存	0	50	0	0	30	0			
9			=	=	=	=	=	=		库存容量	
10		月末库存	0	50	0	0	30	0	<=	50	
11											
12									总费用	217825	
13											
14											
15											
16											

图 4 - 40 求解结果

由图 4 - 40 可知，第一个月生产 50，库存量为 0，；第二个月生产 90，库存量为 50；第三个月不生产，库存量为 0；第四个月生产 45，库存量为 0；第五个月生产 85，库存量为 30；第六个月不生产时，库存量为 0 时，总费用最小，为 217825 元。

4.4.2　采购与销售计划模型的建立与决策

例 4 – 12

采购与销售计划问题

　　某商店在未来的四个月里，准备利用它的一个仓库来专门经销某种商品，仓库最大容量能储存这种商品 1000 单位。假定该商品每月只能出卖仓库现有的货。当商店在某月订货时，下月初才能到货。预测该商品未来四个月的买卖价格见表 4 – 9 所示，假定商店在 1 月开始经销时，仓库储有该商品 500 单位。试问若不计库存费用，该商店应如何制定 1 月 ~ 4 月的订购与销售计划，才能使预期的获利最大？

例 4 – 12　采购与销售计划模型—数据

表 4 – 9　商品未来四个月的买卖价格　　　　　　　　（单位：元）

月份	购买单价	销售单价
1	10	12
2	9	8
3	11	13
4	15	17

　　解：1）决策变量：本问题需要制定 1 月 ~4 月的订购与销售计划，所以设每月的销售量为 $x_i (i = 1, 2, 3, 4)$，每月的订货量为 $y_i (i = 1, 2, 3, 4)$。设辅助决策变量：每月初仓库中的存货量为 $s_i (i = 1, 2, 3, 4)$。

　　2）目标函数：因为不考虑库存的费用，所以要使预期获利最大，只要建立每个月订货成本与销售收入之间的关系即可。

$$\max z = 12x_1 - 10y_1 + 8x_2 - 9y_2 + 13x_3 - 11y_3 + 17x_4 - 15y_4$$

　　3）约束条件：

　　①因为当月的订货，下个月才能到，所以该商场每月销售的是上月剩余库存和上个月的订货，而上月剩余库存 = 上月初的库存 – 上月销售，也就是说，每月初的库存 = 上月初的库存 – 上月销售 + 上月进货，即类似于动态规划的状态方程：

$$s_k = s_{k-1} - x_{k-1} + y_{k-1}$$

　　1 月份：月初库存为 500，没有上月进货和销售，则有 $s_1 = 500$；

　　2 月份：上月初库存为 $s_1 = 500$，上月销售和订货分别为 x_1 和 y_1，则有 $s_2 = s_1 - x_1 + y_1$；

　　3 月份：$s_3 = s_2 - x_2 + y_2$；

　　4 月份：$s_4 = s_3 - x_3 + y_3$。

　　②仓库的容量限制：月初库存不超过仓库的最大容量 1000，则有 $s_i \leqslant 1000$（$i = 1, 2, 3, 4$）。

　　③每月的销售量不超过月初库存：$x_i \leqslant s_i$（$i = 1, 2, 3, 4$）。

④非负：x_i，y_i，$s_i \geq 0$（$i = 1$，2，3，4）。

因此，可以得到如下的数学模型：

$$\max z = 12x_1 - 10y_1 + 8x_2 - 9y_2 + 13x_3 - 11y_3 + 17x_4 - 15y_4$$

约束条件：

$$\begin{cases} s_1 = 500 \\ s_2 = s_1 - x_1 + y_1 \\ s_3 = s_2 - x_2 + y_2 \\ s_4 = s_3 - x_3 + y_3 \\ s_i \leq 1000 \quad (i = 1, 2, 3, 4) \\ x_i \leq s_i \quad (i = 1, 2, 3, 4) \\ x_i, y_i, s_i \geq 0 \quad (i = 1, 2, 3, 4) \end{cases}$$

该模型的已知数据、决策变量、目标函数、约束条件等设置如图4-41所示。

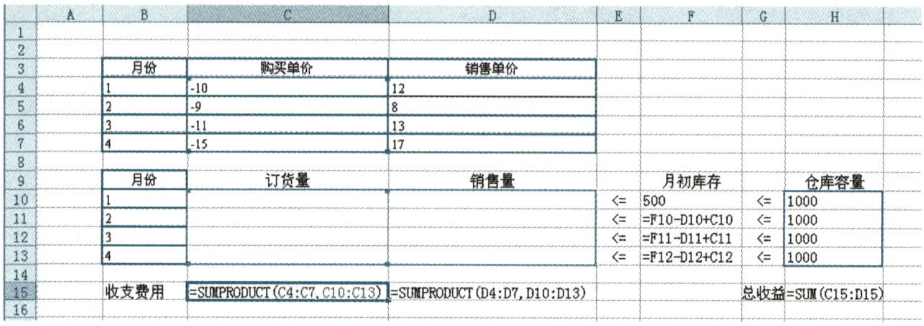

	A	B	C	D	E	F	G	H
1								
2								
3		月份	购买单价	销售单价				
4		1	-10	12				
5		2	-9	8				
6		3	-11	13				
7		4	-15	17				
8								
9		月份	订货量	销售量		月初库存		仓库容量
10		1			<=	500	<=	1000
11		2			<=	=F10-D10+C10	<=	1000
12		3			<=	=F11-D11+C11	<=	1000
13		4			<=	=F12-D12+C12	<=	1000
14								
15		收支费用	=SUMPRODUCT(C4:C7,C10:C13)	=SUMPRODUCT(D4:D7,D10:D13)			总收益=SUM(C15:D15)	
16								

图4-41 数据设置与求解公式

该问题规划求解参数设置如图4-42所示。

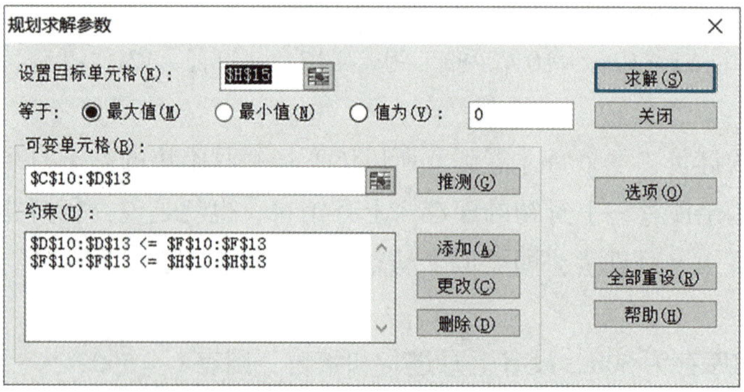

图4-42 规划求解参数设置

"选项"中的设置为选择"采用线性模型"和"假定非负"。

该问题的求解结果如图4-43所示。

由图4-43可知，当2月和3月的订货量都是1000，1月的销售量为500，3月和4月的销售量都为1000时，总收益最大，为16000。

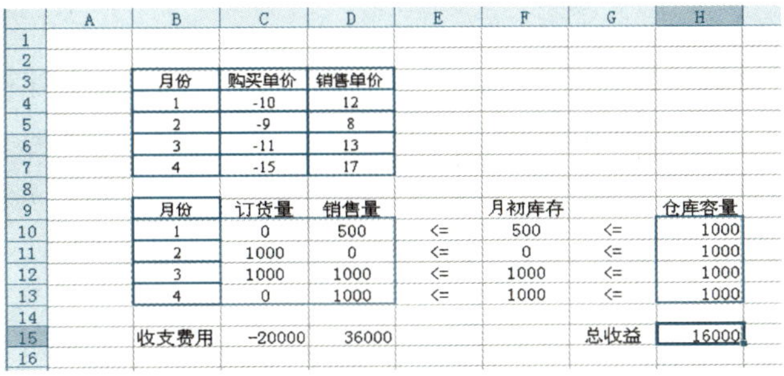

图 4 - 43 求解结果

根据计算结果，总结见表 4 - 10。

表 4 - 10 计算结果

月份	期初库存	销售量	订货量
1	500	500	0
2	0	0	1000
3	1000	1000	1000
4	1000	1000	0

表 4 - 10 的结果分析如下：因为本例不涉及市场需求和库存费用的情况，收益来源于货物的差价，对于一批货，本月订货下月初才能到货，下个月以及以后几个月才能买，因此，需要综合考虑每批货物的差价，在进价低的月份进货，在销售价格高的月份卖货，以此来保证四个月后的总收益最大。还有，4 月的订货量显然为零，因为只有订货成本而没有销售收入。

4.4.3 订单与生产计划模型的建立与决策

例 4 - 13

订单与生产计划模型问题

某公司与用户签订了 4 个月的交货合同，见表 4 - 11。

表 4 - 11 合同数量 （单位：百台）

月份	合同数量	月份	合同数量
1	1	3	5
2	2	4	3

该公司的最大生产能力为每月 4 百台，存货能力为 3 百台。已知每百台的生产费用为 20000 元，在进行生产的月份，工厂要支出固定费用 8000 元，仓库的保管费用每月 2000 元/百台，假定开始时及四月底交货后都没有库存，问各月应生产多少台产品，才能满足完成交货任务的前提下，使得总费用最小？

例 4 - 13 订单与
生产计划模型—
数据

解：

1）决策变量：设每月的生产量为 $x_i(i=1, 2, 3, 4)$；每个月期末库存量为 $s_i(i=1, 2, 3, 4)$；$y_i(i=1, 2, 3, 4)$ 为每个月是否生产。

2）目标函数：总费用 = 每次是否生产的固定费用支出 + 生产费用 + 保管费用，即

$$\max z = 8(y_1 + y_2 + y_3 + y_4) + 20(x_1 + x_2 + x_3 + x_4) + 2(s_1 + s_2 + s_3 + s_4)$$

3）约束条件：

①对每个月来说，库存、生产、需求之间的关系为"本月库存 = 上月库存 + 本月生产 – 本月订货"。所以，

1 月：初始时没有库存，合同需求为 1，则 $s_1 = 0 + x_1 - 1$。

2 月：第 1 月有库存 s_1，则 $s_2 = s_1 + x_2 - 2$

3 月：$s_3 = s_2 + x_3 - 5$

4 月：$s_4 = s_3 + x_4 - 3$

②生产能力限制，因为在进行生产的月份，工厂要支出固定费用 8000 元，由于每百台的生产费用是一样的，显然在尽可能少的月份进行生产可以节约不少费用。生产量与是否生产的关系为：生产量≤生产能力×是否生产，即

$$x_i \leq 4y_i(i=1, 2, 3, 4)$$

③存货能力限制：$\qquad s_i \leq 3(i=1, 2, 3, 4)$

4 月底交货后没有库存，即：$\qquad s_4 = 0$

非负：$\qquad x_i, y_i, s_i \geq 0(i=1, 2, 3, 4)$

$$y_i = 0, 1(i=1, 2, 3, 4)$$

因此，可以得到如下的数学模型：

$$\max z = 8(y_1 + y_2 + y_3 + y_4) + 20(x_1 + x_2 + x_3 + x_4) + 2(s_1 + s_2 + s_3 + s_4)$$

约束条件：

$$\begin{cases} s_1 = 0 + x_1 - 1 \\ s_2 = s_1 + x_2 - 2 \\ s_3 = s_2 + x_3 - 5 \\ s_4 = s_3 + x_4 - 3 \\ x_i \leq 4y_i \ (i=1, 2, 3, 4) \\ s_i \leq 3 \ (i=1, 2, 3, 4) \ 且 \ s_4 = 0 \\ x_i, y_i, s_i \geq 0 \ (i=1, 2, 3, 4) \\ y_i = 0, 1 \ (i=1, 2, 3, 4) \end{cases}$$

该模型的已知数据、决策变量、目标函数、约束条件等设置如图 4 – 44 所示。

该问题规划求解参数设置如图 4 – 45 所示。

"选项"中的设置为选择"采用线性模型"和"假定非负"。

该问题的求解结果如图 4 – 46 所示。

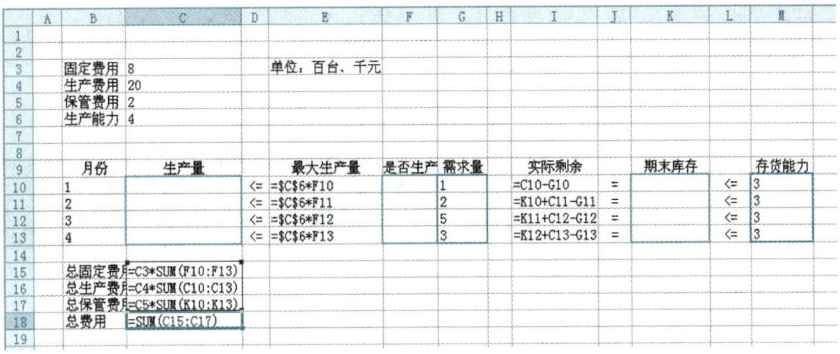

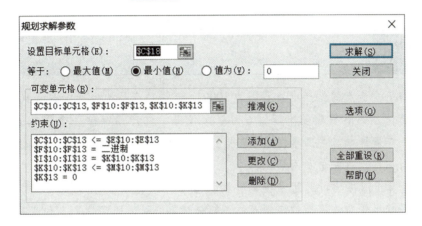

图 4 – 44 数据设置与求解公式

图 4 – 45 规划求解参数设置

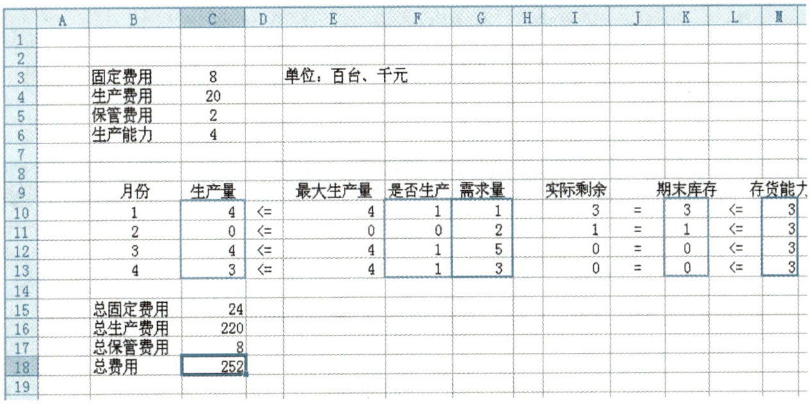

图 4 – 46 求解结果

思 考 题

1. 有三个产地 A_1、A_2、A_3 和两个销地 B_1、B_2，各产地至各销地的单位运价见表 $4-12$，销地 B_1、B_2 的需求量分别为 10、4 个单位。由于客观条件的限制和销售需要，产地 A_1 至少要发出 6 个单位的产品，最多能生产 11 个单位；A_2 必须发出 7 个单位；A_3 至少要发出 4 个单位。求解该运输问题的最优方案。

表 4-12　各产地至各销地的单位运价　　　　　　　　　　　（元/公里）

销地	产地		
	A_1	A_2	A_3
B_1	15	18	22
B_2	21	25	16

2. 某厂根据订单合同在今后四个季度对某产品的需求量见表 4-13。

表 4-13　各季度对产品的需求量

季度	一	二	三	四
需求量（件）	2	3	2	4

设每组织一次生产的生产准备费用为 3000 元，每件产品的生产成本为 1000 元，每次生产由于生产能力的限制最多不超过 6 件。又设每一件产品存储一个季度的费用为 500 元，并且第一季度开始与第四季度末均没有产品库存，在上述条件下该厂应该如何安排各季度的生产与库存，以使总费用最低？

3. PM 计算机服务公司通过从国内外购买零部件组装成自有品牌的台式计算机。PM 把大部分的计算机销售给当地的经销商，小部分销售给附近地区的个人和商业机构。正常生产能力下，PM 公司每周可以生产 1600 台，通过加班还可以生产出 500 台。在正常工作时间组装、测试和包装一台计算机的成本是 1900 元。加班时间生产计算机的成本为 2600 元。另外，每台计算机每周的库存成本是 100 元。PM 公司想满足所有的客户订单，不要出现缺货，提供符合质量标准的产品。PM 公司未来六周的订单计划见表 4-14。

表 4-14　计算机预订数　　　　　　　　　　　　　　（单位：台）

周	PM 公司每周的计算机预订数	周	PM 公司每周的计算机预订数
1	1050	4	1800
2	1700	5	1500
3	2300	6	2500

PM 公司希望 MBA 毕业生能确定一个生产计划，以便决定每周在正常工作时间和加班时间各生产多少台电脑，可以以最低的成本满足订单。公司在第六周末时使库存为 0。

案例分析 4-1　物流系统

大比公司是一家电力消耗测量仪的制造商和销售商。该公司在埃尔帕索以一间小型加工厂起家，逐渐建立了一个遍及德克萨斯州的客户基地。第一个分销中心在德克萨斯的沃斯堡，第二个分销中心在墨西哥州的圣菲。随着公司在亚利桑那州、加利福尼亚州、内华达州和犹他州打开测量仪市场，埃尔帕索加工厂也得以扩大。随着西部海岸线沿岸业务的发展，大比公司在拉斯维加斯建立了第三个分销中心。就在两年前，它们又在加利福尼亚州的圣·伯纳迪诺建立了第二个加工厂。

不同加工厂的制造成本是不同的。在埃尔帕索加工厂生产出来的产品单位成本为10.50 美元；由于圣·伯纳迪诺加工厂使用效率更高的新设备，因此，生产的测量仪的单位成本比埃尔帕索加工厂高 0.50 美元。

公司的快速增长意味着没有太多的精力去提高分销系统的效率。大比公司的管理层决定现在是时候把这个问题提到日程上来了。表 4 – 15 显示了从两个加工厂运输一台测量仪到三个分销中心的单位成本。

表 4 – 15　从加工厂到分销中心的单位运输成本　（单位：美元）

加工厂	分销中心		
	沃斯堡	圣菲	拉斯维加斯
埃尔帕索	3.20	2.20	4.20
圣·伯纳迪诺	—	3.90	1.20

埃尔帕索加工厂的季度生产能力为 30000 台，圣·伯纳迪诺加工厂的季度生产能力为20000 台，注意从圣·伯纳迪诺到沃斯堡的运输是不允许的。

公司的这三个分销中心要负责九个客户区的需求。每个客户区下个季度的需求预测量见表 4 – 16。

表 4 – 16　季度需求预测　（单位：台）

客户区	需求	客户区	需求	客户区	需求
达拉斯	6300	堪萨斯城	1200	菲尼克斯	2750
圣安东尼奥	4800	丹佛	6120	洛杉矶	8500
威奇托	2130	盐湖城	4830	圣地亚哥	4460

从分销中心到每个客户的单位运输成本见表 4 – 17。注意，有些分销中心是不可服务某些客户区的。

表 4 – 17　从分销中心到客户区的单位运输成本　（单位：美元）

分销中心	客户区								
	达拉斯	圣安东尼奥	威奇托	堪萨斯城	丹佛	盐湖城	菲尼克斯	洛杉矶	圣地亚哥
沃斯堡	0.30	2.10	3.10	4.40	6.00	—	—	—	—
圣菲	5.20	5.40	4.50	6.00	2.70	4.70	3.40	3.30	2.70
拉斯维加斯	—	—	—	—	5.40	3.30	2.40	2.10	2.50

为了确定从每一个加工厂运出的货物量，分销中心合计了季度客户需求预测，并使用运输模型以使从加工厂到分销中心的运输成本最小。

请对分销系统提出建议，你的报告应该包括但不局限于下面的几个问题。

1）如果公司不改变当前的分销战略，那么下个季度的制造和分销成本为多少？

2）假设公司愿意考虑放弃当前分销中心的限制，也就是说，客户可以从任何一个知道其成本的分销中心拿货，这样分销成本是不是会降低，降低多少？

3）该公司希望知道由加工厂直接满足某些客户需求的可能性。具体而言，圣·伯纳迪诺加工厂到洛杉矶客户区的运输成本为 0.30 美元，从圣·伯纳迪诺到圣地亚哥的单位运输成本为 0.70 美元。直接从埃尔帕索加工厂到圣安东尼奥客户区的单位成本为 3.50 美元。在考虑了这些直接运到客户区的路线之后，分销成本能否减少很多呢？

4）经过五年的时间，预测大比公司会以稳健的速度发展（5000 个测量仪），业务延伸到了北方和西方。你是否会建议他们在那个地方扩建工程呢？

案例分析 4-2　企业向商业银行贷款案例

某公司为了盘活市场，打算向商业银行贷款来开展更多的业务。现有两种不同的贷款方式：第一种是 10 年长期贷款，年率 7%，只能在 2010 年初贷一次，以后每年还息（10 次），第 10 年后还本；第二种是一年短期贷款，年利率 10%，可以在 2011—2020 年初贷，可贷 10 次，下一年还本付息。请问：如何贷款（贷款组合），才能使得公司在 10 年内可以正常运转？目前公司只有 100 万元，每年的现金储备最少 50 万元，已知公司未来 10 年的净现金流（预测）见表 4-18。希望在 2023 年年初的现金余额最多。

表 4-18　公司未来 10 年的净现金流（预测）　　　　（单位：万元）

年份	2013	2014	2015	2016	2017	2018	2019	2020	2021	2022
净现金流	−800	−200	−400	300	600	300	−400	700	−200	1000

案例分析 4-3　企业流动资金的短期理财投资案例

某企业打算利用流动资金进行短期理财投资，在保证每月现金余额不少于 10 万元的前提下，进行三种期限的投资，见表 4-19。已知该企业现有现金 40 万元以及预计的每月现金支出额见表 4-20，求半年后资金最大的优化计划。

表 4-19　三种定存的月利率

月利率		月期数
1 个月定存	0.15%	1
3 个月定存	0.18%	3
6 个月定存	0.20%	6

表 4-20　该企业每个月的预计现金支出额　　　　（单位：元）

月份	一	二	三	四	五	六
现金支出	+175000	−10000	−20000	+80000	+50000	−15000

第5章　整数线性规划模型与决策

5.1　整数线性规划模型

整数线性规划是要求部分或全部变量必须为整数的线性规划。这时，应该在原来的线性规划模型中添加"决策变量为整数"的约束条件。

整数线性规划可分为纯整数规划与混合整数规划。纯整数规划是要求所有变量必须为整数的线性规划；混合整数规划是要求部分变量必须为整数的线性规划。

整数线性规划的一个重要特例是0-1整数线性规划。它是指所有变量都必须为0或1的线性规划。如果在整数线性规划中，只要求部分变量必须为0或1，则为0-1混合整数线性规划。

0-1整数线性规划常常可以用来表示某种逻辑关系，一般用"1"表示"是"，用"0"表示"否"，来反映实际问题中对于变量必须满足某种逻辑关系的约束。

整数线性规划与一般规划相比，其可行解不是连续的，而是离散的。

用Excel方法求解整数线性规划的基本步骤与求解一般线性规划问题相同，只是在约束条件中添加一个"整数"约束。在Excel的规划求解的参数对话框中，用"int"表示整数。因此，只要在参数对话框中添加一个约束条件，在左边输入要求取整数的决策变量的单元格引用地址，然后选择"int"，如图5-1所示。

0-1整数线性规划模型的建立和求解方法与一般线性规划模型相同，只是增加了一个"决策变量必须为0或1"的约束条件。为反映这一约束条件，在求解时应在Excel的规划求解对话框中添加关于决策变量取值为1或0的约束条件。在Excel规划求解功能中是用"bin"表示0和1两者取其一，因此，只要在约束条件左边输入要求取0或1的决策变量的单元格引用地址，然后选择"bin"，如图5-2所示。

图5-1　在规划求解对话框中添加整数约束

图5-2　在规划求解对话框中添加0-1约束

下面我们通过例子来讨论0-1整数线性规划在投资预算决策、物流配送系统设计等方面的应用。

5.2 一般整数规划模型与决策

5.2.1 整数规划模型的实例及其图解法

例 5 - 1

例 5 - 1 整数规划—数据

整数规划问题

某航空公司是一家使用小型飞机经营短途航线的小型区域性企业。该公司经营得不错，管理层决定拓展其经营领域。

管理层面临的基本问题是：采购更多的小型飞机来开辟一些新的短途航线，还是开始通过为一些跨地区航线购买大型飞机来进军全国市场（或双管齐下）？哪一种战略最有可能获得最高收益？

表 5 - 1 中提供了购买每一种飞机的年利润（包括资本回收成本）；给出了每架飞机的采购成本，以及可用于飞机采购的总可用资金 1 亿元；并表明了管理层希望小型飞机的采购量不超过两架。

表 5 - 1 某航空公司购买飞机数据

约束条件	飞机种类		可获得的总资金（百万元）
	小型飞机	大型飞机	
每架飞机年利润（百万元）	1	5	
每架飞机采购成本（百万元）	5	50	100
最多购买数量（架）	2	没有限制	

需要的决策是小型飞机和大型飞机各需要采购多少才能获得最大的年总净利润？

解：设小型飞机与大型飞机的购买数量分别为 x_1 架和 x_2 架。

目标函数：
$$\max z = x_1 + 5x_2$$

约束条件：

$$\begin{cases} 5x_1 + 50x_2 \leqslant 100 \\ x_1 \leqslant 2 \\ x_1, \ x_2 \geqslant 0 \\ x_1, \ x_2 \ 为整数 \end{cases}$$

如不考虑整数约束，则 $x_1 = 2$，$x_2 = 1.8$。

如考虑整数约束，可行解只能是如下七个：（0，0），（0，1），（0，2），（1，0），（2，0），（1，1），（2，1）。

这时，该问题的最优解不再是目标函数直线与原可行域最右上方的交点的坐标，因为（2，1.8）该点不满足整数约束，（2，1.8）它就不再是可行解了。而是使 $\max z = x_1 + 5x_2$

的 x_1 和 x_2 的整数是什么？即 $x_1 = 0$，$x_2 = 2$。

由于离散问题比连续问题更难处理，因此整数规划比一般的线性规划难解得多，至今无成熟的算法，目前常用的算法有分支定界法、割平面法等，但手工计算过程相当繁琐，电子表格提供了一种十分有效的方法。

5.2.2 整数规划的电子表格求解

例 5 - 1 建立目标函数： $$\max z = x_1 + 5x_2$$

约束条件：

$$\begin{cases} 5x_1 + 50x_2 \leqslant 100 \\ x_1 \leqslant 2 \\ x_1, \ x_2 \geqslant 0 \\ x_1, \ x_2 \text{ 为整数} \end{cases}$$

该模型的已知数据、决策变量、目标函数、约束条件等设置如图 5 - 3 所示。

	A	B	C	D
1		小型飞机	大型飞机	可获得的总资金
2	每架飞机年利润	1	5	
3	每架飞机采购成本	5	50	
4	最多购买数量	2	没有限制	100
5				
6	购买数量			
7				
8	目标函数	=SUMPRODUCT(B2:C2, B6:C6)		
9				
10	约束条件	=SUMPRODUCT(B3:C3, B6:C6)	<=	100
11		=B6	<=	2
12				

图 5 - 3 数据设置与求解公式

规划求解参数设置如图 5 - 4 所示。

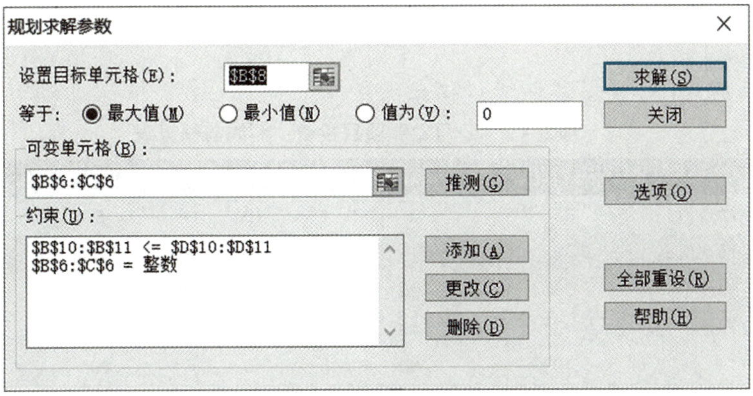

图 5 - 4 规划求解参数设置

"选项"中的设置为选择"采用线性模型"和"假定非负"。

求解结果如图 5 – 5 所示。

	A	B	C	D
1		小型飞机	大型飞机	可获得的总资金
2	每架飞机年利润	1	5	
3	每架飞机采购成本	5	50	100
4	最多购买数量	2	没有限制	
5				
6	购买数量	0	2	
7				
8	目标函数	10		
9				
10	约束条件	100	<=	100
11		0	<=	2

图 5 – 5 求解结果

从图 5 – 5 可见，$x_1 = 0$，$x_2 = 2$，即小型飞机不购买，购买 2 台大型飞机，可使利润最大化，为 1000 万元。

5.3 0 – 1 整数线性规划在项目投资中的应用

1. 通信公司投资决策问题

下面通过一个实例来讨论 0 – 1 整数线性规划在项目投资中的应用。

例 5 – 2

例 5 – 2 某通信公司投资决策问题—数据

某通信公司投资决策问题

某通信公司在制定今后四年的发展计划中，面临着若干个发展项目的选择。这些项目是：引进新设备、研制新产品、培训人才和增加广告数量。这四个项目在今后四年内的年投资额和预计在四年内可获得的利润见表 5 – 2。

表 5 – 2 公司发展项目投资、利润与预算表 （单位：万元）

项目	引进新设备	研制新产品	培训人才	增加广告数量	资金预算
第一年投资（净现值）	25	20	10	8	60
第二年投资（净现值）	0	15	10	8	50
第三年投资（净现值）	20	20	10	8	50
第四年投资（净现值）	0	10	10	8	35
利润	40	80	40	20	—

该公司应当如何投资，可在预算允许的情况下获得最大利润？

解：根据题意，本问题要求在现有的四个发展项目中选择出在不超出资金预算条件下使得总利润最大的那些投资项目进行投资，这就是说，决策变量是对各个项目应当"投资"或"不投资"。这种逻辑关系可以用 0 – 1 变量表示。设本问题的决策变量为 X_1，X_2，X_3，X_4，它们均为 0 – 1 变量，分别表示对四个项目的"投资"或"不投资"决策，即当变量为 1 时，表示投资，当变量为 0 时，表示不投资。

本问题的目标函数是总利润最大。已知四个项目的利润分别为 40（万元），80（万元），40（万元），20（万元），而总利润应等于各项目利润与其 0 – 1 决策变量的乘积之和。这是因为当某个项目未被选中时，它的决策变量为 0，该项目的利润与决策变量的乘积也等于 0，说明这时该项目对总利润没有贡献；而当某个项目被选中时，它的决策变量为 1，该项目的利润与决策变量的乘积就等于其利润值，说明这时该项目对总利润的贡献等于该项目的利润值。所以总利润表达式为：$40X_1 + 80X_2 + 40X_3 + 20X_4$。

本问题的约束条件有两个。第一个约束条件是资金约束，即各年总投资额不得超过预算额，例如，第一年的总投资额等于所选中项目的投资之和，即各项目在第一年的投资额与其 0 – 1 决策变量乘积之和，它等于 $25X_1 + 20X_2 + 10X_3 + 8X_4$，该值应不大于第一年的资金预算（60 万元）。同理可得第二年 ~ 第四年的资金约束。第二个约束是 0 – 1 变量约束，即决策变量只能取 1 或 0。

由此得到整数线性规划模型如下：

目标函数：
$$\max z = 40X_1 + 80X_2 + 40X_3 + 20X_4$$

约束条件：

$$\begin{cases} 25X_1 + 20X_2 + 10X_3 + 8X_4 \leqslant 60 & \text{（第一年资金约束）} \\ 15X_2 + 10X_3 + 8X_4 \leqslant 50 & \text{（第二年资金约束）} \\ 20X_1 + 20X_2 + 10X_3 + 8X_4 \leqslant 50 & \text{（第三年资金约束）} \\ 10X_2 + 10X_3 + 8X_4 \leqslant 35 & \text{（第四年资金约束）} \\ X_1, X_2, X_3, X_4 \text{ 为 0 或 1（0 – 1 整数线性规划）} \end{cases}$$

例 5 – 2 的电子表格描述见表 5 – 3。

表 5 – 3　运算结果

序号	A	B	C	D	E	F	G	H	I	J
1	某通信公司投资决策问题		—	—	—	—	—	—	—	—
2	数据	—	—	—	—	—	—	—	—	—
3	—	—	—	—	—	—	—	—	—	—
4	—	—	—	—	—	—	单元 （万元）	—	—	—
5	—	—	引进新设备	研制新产品	培训人才	增加广告数量	可供资金（净现值）	—	—	—
6	第一年投资（净现值）		25	20	10	8	60	—	—	—

（续）

序号	A	B	C	D	E	F	G	H	I	J
7	第二年投资（净现值）		0	15	10	8	50	—	—	—
8	第三年投资（净现值）		20	20	10	8	50	—	—	—
9	第四年投资（净现值）		0	10	10	8	35	—	—	—
10	项目利润（净现值）		40	80	40	20	—	—	—	—
11	—	—	—	—	—	—	—	—	—	—
12	模型	—	—	—	—	—	—	—	—	—
13	—	—	—	—	—	—	—	—	—	—
14	总利润净现值最大化		160	—	—	—	左边		右边
15	—	—	—	—	—	—	—	55	< =	60
16	—	—	—	—	—	—	—	25	< =	50
17	—	—	引进新设备	研制新产品	培训人才	增加广告数量	—	50	< =	50
18	投资决策		1	1	1	0	—	20	< =	35

其求解步骤如下：

第一步：输入已有数据。

与解一般线性规划问题相同，首先在 Excel 的工作表上输入已有数据：在单元格 C6：F9 中输入四个项目在各年所需要的投资，在单元格 G6：G9 中分别输入各年可提供的资金，在单元格 C10：F10 中分别输入四个项目的利润。

第二步：建立 0 – 1 整数线性规划模型。

在 Spreadsheet 上描述规划问题的决策变量、目标函数与约束条件。

本问题的决策变量是对四个项目"投资"或"不投资"决策，分别用单元格 C18：F18 中的 0 – 1 变量表示。

本问题的目标函数是总利润最大，用单元格 D14 表示总利润，它应等于所选中项目的利润之和，即在单元格 D14 中输入下述公式：

$$= sumproduct（C10: F10，C18: F18）$$

本问题共有两个约束条件。

第一个约束条件是资金约束，即各年投资额不得超过预算额。第一年资金约束条件的左边是第一年投资额。用单元格 H15 表示第一年的投资额，它应等于每个项目在第一年所需投资与其 0 – 1 决策变量乘积之和，即在单元格 H15 中输入下述公式：

$$= sumproduct（C6: F6，\$C\$18: \$F\$18）$$

将上式复制到单元格 H16：H18，得到第二年 ~ 第四年的投资额。

在约束条件右边输入可提供资金额。用单元格 J15 表示可提供资金额，并输入下述公式：

$$= G6$$

将上式复制到 J16: J18，得到第二年～第四年的可提供金额。

第二个约束条件是决策变量必须为 0 – 1 变量。该约束条件在下一步规划求解时输入。

第三步：在 Excel 规划求解功能中输入 0 – 1 变量约束并求解。

在规划求解参数框中输入目标单元格（目标函数地址）、可变单元格（决策变量地址）和第一、第二个约束条件。其中第二个约束条件是 0 – 1 变量约束，只要在约束条件左边输入要求取 0 或 1 的决策变量的单元格地址（本题中为 C18: F18），然后选择 "bin"。其规划求解参数框如图 5 – 6 所示。

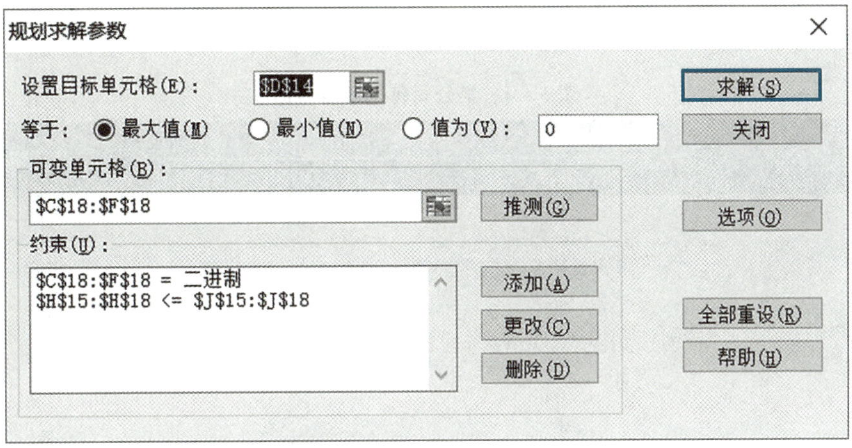

图 5 – 6　规划求解参数设置

然后在规划求解参数框的 "选项" 中选择 "采用线性模型" 和 "假定非负"，最后在规划求解参数对话框单击 "求解"，得到本问题的最优解。

从表 5 – 3 可见，本问题的最优解为：$X_1 = 1$，$X_2 = 1$，$X_3 = 1$，$X_4 = 0$，最优值为 160 万元。这就是说，该公司的最优投资决策是：对 "引进新设备" "研制新产品" "培训人才" 三个项目投资，而对 "增加广告数量" 项目不投资，可获利润 160 万元。

2. 公司资本受到限制的投资决策问题及其灵活性处理

大型公司每年都要面临着复杂的投资项目选择的问题，其中每一个备选项目净现值大于 0，作为单一项目都可以上马。但在资本供应受到限制的情形下，不可能都上马。财务经理的任务是在有限制的条件下，上马适当的项目以使总的净现值 NPV 最大化。

实际问题中，资本供应的限制可能多于一期，此外备选项目之间的技术或市场关系亦可能构成一些新的限制，如预备关系、多择一关系和互斥关系等。项目选择问题可建立 0 – 1 整数线性规划模型，大型问题借助于计算机求解。

本节再通过一个实例来讨论 0 – 1 整数线性规划在项目投资选择中的应用。

例 5 - 3

某公司投资决策问题

某工业公司，2024 年有六个大型备选项目通过了项目评估，投资分两期进行：0 期（2025 年）和 1 期（2025 年），按照公司的长期财务计划，这两期的总投资限额分别为 8 亿 5 千元和 6 亿元，每个项目的净现值已估算完毕（折现率不尽相同），另外，由于技术工艺或市场原因，项目 A、项目 B 和项目 C 为三择一项目，项目 B 为项目 D 的预备项目，项目 E 和项目 F 为互斥项目，问该公司应如何选择以使投资总净现值最大化？有关数据见表 5 - 4。

例 5 -3 某公司投资决策问题—数据

表 5 - 4 某公司备选项目数据   （单位：百万元）

项目	投资额		净现值
	0 期	1 期	
A	100	100	150
B	180	50	100
C	200	150	260
D	150	180	200
E	160	120	130
F	500	100	280
资本限制	850	600	—

首先建立上述项目选择问题的数学模型：0 - 1 整数线性规划模型。

项目 A 若被选择上马，令 $x_A = 1$，否则 $x_A = 0$，项目 B、项目 C、项目 D、项目 E、项目 F 类推。这样我们有六个决策变量 x_A，x_B，x_C，x_D，x_E，x_F，每一个只取两个值 0 或 1。这时总的上马项目净现值为

$$\sum NPV = NPV(A)x_A + NPV(B)x_B + \cdots + NPV(F)x_F$$

$$= 150x_A + 100x_B + 260x_C + 200x_D + 130x_E + 280x_F$$

该公司的目标是使 $\sum NPV$ 最大化。

约束条件：

①资本供应限制，第 0 年为：$100x_A + 180x_B + 200x_C + 150x_D + 160x_E + 500x_F \leq 850$；

第 1 年为：$100x_A + 50x_B + 150x_C + 180x_D + 120x_E + 100x_F \leq 600$。

上述两式左端和右端分别是第 0 和第 1 期的资本需求量和供应量（即限制量）。

②技术和其他限制。由题设，A、B、C 为三择一项目，即此三项目之中有一个且仅有一个被选中，于是：$x_A + x_B + x_C = 1$。

由于项目 B 为项目 D 的预备项目（或称紧前项目），也就是说若项目 D 上马的话，项

目 B 也必上马，故 $x_D \leqslant x_B$ 或 $x_D - x_B \leqslant 0$。

③项目 E 和项目 F 为互斥项目，即势不两立，故 $x_E + x_F \leqslant 1$。

总结上述内容，该公司的项目选择问题化为典型的 0 – 1 整数线性规划：

$$\max \sum \text{NPV} = 150x_A + 100x_B + 260x_C + 200x_D + 130x_E + 280x_F$$

约束条件：

$$\begin{cases} 100x_A + 180x_B + 200x_C + 150x_D + 160x_E + 500x_F \leqslant 850 \\ 100x_A + 50x_B + 150x_C + 180x_D + 120x_E + 100x_F \leqslant 600 \\ x_D - x_B \leqslant 0 \\ x_E + x_F \leqslant 1 \\ x_A + x_B + x_C = 1 \\ x_A,\ x_B,\ x_C,\ x_D,\ x_E,\ x_F = 0\ \text{或}\ 1 \end{cases}$$

上述问题的求解结果见表 5 – 5。

表 5 – 5　求解结果

序号	A	B	C	D	E	F	G	H	I	J	K
1	—	—	—	—	—	—	—	—	—	—	—
2	某公司投资决策问题			—	—	—	—	—	—	—	—
3	数据	—	—	—	—	—	—	—	—	—	—
4	—	—	—	—	—	—	—	单位：百万元	—	—	—
5	—	—	A	B	C	D	E	F	资本限制	—	—
6	第 0 期（净现值）		100	180	200	150	160	500	850	—	—
7	第 1 期（净现值）		100	50	150	180	120	100	600	—	—
8	净现值		150	100	260	200	130	280	—	—	—
9	—	—	—	—	—	—	—	—	—	—	—
10	—	—	—	—	—	—	—	—	—	—	—
11	—	—	—	—	—	—	—	—	—	—	—
12	模型	—	—	—	—	—	—	—	—	—	—
13	—	—	—	—	—	—	—	—	—	—	—
14	—	总利润净现值最大化		580	—	—	—	—	左边	—	右边
15	—	—	—	—	—	—	—	—	830	< =	850
16	—	—	—	—	—	—	—	—	330	< =	600
17	—	—	A	B	C	D	E	F	0	< =	0
18	—	投资决策	0	1	0	1	0	1	1	< =	1
19	—	—	—	—	—	—	—	—	—	=	1

其求解步骤如下：

第一步：输入已有数据。

与解一般线性规划问题相同，首先在 Excel 的工作表上输入已有数据：在单元格 C6: H7 中输入六个项目在各年所需要的投资，在单元格 I6: I7 中分别输入各年可提供的资本，在单元格 C8: H8 中分别输入六个项目的净现值。

第二步：建立 0 – 1 整数线性规划模型。

在 Spreadsheet 上描述规划问题的决策变量、目标函数与约束条件。

本问题的决策变量是对六个项目"投资"或"不投资"决策，分别用单元格 C18: H18 中的 0 – 1 变量表示。

本问题的目标函数是使总的净现值最大，用单元格 D14 表示总的净现值，它应等于所选中项目的净现值之和，即在单元格 D14 中输入下述公式：

$$= \text{sumproduct}（C8: H8，C18: H18）$$

本问题共有两个约束条件。

第一个约束条件是资本约束，即各年投资额不得超过资本限制。第 i 年资本约束条件的左边是第 i 年投资额。

①用单元格 I15 表示第 0 年的投资额，它应等于每个项目在第一年所需投资与其 0 – 1 决策变量乘积之和，即在单元格 I15 中输入下述公式：

$$= \text{sumproduct}（C6: H6，C18: H18）$$

在约束条件右边输入可提供资本额。用单元格 K15 表示可提供资本额，并在其中输入数据 850。

②用单元格 I16 表示第 1 年的投资额，在单元格 I16 中输入下述公式：

$$= \text{sumproduct}（C7: H7，C18: H18）$$

在约束条件右边输入可提供资本额。用单元格 K16 表示可提供资本额，并在其中输入数据 600。

③在 I17 中输入：$= F18 - D18$。在单元格 K17 输入数据 0。

④在 I18 中输入：$= G18 + H18$。在单元格 K18 输入数据 1。

⑤在 I19 中输入：$= \text{sum}（C18: E18）$。在单元格 K19 输入数据 1。

第二个约束条件是决策变量必须为 0 – 1 变量。该约束条件在规划求解时输入。

在规划求解参数框中输入目标单元格（目标函数地址）、可变单元格（决策变量地址）和第一、第二、第三、第四、第五个约束条件。其中第六个约束条件是 0 – 1 变量约束，只要在约束条件左边输入要求取 0 或 1 的决策变量的单元格地址（本题中为 C18: H18），然后选择"bin"。其规划求解参数框如图 5 – 7 所示。

然后在规划求解参数框"选项"中的设置为选择"采用线性模型"和"假定非负"，最后在规划求解参数对话框单击"求解"，得到本问题的最优解。

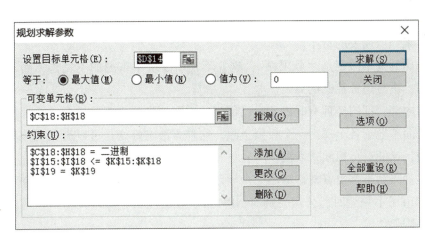

图 5 – 7　项目投资决策问题规划求解参数对话框

从表 5 – 5 中可见，本问题的最优解为：$x_A = 0$，$x_B = 1$，$x_C = 0$，$x_D = 1$，$x_E = 0$，$x_F = 1$，即项目 B，项目 D，项目 F 上马为最优选择，这三个项目的总净现值为 580 百万元，第 0 期占用资本 850，第 1 期占用资本 330，分别有 20 和 270 的剩余。

上述问题，假定公司对第 0 期和第 1 期的资本供应都是限制死了的，彼此不能串换。如果公司灵活一点，将这两年额度都拨给投资部门了，今年花不完的钱可以明年再花，那么第 0 年投资的余额：

$$y = 850 - (100x_A + 180x_B + 200x_C + 150x_D + 160x_E + 500x_F)$$

可以存入银行，第 1 年变成：$y(1 + r)$，其中，r 为年利率。则第 1 年资本供应为：$600 + y(1 + r)$。

这样，上述投资项目选择问题就化为 0 – 1 混合整数线性规划问题，即

$$\max \sum \mathrm{NPV} = 150x_A + 100x_B + 260x_C + 200x_D + 130x_E + 280x_F$$

约束条件：

$$\begin{cases} 100x_A + 180x_B + 200x_C + 150x_D + 160x_E + 500x_F + y \leqslant 850 \\ 100x_A + 50x_B + 150x_C + 180x_D + 120x_E + 100x_F \leqslant 600 + y\ (1 + r) \\ x_D - x_B \leqslant 0 \\ x_E + x_F \leqslant 1 \\ x_A + x_B + x_C = 1 \\ x_A,\ x_B,\ x_C,\ x_D,\ x_E,\ x_F = 0\ \text{或} 1 \\ y \geqslant 0，\text{实数} \end{cases}$$

如果公司进一步允许第 0 期可以借款，突破 850 的限制，但第 1 期必须平账，则上述模型中 y 可正、可负。

3. 项目投资决策选择问题总结

例 5 – 3 给出了在财力受到限制时进行项目投资决策的几种方法。然而在完全的资本

市场上，这种限制并不必然发生。在资本结构允许的情况下，多数公司在有合适的项目时，应该筹集到所需要的资本。

许多公司的资本限制是"软限额"，这并不是由于资本市场的不完善，而是基于公司的投资计划，进行财务控制的需要。

在公司内部，部门经理有时出于自己部门的需要而高估投资的机会，总部往往不细加考察，而是简单地给各个部门一个投资上限。这种方法的好处是可以避免现金流预测给公司带来损失，又能避免粗放式发展。

由于这种限制不是由资本市场不完全导致，而只是人为加上的，因此称为"软限额"。

当资本市场不完全时，公司会拥有 NPV 大于 0 的项目，却筹集不到充足的资金，这样称为"硬限额"。

有时公司从银行借款或发行债券而资金仍不够用，拟发行股票却遭到怕失去控制权的老股东的反对时，也会遇到硬限额。这时的硬限额并不是由于资本市场不完全导致的。

无论是软限额，还是硬限额，都使决策的财力受到限制，这时都可采取上述介绍的方法进行投资项目选择。

5.4 0-1 整数线性规划在物流配送中的应用

配送系统设计是物流系统的重要组成部分，该系统将生产厂的产品运送到分配中心，然后由这些分配中心将产品送到用户。其中，合理地选择生产厂与分配中心对降低物流成本至关重要。配送系统设计就是要在综合考虑生产厂和分配中心的固定成本、生产厂至分配中心的运费、分配中心至用户的运费、生产厂的生产能力、满足需求等因素的基础上，对系统进行优化，以使总成本最小。下面通过例子来说明配送系统的设计方法。

例 5-4

某服装集团童衣配送系统设计

例 5-4 某服装集团童衣配送系统设计—数据

某服装集团考虑生产一种童衣系列。童衣产品先运至分配中心，再由分配中心运送至分销点。该集团有五家工厂均可生产这类童衣，有三家分配中心可以分配童衣产品，有四家分销店可以经营童衣产品。这些工厂与分配中心的年固定成本见表 5-6。从各工厂至分配中心的运费与各工厂的生产能力见表 5-7。从各分配中心至分销店的运费与各分销店对童衣的需求量见表 5-8。假定各分配中心的库存政策为"零库存"，即分配中心将从工厂得到的产品均分配给分销店，不留作库存。集团要设计一种童衣分配系统，在满足需求的前提下，确定使用哪些工厂与分配中心进行童衣的生产与分配，以使得总成本最小。

表 5 – 6　工厂与分配中心的年固定成本　　　　（单位：元）

项目	工厂 1	工厂 2	工厂 3	工厂 4	工厂 5	分配中心 1	分配中心 2	分配中心 3
年固定成本	35000	45000	40000	42000	40000	40000	20000	60000

表 5 – 7　各工厂至各分配中心的运费与各工厂的生产能力

起点	终点			生产能力（箱）
	分配中心 1	分配中心 2	分配中心 3	
	运输成本（元/箱）			
工厂 1	800	1000	1200	300
工厂 2	700	500	700	200
工厂 3	800	600	500	300
工厂 4	500	600	700	200
工厂 5	700	600	500	400

表 5 – 8　各分配中心至各分销店的运费与各分销店对童衣的需求量

起点	终点			
	分销店 1	分销店 2	分销店 3	分销店 4
	运输成本（元/箱）			
分配中心 1	40	80	90	50
分配中心 2	70	40	60	80
分配中心 3	80	30	50	60
需求量（箱）	200	300	150	250

解：根据题意，所要确定的问题是如何选择工厂和分配中心，如何确定各工厂运至各分配中心的产品数量以及从各分配中心运至分销店的产品数量，才能在满足所要求的条件下使得总成本最小。该问题可以用 0 – 1 整数线性规划来解决。

对工厂和分配中心的选择，实际上就是对它们"使用"或"不使用"的决策，这种逻辑关系可以用 0 – 1 变量表示。设本问题的决策变量为 X_{ij}（$i = 1, 2, \cdots, 5$；$j = 1, 2, 3$），F_i（$i = 1, 2, \cdots, 5$），Y_{ij}（$i = 1, 2, 3$；$j = 1, 2, \cdots, 4$），D_i（$i = 1, 2, 3$）。其中 X_{ij} 表示从工厂 i 运至分配中心 j 的产品数量；F_i 为 0 – 1 变量，表示使用或不使用第 i 个工厂的决策，当变量为 1 时，表示"使用"，当变量为 0 时表示"不使用"；Y_{ij} 表示从分配中心 i 运至分销店 j 的产品数量；D_i 为 0 – 1 变量，表示使用或不使用第 i 个分配中心的决策，当变量为 1 时，表示使用，当变量为 0 时表示"不使用"。

本问题的目标函数是使总成本最小，这里的总成本包含四个部分：第一部分是从各工厂至各分配中心的运输费用，第二部分是从各分配中心至各分销店的运输费用。这两部分费用均与所运输的产品数量有关。

将各工厂至各分配中心的运输成本（见表 5 – 7）分别乘以相应的运输量，其总和就是从各工厂至各分配中心的运输费用。例如，由表 5 - 7 可知，从工厂 1 运至各分配中心的运输成本分别为 800 元/箱，1000 元/箱，1200 元/箱，而从工厂 1 运至各分配中心的产品数量分别为 X_{11}，X_{12}，X_{13}，所以各工厂至各分配中心的运输费用 = $800X_{11} + 1000X_{12} + 1200X_{13}$。同理可以计算出其他各工厂至分配中心的运输费用。所有工厂至分配中心的运输费用之和就是第一部分成本，即

目标函数 = $800X_{11} + 1000X_{12} + 1200X_{13} + 700X_{21} + 500X_{22} + 700X_{23} + 800X_{31} + 600X_{32} + 500X_{33} + 500X_{41} + 600X_{42} + 700X_{43} + 700X_{51} + 600X_{52} + 500X_{53}$

同样地，将各分配中心至各分销店的运输成本（见表 5 - 8）分别乘以相应的运输量，其总和就是从各分配中心至各分销店的运输费用，这就是第二部分成本，即

目标函数 = $40Y_{11} + 80Y_{12} + 90Y_{13} + 50Y_{14} + 70Y_{21} + 40Y_{22} + 60Y_{23} + 80Y_{24} + 80Y_{31} + 30Y_{32} + 50Y_{33} + 60Y_{34}$

第三部分是所使用的工厂的固定成本，第四部分是所使用的分配中心的固定成本。这两部分费用与所运输的产品数量无关，而仅取决于是否选择了该工厂或该分配中心。例如，由表 5 - 6 可知，工厂 1 的固定成本为 35000（元），若选择了使用工厂 1，则决策变量 $F_1 = 1$，所付出的固定费用 = $35000F_1 = 35000$（元）；若选择了不使用工厂 1，则决策变量 $F_1 = 0$，所付出的固定费用 = $35000F_1 = 0$（元）。所以，工厂固定成本产生的费用 = $35000F_1 + 45000F_2 + 40000F_3 + 42000F_4 + 40000F_5$。这就是第三部分的成本。同理可得，分配中心固定成本产生的费用 = $40000D_1 + 20000D_2 + 60000D_3$，这就是第四部分成本。

综上所述，总成本 = $800X_{11} + 1000X_{12} + 1200X_{13} + 700X_{21} + 500X_{22} + 700X_{23} + 800X_{31} + 600X_{32} + 500X_{33} + 500X_{41} + 600X_{42} + 700X_{43} + 700X_{51} + 600X_{52} + 500X_{53} + 40Y_{11} + 80Y_{12} + 90Y_{13} + 50Y_{14} + 70Y_{21} + 40Y_{22} + 60Y_{23} + 80Y_{24} + 80Y_{31} + 30Y_{32} + 50Y_{33} + 60Y_{34} + 35000F_1 + 45000F_2 + 40000F_3 + 42000F_4 + 40000F_5 + 40000D_1 + 20000D_2 + 60000D_3$

由表 5 - 7 可知，五个工厂的总生产能力 = 300 + 200 + 300 + 200 + 400 = 1400（箱），分配中心的吞吐能力无限定；由表 5 - 8 可知，分销店的总需求量 = 200 + 300 + 150 + 250 = 900（箱），可见分销店的总需求量可以全部满足，而工厂的总生产能力则尚未完全使用。

本问题的约束条件有六个。

第一个约束条件是工厂生产能力约束，即各工厂运出的产品数量不得超过其实际生产能力。例如，工厂 1 运出的产品数量 = 从工厂 1 运至各分配中心的产量之和 = $X_{11} + X_{12} + X_{13}$，而工厂 1 的生产能力为 300 箱，所以有：

$$X_{11} + X_{12} + X_{13} \leqslant 300F_1$$

注意：在上述公式右边表示的实际生产能力（又称为"逻辑生产能力"）表达式中，必须将工厂的生产能力 300 乘以决策变量 F_1，该公式反映了这样一个事实：当选择使用工厂 1 时，$F_1 = 1$，实际处理能力 = $300F_1 = 300$；当不选择使用工厂 1 时，$F_1 = 0$，实际处理能力 = $300F_1 = 0$。

同理，工厂 2 ~ 工厂 5 运出的产品数量应不超过其实际生产能力。

约束条件：

$$\begin{cases} X_{21} + X_{22} + X_{23} \leqslant 200F_2 \\ X_{31} + X_{32} + X_{33} \leqslant 300F_3 \\ X_{41} + X_{42} + X_{43} \leqslant 200F_4 \\ X_{51} + X_{52} + X_{53} \leqslant 400F_5 \end{cases}$$

第二个约束条件为分配中心的"零库存"约束，即各分配中心的接收量 = 运出量。例如，分配中心 1 的接收量等于从各工厂运入的产品数量之和，即为：$X_{11} + X_{21} + X_{31} + X_{41} + X_{51}$；而分配中心 1 的运出量等于从该分配中心运出至各分销店的产品数量之和，即为：$Y_{11} + Y_{12} + Y_{13} + Y_{14}$。两者应相等，即有

$$X_{11} + X_{21} + X_{31} + X_{41} + X_{51} = Y_{11} + Y_{12} + Y_{13} + Y_{14}$$

同理可得分配中心 2 和分配中心 3 的接收量与运出量的平衡约束如下：

$$X_{12} + X_{22} + X_{32} + X_{42} + X_{52} = Y_{21} + Y_{22} + Y_{23} + Y_{24}$$
$$X_{13} + X_{23} + X_{33} + X_{43} + X_{53} = Y_{31} + Y_{32} + Y_{33} + Y_{34}$$

第三个约束条件为分配中心运出量约束，即各分配中心的运出量不得超过所有分销店的总需求量（前面已经计算出所有分销店的总需求量为 900）。例如，分配中心 1 的运出量为 $Y_{11} + Y_{12} + Y_{13} + Y_{14}$，它应不大于 900，即

$$Y_{11} + Y_{12} + Y_{13} + Y_{14} \leqslant 900D_1$$

注意：在上述公式右边表示的逻辑最大需求量表达式中，必须将总需求量 900 乘以决策变量 D_1，该式反映了这样一个事实：当选择使用分配中心 1 时，$D_1 = 1$，该分配中心的运出量不得超过 $900D_1 = 900$；当不选择使用分配中心 1 时，$D_1 = 0$，该分配中心的运出量不得超过 $900D_1 = 0$，也就是说，这时对分配中心 1 没有需求，因为它根本未被使用。注意，这里使用 0 – 1 整数变量 D_1 是十分必要的，因为当未选择使用分配中心 1 时，$Y_{11} + Y_{12} + Y_{13} + Y_{14} \leqslant 900D_1 = 0$，它保证了这时的非负决策变量 Y_{11}，Y_{12}，Y_{13}，Y_{14} 均为 0，即没有产品从该分配中心运出。

同理可得分配中心 2 和分配中心 3 的运出量约束如下：

$$Y_{21} + Y_{22} + Y_{23} + Y_{24} \leqslant 900D_2$$
$$Y_{31} + Y_{32} + Y_{33} + Y_{34} \leqslant 900D_3$$

第四个约束条件是满足需求约束，即各分销店的接收量应不小于其需求量。例如，分销店 1 的接收量等于从各分配中心运至分销店 1 的产品数量之和，即 $Y_{11} + Y_{21} + Y_{31}$；而由表 5 – 8 可知，分销店 1 的需求量为 200（箱），所以有：

$$Y_{11} + Y_{21} + Y_{31} \geqslant 200$$

同理可得分销店 2 至分销店 4 的需求约束：

$$Y_{12} + Y_{22} + Y_{32} \geqslant 300$$
$$Y_{13} + Y_{23} + Y_{33} \geqslant 150$$
$$Y_{14} + Y_{24} + Y_{34} \geqslant 250$$

第五个约束条件是 0 – 1 约束，即决策变量 F_1，F_2，F_3，F_4，F_5，D_1，D_2，D_3 只能取 1 或 0。

第六个约束条件是非负约束。

由此得到整数线性规划模型如下：

目标函数：

$$\min = 800X_{11} + 1000X_{12} + 1200X_{13} + 700X_{21} + 500X_{22} + 700X_{23} + 800X_{31} + 600X_{32} + 500X_{33} + 500X_{41} + 600X_{42} + 700X_{43} + 700X_{51} + 600X_{52} + 500X_{53} + 40Y_{11} + 80Y_{12} + 90Y_{13} + 50Y_{14} + 70Y_{21} + 40Y_{22} + 60Y_{23} + 80Y_{24} + 80Y_{31} + 30Y_{32} + 50Y_{33} + 60Y_{34} + 35000F_1 + 45000F_2 + 40000F_3 + 42000F_4 + 40000F_5 + 40000D_1 + 20000D_2 + 60000D_3$$

约束条件：

$$\begin{cases} X_{11} + X_{12} + X_{13} \leqslant 300F_1 & （工厂 1 生产能力约束）\\ X_{21} + X_{22} + X_{23} \leqslant 200F_2 & （工厂 2 生产能力约束）\\ X_{31} + X_{32} + X_{33} \leqslant 300F_3 & （工厂 3 生产能力约束）\\ X_{41} + X_{42} + X_{43} \leqslant 200F_4 & （工厂 4 生产能力约束）\\ X_{51} + X_{52} + X_{53} \leqslant 400F_5 & （工厂 5 生产能力约束）\\ X_{11} + X_{21} + X_{31} + X_{41} + X_{51} = Y_{11} + Y_{12} + Y_{13} + Y_{14} & （分配中心 1 接收量与运出量均衡约束）\\ X_{12} + X_{22} + X_{32} + X_{42} + X_{52} = Y_{21} + Y_{22} + Y_{23} + Y_{24} & （分配中心 2 接收量与运出量均衡约束）\\ X_{13} + X_{23} + X_{33} + X_{43} + X_{53} = Y_{31} + Y_{32} + Y_{33} + Y_{34} & （分配中心 3 接收量与运出量均衡约束）\\ Y_{11} + Y_{12} + Y_{13} + Y_{14} \leqslant 900D_1 & （分配中心 1 最大运出量约束）\\ Y_{21} + Y_{22} + Y_{23} + Y_{24} \leqslant 900D_2 & （分配中心 2 最大运出量约束）\\ Y_{31} + Y_{32} + Y_{33} + Y_{34} \leqslant 900D_3 & （分配中心 3 最大运出量约束）\\ Y_{11} + Y_{21} + Y_{31} \geqslant 200 & （满足分销店 1 需求约束）\\ Y_{12} + Y_{22} + Y_{32} \geqslant 300 & （满足分销店 2 需求约束）\\ Y_{13} + Y_{23} + Y_{33} \geqslant 150 & （满足分销店 3 需求约束）\\ Y_{14} + Y_{24} + Y_{34} \geqslant 250 & （满足分销店 4 需求约束）\\ F_i = 0 \text{ 或 } 1 \ (i = 1, 2, \cdots, 5),\ D_i = 0 \text{ 或 } 1 \ (i = 1, 2, \cdots, 5), & （0-1 整数变量约束）\\ X_{ij} \geqslant 0 \ (i = 1, 2, \cdots, 5;\ j = 1, 2, 3), \\ Y_{ij} \geqslant 0 \ (i = 1, 2, 3;\ j = 1, 2, 3, 4) & （非负约束） \end{cases}$$

上述问题的求解结果见表 5-9。

表 5-9 配送系统设计问题

序号	A	B	C	D	E	F	G	H	I	J	K
1	—	—	—	—	—	—	—	—	—	—	—
2	—	—	—	—	—	—	—	—	—	—	—
3	从工厂至分配中心的运输成本（元/箱）以及工厂的固定成本（元）					—	—	—	—	—	—
4	—	—	分配中心			—	—	—	—	—	—
5	—	—	1	2	3	—	固定成本	—	—	—	—

（续）

序号	A	B	C	D	E	F	G	H	I	J	K
6		1	500	900	1100	—	30000	—	—	—	—
7		2	600	600	700	—	45000	—	—	—	—
8	工厂	3	700	700	500	—	40000	—	—	—	—
9		4	500	600	700	—	42000	—	—	—	—
10		5	700	600	500	—	40000	—	—	—	—
11	—	—	—	—	—	—	—	—	—	—	—
12	从分配中心至分销店的运输成本（元/箱）以及分配中心的固定成本（元）										
13	—	—	—	—	分销店	—	—	—	—	—	—
14	—	—	1	2	3	4	—	固定成本	—	—	—
15		1	40	80	90	50	—	40000	—	—	—
16	分配中心	2	70	40	60	80	—	20000	—	—	—
17		3	80	30	50	60	—	60000	—	—	—
18	—										
19	从工厂运送至分配中心的童衣量（箱）					—	—	—	—	—	—
20	—			分配中心		—	—	—	—	—	—
21	—	—	1	2	3	从工厂运出量	—	逻辑生产能力（箱）	使用该工厂否？	生产能力（箱）	—
22		1	300	0	0	300	< =	300	1	300	—
23		2	0	0	0	0	< =	0	0	200	—
24	工厂	3	0	0	300	300	< =	300	1	300	—
25		4	0	0	0	0	< =	0	0	200	—
26		5	0	0	300	300	< =	400	1	400	—
27	—	分配中心接收量	300	0	600	—	—	—	—	—	—
28	—		=	=	=						
29	—	分配中心运出量	300	0	600	—	—	—	—	—	—
30	—										
31	从分配中心运送至分销店的童衣量（箱）					—	—	—	—	—	—
32	—	—		分销店		—	—	—	—	—	—
33	—	—	1	2	3	4	从分配中心运出量	—	逻辑最大需求量（箱）	使用该分配中心否？	总需求量（箱）
34		1	200	0	0	100	300	< =	900	1	900
35	分配中心	2	0	0	0	0	0	< =	0	0	900

（续）

序号	A	B	C	D	E	F	G	H	I	J	K
36		3	0	250	200	150	600	< =	900	1	900
37	—	分销店接受量	200	250	200	250	—	—	—	—	—
38	—	—	> =	> =	> =	> =	—	—	—	—	—
39	—	分销店需求量	200	250	200	250	—	—	—	—	—
40	—	—	—	—	—	—	—	—	—	—	—
41		总成本	—	—	—	—	—	—	—	—	—
42		工厂至分配中心的运费	450000								
43		分配中心至分销店的运费	39500								
44		工厂的固定成本	110000								
45		分配中心的固定成本	100000								
46		总成本	699500	—	—	—	—	—	—	—	.

其求解步骤如下：

第一步：输入已有数据。

首先在 Excel 的工作表上输入已有数据：在单元格 C6：E10 中输入从五个工厂至三个分配中心的运输成本；在单元格 C15：F17 中输入从三个分配中心至四个分销店的运输成本；在单元格 G6：G10 中输入五个工厂的固定成本；在单元格 H15：H17 中输入三个分配中心的固定成本；在单元格 J22：J26 中输入五个工厂的生产能力；在单元格 C39：F39 中输入四个分销店的需求量。

第二步：建立 0-1 整数线性规划模型。

在电子表格上描述整数线性规划问题的决策变量、目标函数与约束条件。

本问题的决策变量包括：①从各工厂运至各分配中心的产品数量，用单元格 C22：E26 表示；②反映使用或不使用各生产厂的 0-1 变量，用单元格 I22：I26 表示；③从各分配中心运至各分销店的产品数量，单元格 C34：F36 表示；④反映使用或不使用各分配中心的 0-1 变量，单元格 J34：J36 表示。

本问题的目标函数是使总成本最小，用单元格 D46 表示总成本，它等于工厂至分配中心的运输费用、分配中心至分销店的运输费用、所选中的工厂的固定成本与所选中的分配中心的固定成本之和，即在单元格 D46 中输入下述公式：

$$= \text{sumproduct}(C6:E10, C22:E26) + \text{sumproduct}(C15:F17, C34:F36) +$$
$$\text{sumproduct}(G6:G10, I22:I26) + \text{sumproduct}(H15:H17, J34:J36)$$

本问题共有六个约束条件。

第一个约束条件是工厂生产能力约束，即各工厂运出的产品数量不得超过其实际生产能力。用单元格 F22 表示工厂 1 的运出量（约束条件左边），它等于从工厂 1 运至各分配中心的产量之和，即在单元格 F22 中输入公式：= sum（C22: E22），将上公式复制到单元格 F23: F26，得到工厂 2 ~ 工厂 5 的运出量。工厂 1 的运出量应不大于工厂 1 的逻辑生产能力，用单元格 H22 表示工厂 1 的逻辑生产能力（约束条件右边），它等于工厂 1 的生产能力与决定是否选择工厂 1 的 0 – 1 变量的乘积，即在单元格 H22 中输入公式：= J22 * I22，将上公式复制到单元格 H23: H26，得到工厂 2 ~ 工厂 5 的逻辑生产能力。各工厂的运出量均不得超过其逻辑生产能力。

第二个约束条件为分配中心的"零库存"约束，即各分配中心的接收量 = 运出量。

用单元格 C27 表示分配中心 1 的接收量，它等于从各工厂运入的产品数量之和，即在单元格 C27 中输入公式：= sum(C22: C26)，将公式复制到单元格 D27: E27，得到分配中心 2 与分配中心 3 的接收量。用单元格 C29 表示分配中心 1 的运出量，它等于从分配中心 1 运至各分销店的产品数量之和，即在单元格 C29 中输入公式：= G34。

在单元格 D29 中输入：= G35，在单元格 E29 输入：= G36，得到分配中心 2 与分配中心 3 的运出量。各分配中心的运出量也可以用"transpose"命令得到，其步骤是：选择区域 C29: E29 并输入：= transpose(G34: G36)，然后按 Ctrl + Shift + Enter 键，即可在单元格 C29: E29 中得到单元格 G34: G36 中向量的转置。

每个分配中心的总接收量应等于从该分配中心运出至各分销店的产品数量之和。

第三个约束条件为分配中心运出量约束，即各分配中心的运出量不得超过逻辑最大需求量。逻辑最大需求量等于最大总需求量与决定是否使用该分配中心的 0 – 1 变量之积，而最大总需求量等于所有分销量的需求量之和。用单元格 K34: K36 表示最大需求量，它等于所有分销店的需求量之和，在单元格 K34: K36 中分别输入公式：= sum($C$39:$F$39)。

用单元格 G34 表示分配中心 1 的运出量，它等于从分配中心 1 运至各分销店的产品数量。在单元格 G34 中输入公式：= sum(C34: F34)，将公式复制到单元格 G35: G36，得到分配中心 2 与分配中心 3 的运出量。

用单元格 I34 表示分配中心 1 的逻辑最大需求量，它等于最大需求量乘以决定是否使用分配中心 1 的 0 – 1 变量，即：= J34 * K34，将公式复制到单元格 I35: I36，得到分配中心 2 与分配中心 3 的逻辑最大需求量。各分配中心的运出量不得超过逻辑最大需求量。

第四个约束是满足需求约束，即各分销店的接收量应不小于其需求量。用单元格 C37 表示分销店 1 的接收量，它等于从各分配中心运至分销店 1 的产品数量之和，即：= sum(c35: c36)，将公式复制到单元格 D37: F37，得到分销店 2 ~ 分销店 4 的接收量。各分销店的接收量均不得小于其需求量。

各分销店的需求量如单元格 C39: F39 中的数字所示。

第五个约束条件是单元格 I22: I26 与单元格 J34: J36 中的决策变量必须为 0 – 1 变量；

第六个约束条件是单元格 C22: E26 与单元格 C34: F36 中的决策变量必须非负。

第五、第六个约束条件将在下一步规划求解时输入。

第三步：在 Excel 规划求解功能中输入 0 – 1 整数约束并求解。

在规划求解参数框中输入目标单元格（目标函数地址）、可变单元格（决策变量地址）和六个约束条件，其中第五个约束条件是 0－1 变量约束，只要在约束条件左边输入要求取 0 或 1 的决策变量的单元地址（本题中为 I22: I26 与 J34: J36），然后选择"bin"。其规划求解参数框如图 5－8 所示。

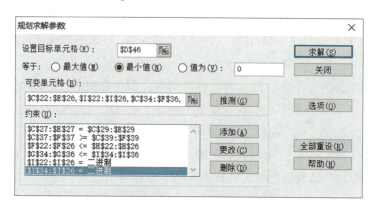

图 5－8　规划求解参数框

然后在规划求解参数框的"选项"中设置为选择"采用线性模型"和"假定非负"，最后在规划求解参数对话框中单击"求解"得到本问题的最优解。

从表 5－9 可见，本问题的最优解见表 5－10 和表 5－11。

表 5－10　从各工厂运至各分配中心的产品产量 （单位：箱）

工厂	分配中心		
	分配中心 1	分配中心 2	分配中心 3
工厂 1	300	0	0
工厂 2	0	0	0
工厂 3	0	0	300
工厂 4	0	0	0
工厂 5	0	0	300

表 5－11　从各分配中心运至各分销店的产品产量 （单位：箱）

分配中心	分销店			
	分销店 1	分销店 2	分销店 3	分销店 4
分配中心 1	200	0	0	100
分配中心 2	0	0	0	0
分配中心 3	0	250	200	150

在最优解中，0－1 决策变量，说明使用第一、三、五个工厂，不使用第二、四个工厂；使用第一、三个分配中心，不使用第二个分配中心。从各工厂运至各分配中心的产品产量与从各分配中心运至各分销店的产品产量见表 5－10、表 5－11。这时，总成本最小，为 699500 元。

5.5　0 - 1 整数线性规划在人员安排中的应用

例 5 - 5

例 5 - 5　某校篮球
队选拔—数据

某校篮球队准备从以下六名预备队员中选拔三名为正式队员，使其平均身高尽可能高，这六名预备队员情况见表 5 - 12。

表 5 - 12　预备队员情况　　　　　　（单位：cm）

预备队员	大张	大李	小王	小赵	小田	小周
身高	193	191	187	186	180	185
位置	中锋	中锋	前锋	前锋	后卫	后卫

队员的挑选要满足下列条件：

1）至少补充一名后卫；

2）大李和小田只需一人；

3）最多补充一名中锋；

4）如果大李或小赵入选，小周就不能入选。

解：设决策变量 $x_i = \begin{cases} 1, & \text{表示运动员出场，} \\ 0, & \text{表示运动员不出场，} \end{cases}$ 根据题意，则

目标函数：$\max z = (193x_1 + 191x_2 + 187x_3 + 186x_4 + 180x_5 + 185x_6)/3$

约束条件：

$$\begin{cases} x_1 + x_2 + x_3 + x_4 + x_5 + x_6 = 3 \\ x_5 + x_6 \geqslant 1 \\ x_2 + x_5 \leqslant 1 \\ x_1 + x_2 \leqslant 1 \\ x_2 + x_6 \leqslant 1 \\ x_4 + x_6 \leqslant 1 \end{cases}$$

该模型的已知数据、决策变量、目标函数、约束条件等设置如图 5 - 9 所示。

	A	B	C	D	E	F	G
1							
2	预备队员	大张	大李	小王	小赵	小田	小周
3	身高	193	191	187	186	180	185
4	位置	中锋	中锋	前锋	前锋	后卫	后卫
5							
6	决策变量						
7	目标函数	=SUMPRODUCT(B6:G6,B3:G3)/3					
8	约束条件						
9		=SUM(B6:G6)	=	3			
10		=SUM(E6:F6)	>=	1			
11		=C6+F6	<=	1			
12		=SUM(B6:C6)	<=	1			
13		=C6+G6	<=	1			
14		=E6+G6	<=	1			
15							

图 5 - 9　数据设置与求解公式

规划求解参数设置如图 5 – 10 所示。

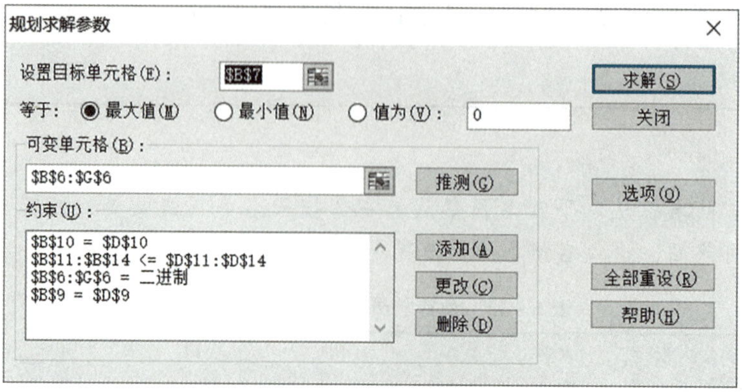

图 5 – 10 规划求解参数设置

在图 5 – 10 "选项"中的设置为选择"采用线性模型"和决策变量"假定非负"。求解结果如图 5 – 11 所示。

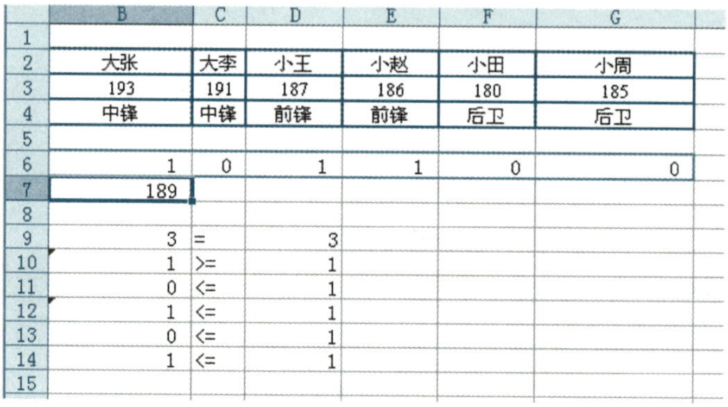

图 5 – 11 求解结果

从图 5 – 11 中可知，出场人员为大张、小王、小赵这三名，此时平均身高最高，为 1.89m。

思 考 题

某校篮球队准备从以下八名预备队员中选拔五名为正式队员，使其平均身高尽可能高，这八名预备队员情况见表 5 – 13。

表 5 – 13 预备队员情况 （单位：cm）

预备队员	1	2	3	4	5	6	7	8
身高	192	190	188	186	185	183	180	178
位置	中锋	中锋	前锋	前锋	前锋	后卫	后卫	后卫

出场阵容满足下列条件:

1) 只能有一名中锋上场;

2) 至少有一名后卫;

3) 如果 1 号和 4 号均出场,则 6 号就不能出场;

4) 2 号和 8 号至少有一个不出场。

参考模型:

$$\text{设决策变量 } x_i = \begin{cases} 1, & \text{表示运动员出场,} \\ 0, & \text{表示运动员不出场,} \end{cases} \text{则}$$

目标函数为:

$$\max z = (1.92x_1 + 1.90x_2 + 1.88x_3 + 1.86x_4 + 1.85x_5 + 1.83x_6 + 1.80x_7 + 1.78x_8)/5$$

约束条件为

$$\begin{cases} x_1 + x_2 + x_3 + x_4 + x_5 + x_6 + + x_7 + x_8 = 5 \\ x_1 + x_2 \leq 1 \\ x_6 + x_7 + x_8 \geq 1 \\ x_1 + x_4 + x_6 \leq 2 \\ x_2 + x_8 \leq 1 \\ x_i \text{ 为 } 0 - 1 \text{ 变量} \end{cases}$$

案例分析　物流系统

一个公司考虑到北京、上海、广州和武汉四个城市设立库房,这些库房负责向华北、华中和华南三个地区供货,每个库房每月可处理货物 1000 件。设库房每月成本在北京为 4.5 万元,上海为 5 万元,广州为 7 万元,武汉为 4 万元。每个地区的月平均需求量为:华北 500 件/月,华中 800 件/月,华南 700 件/月。发运货物的费用(元/件),见表 5 – 14。

案例分析
物流系统—数据

表 5 – 14　从四个城市发运货物到三个地区的单位费用　　　　(单位:元/件)

城市	地区		
	华北	华中	华南
北京	200	400	500
上海	300	250	400
广州	600	350	300
武汉	350	150	350

公司希望在满足地区需求的条件下是平均月成本最小,且还要满足以下条件:

1) 如果在上海设库房,则必须也在武汉设库房。

2) 最多设两个库房。

3) 武汉和广州不能同时设库房。

第6章 非线性规划模型与决策

6.1 非线性规划模型

在规划问题中，如果其目标函数和约束条件中至少有一个是决策变量的非线性函数，则这类规划问题称为非线性规划问题。

为描述非线性规划问题，首先引入凸函数与凹函数的概念。

若一个变量的函数，其斜率在某区域中总是非减的，则该函数在区域内为凸函数。若一个变量的函数，其斜率在某区域中总是非增的，则该函数在区域内为凹函数。

下面给出有两个变量的函数的凸性定义。

定义 6–1 若对于任意 x_1，x_2，$x_1 \neq x_2$ 及 $\lambda \in (0, 1)$，都有

$$f(\lambda x_1 + (1 - \lambda) x_2) \leq \lambda f(x_1) + (1 - \lambda) f(x_2)$$

则称 $f(x)$ 为凸函数。若式以严格不等式成立，则称 $f(x)$ 为严格凸函数。

如果函数 $f(x)$ 的负值（即 $-f(x)$）为（严格）凸函数，则 $f(x)$ 称为（严格）凹函数。

常见的凸函数有

$$y = cx^a, \ a \geq 1, \ c \geq 0, \ x \geq 0$$

$$y = ce^x, \ c \geq 0$$

常见的凹函数有

$$y = c\ln x, \ c \geq 0, \ x > 0$$

$$y = cx^a, \ 0 \leq a \leq 1, \ c \geq 0, \ x \geq 0$$

可以证明，凹函数之和也是凹函数；凸函数之和也是凸函数。

一般地，运用 Excel 的"规划求解"功能正确求解非线性规划问题的条件如下：

1）对于最大化问题。必须同时满足以下条件：

①目标函数是凹的或目标函数的对数是凹的；

②约束条件是线性的。

2）对于最小化问题。必须同时满足以下条件：

①目标函数是凸的或目标函数的对数是凸的；

②约束条件是线性的。

当上述条件1）、条件2）满足时，运用"规划求解"功能总是能够正确求解。

运用"规划求解"功能求解非线性规划问题的具体步骤与求解线性规划问题的步骤相

同，只是在"规划求解选项"对话框中，不选择"采用线性模型"。如图 6 - 1 所示。

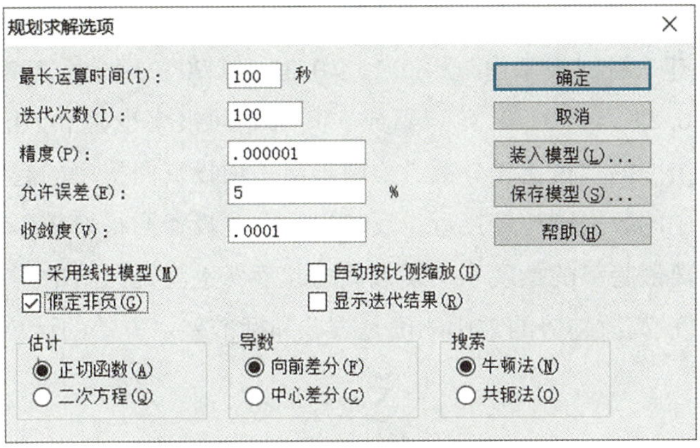

图 6 - 1　"规划求解选项"对话框

6.2　投资组合的非线性规划模型与决策

下面运用非线性规划模型的"规划求解"功能来讨论投资组合优化问题。

投资组合优化，就是确定一组投资项目的最优投资比例。这里所说的"最优"，可以指在一定风险水平下使得投资回报最大，或者指在一定期望投资回报水平下使得风险最小。在 20 世纪 50 年代，哈里·马科维茨（Harry Markowitz）研究了一定期望投资回报水平下使得方差最小的最优投资比例问题，在该问题上取得的研究成果以及关于投资的其他研究成果，使他荣获 1990 年诺贝尔经济奖。

下面用一个例子说明投资组合优化问题的建模与求解方法。

6.2.1　单项投资的期望回报率与风险

如果投资对象只有一个，则该投资的回报可以用期望回报率来描述，该投资的风险可以方差或均方差来描述。下面介绍期望值、方差与均方差的概念。

如果某人要对项目投资，如购买某一种股票，他如何估计该项目的平均回报和风险呢？设该项目的投资回报率为 r_i。该回报率是一个随机数，它表明在第 i 年每元钱投资的年回报率，例如 $r_i = 0.15$，说明在年初投资 1 元，在年末就增值到 $1 + 1 \times 0.15 = 1.15$（元）；当 $r_i = - 0.15$，说明在年初投资 1 元，在年末就变为 $1 + 1 \times (- 0.15) = 0.85$（元）。该项目在前 n 年的回报率是由 n 个数组成的向量 $(r_1, r_2, \cdots, r_n)$。由于无法确切地知道该项目未来的回报率，所以通常只能用该项目的历史业绩来近似地估计未来的回报率，即用前 n 年的回报率 $(r_1, r_2, \cdots, r_n)$ 的期望值来估计本年的期望回报率。这 n 个数的期望值的计算公式如下：

$$\bar{r} = \frac{r_1 + r_2 + \cdots + r_n}{n} = \frac{\sum_{i = 1}^{n} r_i}{n}$$

式中，r_i 为第 i 年的回报率；$\bar{r}$ 为期望回报率；n 为数据的个数。

期望回报率 $\bar{r}$ 描述了投资的平均汇报水平。不过，仅仅用期望回报率来描述投资效果是不够的，例如，有一组回报率由（-0.10，0.30，0.70）组成，其期望回报率是 0.3，另一组回报率由（0.25，0.30，0.35）组成，其期望回报率也是 0.30。两组数的期望回报率相同，但前一组中的数据比较分散，反映出前一项投资回报率的起落较大，或者说风险较大；而后一组中的数据则比较接近，反映出后一项投资回报率较平稳，或者说风险较小。所以，还需用离散趋势的量度来描述数据的起落，也就是风险的大小。表述一组回报率（r_1，r_2，$\cdots$，r_n）离散趋势的常用测度是方差和标准差。方差的计算公式如下：

$$\sigma^2 = \frac{\sum_{i=1}^{n}(r_i - \bar{r})^2}{n}$$

式中，σ^2 为回报率的方差；r_i 为第 i 年的回报率；$\bar{r}$ 为期望回报率；n 为数据的个数。

将方差开平方，得到的即为回报率的标准差（也称标准差或平均方差）。标准差的计算公式如下：

$$\sigma = \sqrt{\frac{\sum_{i=1}^{n}(r_i - \bar{r})^2}{n}}$$

式中，σ 为回报率的标准差。

综上所述，一个投资项目的投资效果可以用投资回报率的期望值和方差（或标准差）描述，投资回报率的期望值反映了该项投资的回报水平；投资回报率的方差反映了该项投资的风险状况。

6.2.2　投资组合的期望回报与风险

如果投资对象不止一个，则该组投资的回报率不仅与各投资项目的单项期望回报率有关，而且与各项目的投资比例有关。设一组投资由 m 个投资项目组成，它们的单项期望回报率为（μ_1，μ_2，$\cdots$，μ_m），该 m 个项目的投资比例为（x_1，x_2，$\cdots$，x_m），则该组投资的总回报率 R 的期望值为单项回报率与相应的投资比例的乘积之和。其估算公式如下：

$$R \text{ 的期望值} = x_1\mu_1 + x_2\mu_2 + \cdots + x_m\mu_m$$

式中，R 为投资组合的总回报；μ_1，μ_2，$\cdots$，μ_m 为第 1 个 ~ 第 m 个项目的单项期望回报率；x_1，x_2，$\cdots$，x_m 为第 1 个 ~ 第 m 个项目的投资比例。

投资组合的总回报率期望值描述了多项投资的总体平均回报水平。同样地，仅仅用总回报率期望值来描述投资组合的效果是不够的，还需描述总回报率的离散趋势，也就是整个投资组合风险的大小。一组投资的总回报率的风险（或离散趋势）的常用测度是总回报率的方差和标准差。总回报率的方差与下面几个因素有关：

1）与单项回报率的方差有关。因为单项回报率的方差越大（即单项投资的风险越大），总回报率的方差也越大（即投资组合的风险越大）。

2）与各项目的投资比例有关。投资比例大的项目，对投资组合的风险影响也大。

3）与各投资项目之间的相关性有关，一个投资项目的风险，可能影响另一个投资项目的风险状况，从而影响整个投资组合的风险。

总回报率 R 的方差的估算公式如下：

$$R \text{ 的方差} = x_1^2\sigma_1^2 + x_2^2\sigma_2^2 + \cdots + x_m^2\sigma_m^2 + \sum_{i \neq j} x_i x_j \rho_{ij}\sigma_i\sigma_j$$

式中，R 为投资组合的总回报率；x_1，x_2，$\cdots$，x_m 第 $1 \sim m$ 个项目的投资比例；σ_1^2，σ_2^2，$\cdots$，σ_m^2 第 $1 \sim m$ 个项目的单项回报率的方差；σ_1，σ_2，$\cdots$，σ_m 第 $1 \sim m$ 个项目的单项回报率的标准差；ρ_{ij} 为第 i 个投资项目与第 j 个投资项目的相关系数。$0 \leq \rho_{ij} \leq 1$，$\rho_{ij} = \rho_{ji}$，$\rho_{ii} = 1$。

上式右边包含了两个部分，第一部分是 $x_1^2\sigma_1^2 + x_2^2\sigma_2^2 + \cdots + x_m^2\sigma_m^2$，它是各投资项目的单项回报率的方差与该项目投资比例的平方的乘积之和，它反映出总方差取决于各项目的单项方差与投资比例。第二部分是 $\sum_{i \neq j} x_i x_j \rho_{ij}\sigma_i\sigma_j$，它反映出总方差还取决于各投资项目的相关性，当相关系数 $\rho_{ij} = 0$ 时，第 i 个投资项目与第 j 个投资项目之间无相关性，第二部分的值等于零；当相关系数 $\rho_{ij} \neq 0$ 时，由于项目之间的相关性，第 i 个投资项目的风险将影响第 j 个投资项目的风险，从而进一步影响整个投资组合的风险。其中，当 $\rho_{ij} > 0$ 时，说明第 i 个投资项目的投资风险的增加将使得第 j 个投资项目的风险增加（称为正相关），从而使得整个投资组合的风险增加；当 $\rho_{ij} < 0$ 时，说明第 i 个投资项目的投资风险的增加将使得第 j 个投资项目的风险减小（称为负相关），从而使得整个投资组合的风险减小。

综上所述，一组投资项目的投资效果可以用投资组合的总回报率的期望值和方差（或者标准差）描述，总回报率的期望值反映了该组投资的总体回报水平；总回报率的方差反映了该组投资的总体风险状况。

6.2.3 用电子表格计算期望值、方差、标准差和相关系数

前面介绍的期望值、方差、标准差、相关系数等，均可以用 Excel 的命令求得。Excel 计算公式见表 6 - 1。

表 6 - 1 Excel 计算公式表

计算内容	期望值	方差	标准差	相关系数
Excel 的相应公式符号	AVERAGE	VAR	STDEV	CORREL

下面通过一个例子来说明用 Excel 公式计算投资回报率的期望值、方差、标准差和相关系数的方法。

例 6－1

例 6－1 投资回报率—数据

投资回报率的期望值、方差、标准差和相关系数

现有三个可投资的项目：股票 1、股票 2 和债券。它们自 1981 年—2000 年共 20 年的投资回报率见表 6－2。分别计算这三个单项投资回报率的期望值、方差、标准差，以及三个项目之间的相关系数矩阵。

表 6－2　三个投资项目的单项回报率历史数据

序号	例 6－1	投资组合优化模型		—
1	历史数据	—	—	—
2	年份	股票 1	股票 2	债券
3	1981	0	0.07	0.06
4	1982	0.04	0.13	0.07
5	1983	0.13	0.14	0.05
6	1984	0.19	0.43	0.04
7	1985	－ 0.15	0.67	0.07
8	1986	－ 0.27	0.64	0.08
9	1987	0.37	0	0.06
10	1988	0.24	－ 0.22	0.04
11	1989	－ 0.07	0.18	0.05
12	1990	0.07	0.31	0.07
13	1991	0.19	0.59	0.1
14	1992	0.33	0.99	0.11
15	1993	－ 0.05	－ 0.25	0.15
16	1994	0.22	0.04	0.11
17	1995	0.23	－ 0.11	0.09
18	1996	0.06	－ 0.15	0.1
19	1997	0.32	－ 0.12	0.08
20	1998	0.19	0.16	0.06
21	1999	0.05	0.22	0.05
22	2000	0.17	－ 0.02	0.07

解：用 Excel 中公式（见表 6－1）计算这三个投资项目的单项回报率的期望值、方差、标准差和相关系数。其 Spreadsheet 中的公式见表 6－3。

表 6 – 3　三个投资项目的期望值、方差、标准差和相关系数计算公式表

序号	A	B	C	D
1	例 6 – 1	投资组合优化模型		—
25	统计量计算	—	—	—
26	期望值	= AVERAGE(B4: B23)	= AVERAGE(C4: C23)	= AVERAGE(D4: D23)
27	方差	= VAR(B4: B23)	= VAR(C4: C23)	= VAR(D4: D23)
28	标准差	= STDEV(B4: B23)	= STDEV(C4: C23)	= STDEV(D4: D23)
29	—			
30	相关系数	—	—	—
31	—	股票 1	股票 2	债券
32	股票 1	1	= CORREL(B4: B23, C4: C23)	= CORREL(B4: B23, D4: D23)
33	股票 2	= C32	1	= CORREL(C4: C23, D4: D23)
34	债券	= D32	= D33	1

由表 6 – 3 可知，计算期望值时只需在单元格中输入公式：

$$= AVERAGE（数据组所在的地址）$$

计算方差时只需输入公式：

$$= VAR（数据组所在的地址）$$

计算标准差时只需输入公式：

$$= STDEV（数据组所在的地址）$$

计算三个项目的相关系数时，要分别计算项目 1 和项目 2 的相关系数、项目 1 和项目 3 的相关系数，以及项目 2 和项目 3 的相关系数。在计算项目 1 和项目 2 的相关系数时，在单元格中输入公式：

$$= CORREL（项目 1 的数据地址，项目 2 的数据地址）$$

同理可以计算出项目 1 和项目 3 的相关系数，以及项目 2 和项目 3 的相关系数。

计算相关系数的另一个方法是打开 Excel 中的"工具"菜单，选择项目"数据分析"，就会出现一张数据分析表，如图 6 – 2 所示。

图 6 – 2　在数据分析表中选择相关系数功能

在图 6 – 2 中的数据分析图上选择"相关系数"，得到相关系数表，如图 6 – 3 所示。在图 6 – 3 的相关系数表中填入三个项目的历史数据所在地址区域以及输出区域（只需填

入输出区域左上角的单元格地址），就可得到三个项目的相关系数矩阵。

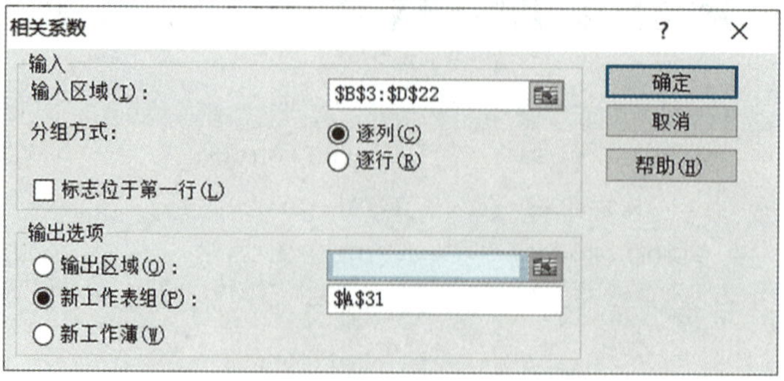

图 6-3 相关系数表

在图 6-3 中按"确定"按钮，即可得到表 6-4 中的计算结果。

表 6-4 三个投资项目的期望值、方差、标准差和相关系数计算结果

序号	A	B	C	D
1	例 6-1	投资组合优化模型		—
25	统计量计算	—	—	—
26	期望值	0.1130	0.1850	0.0755
27	方差	0.0274	0.1102	0.0008
28	标准差	0.1656	0.3319	0.0278
29	—			
30	相关系数	—	—	—
31	—	股票 1	股票 2	债券
32	股票 1	1.0000	-0.1959	-0.0289
33	股票 2	-0.1959	1.0000	-0.0134
34	债券	-0.0289	-0.0134	1.0000

6.2.4 投资组合优化的非线性规划模型及其求解

大部分投资者的目标是获得大的投资回报和承担小的投资风险。投资组合优化模型就是确定一组投资项目的最优投资比例（或者各项目的最优投资额），在该投资组合的总回报率的方差不超过某个可接受的值的约束下（即在可接受的风险水平下），使得总回报率的期望值最大（即投资回报最大）；或者在投资组合的总回报率的期望值不低于某个所要求的值的约束下（即在所要求的投资回报水平下），使得总回报率的方差最小（即投资风险最小）。由于总回报率的方差通常总是投资比例的非线性函数，所以该规划是一个非线性规划。

例如，对于目标函数为风险最小的投资组合优化模型，可得到投资总回报率 R 的方差估计量和期望值。该模型的形式如下：

目标函数：$\min R$ 的方差 $= x_1^2\sigma_1^2 + x_2^2\sigma_2^2 + \cdots + x_m^2\sigma_m^2 + \sum\limits_{i \neq j} x_i x_j \rho_{ij}\sigma_i\sigma_j$

约束条件：

$$\begin{cases} R \text{ 的期望值} = x_1\mu_1 + x_2\mu_2 + \cdots + x_m\mu_m \geqslant P \\ x_1 + x_2 + \cdots + x_m = 1 \\ x_1,\ x_2,\ \cdots,\ x_m \geqslant 0 \end{cases}$$

式中，R 为投资组合的总回报率；x_1，x_2，$\cdots$，x_m 为第 $1 \sim m$ 个项目的投资比例（决策变量）；σ_1^2，σ_2^2，$\cdots$，σ_m^2 为第 $1 \sim m$ 个项目的单项回报率的方差；σ_1，σ_2，$\cdots$，σ_m 为第 $1 \sim m$ 个项目的单项回报率的标准差；ρ_{ij} 为第 i 个投资项目与第 j 个投资项目的相关系数；μ_1，μ_2，$\cdots$，μ_m 为第 $1 \sim m$ 个项目的单项期望回报率；P 为投资者所要求的回报率水平。

下面通过例 6 – 2 说明投资组合优化问题的建模与求解方法。

例 6 – 2

投资组合优化问题

　　计算例 6 – 1 中对三个投资项目的最优投资比例，要求在总投资回报率不低于 0.13 的前提下，使得投资的风险最小。

例 6 – 2　投资组合
优化模型—数据

　　解：这是以投资总风险最小为目标，以总回报率不低于要求值为约束条件的优化问题，建立非线性规划模型。该问题的 Spreadsheet 见表 6 – 5。其步骤如下：

第一步：输入例 6 – 1 中已知数据（表 6 – 4）。

表 6 – 5　投资组合优化模型的 Spreadsheet

序号	A	B	C	D	E	F	G
25	统计量计算	—	—	—	—	—	—
26	期望值	0.1130	0.1850	0.0755	—	—	—
27	方差	0.0274	0.1102	0.0008	—	—	—
28	标准差	0.1656	0.3319	0.0278	—	—	—
29	—	—	—	—	—	—	—
30	相关系数	—	—	—	—	—	—
31		股票 1	股票 2	债券	—	—	—
32	股票 1	1.0000	– 0.1959	– 0.0289	—	—	—
33	股票 2	– 0.1959	1.0000	– 0.0134	—	—	—
34	债券	– 0.0289	– 0.0134	1.0000	—	—	—
35	—	—	—	—	—	—	—

（续）

序号	A	B	C	D	E	F	G
36	模型	—	—	—	—	—	—
37	—	—	—	—	—	—	—
38	决策变量						
39	—	股票1	股票2	债券	投资比例之和		
40	投资比例	0.5047	0.3249	0.1704	1	=	1
41	投资比例的平方	0.2547	0.1055	0.0290			
42	—						
43	总回报率期望值						
44	—	实际值		要求值			
45	—	0.1300	> =	0.13			
46	—.						
47	—						
48	总回报率方差	0.0152	—	—			
49	—						
50	总回报率标准差	0.1235	—	—			

第二步：计算各投资项目的单项回报率期望值、单项回报率方差，及各投资项目之间的相关系数。

根据前面介绍的 Excel 的公式，可计算出各投资项目的各个统计量。计算方法与例 6 - 1 相同，这里不再重复。投资组合优化模型中统计量的计算公式见表 6 - 6。

表 6 - 6　投资组合优化模型中统计量的计算公式

序号	A	B	C	D
25	统计量计算	—	—	—
26	期望值	= AVERAGE(B4: B23)	= AVERAGE(C4: C23)	= AVERAGE(D4: D23)
27	方差	= VAR(B4: B23)	= VAR(C4: C23)	= VAR(D4: D23)
28	标准差	= STDEV(B4: B23)	= STDEV(C4: C23)	= STDEV(D4: D23
29	—			
30	相关系数	—	—	—
31		股票1	股票2	债券
32	股票1	1	= CORREL(B4: B23，C4: C23)	= CORREL(B4: B23，D4: D23)
33	股票2	= C32	1	= CORREL(C4: C23，D4: D23)
34	债券	= D32	= D33	1

第三步：建立非线性规划模型。

本问题的决策变量是各投资项目的投资比例。根据用单元格 B40: D40 分别表示股票 1、股票 2 和债券的投资比例，见表 6 – 4。

本问题的目标函数是投资组合的风险最小，即投资组合总回报率的方差最小。投资组合总回报率 R 的方差的计算公式如下：

$$R \text{ 的方差} = x_1^2\sigma_1^2 + x_2^2\sigma_2^2 + \cdots + x_m^2\sigma_m^2 + \sum_{i \neq j} x_i x_j \rho_{ij} \sigma_i \sigma_j$$

本题中有三个投资项目，所以上式变为

R 的方差 =

$x_1^2\sigma_1^2 + x_2^2\sigma_2^2 + x_3^2\sigma_3^2 + x_1 x_2 \rho_{12} \sigma_1 \sigma_2 + x_2 x_1 \rho_{21} \sigma_2 \sigma_1 + x_1 x_3 \rho_{13} \sigma_1 \sigma_3 + x_3 x_1 \rho_{31} \sigma_3 \sigma_1 + x_2 x_3 \rho_{23} \sigma_2 \sigma_3 + x_3 x_2 \rho_{32} \sigma_3 \sigma_2 = x_1^2\sigma_1^2 + x_2^2\sigma_2^2 + x_3^2\sigma_3^2 + 2x_1 x_2 \rho_{12} \sigma_1 \sigma_2 + 2x_1 x_3 \rho_{13} \sigma_1 \sigma_3 + 2x_2 x_3 \rho_{23} \sigma_2 \sigma_3$

用单元格 C48 表示投资组合总回报率 R 的方差（即目标函数）。在单元格 C48 中输入：

= sumproduct（B41：D41，B27：D27）+ 2 * B40 * C40 * C32 * B28 * C28 + 2 * B40 * D40 * D32 * B28 * D28 + 2 * C40 * D40 * D33 * C28 * D28

式中，单元格 B41：D41 中的三个值分别为三个项目投资比例的平方；单元格 B27：D27 中的三个值分别为三个项目的单项回报率的方差；单元格 B28：D28 中的三个值分别为三个项目的单项回报率的标准差；单元格 C32、D32、D33 中的值分别为股票 1 与股票 2、股票 1 与债券、股票 2 与债券之间的相关系数。

如果我们建立了如下的协方差矩阵，见表 6 – 7。则式可简化。

表 6 – 7　协方差矩阵

序号	A	B	C	D
30	协方差矩阵	—	—	—
31	—	股票 1	股票 2	债券
32	股票 1	= B27	= COVAR（B4：B23，C4：C23）	= COVAR（B4：B23，D4：D23）
33	股票 2	= C32	= C27	= COVAR（C4：C23，D4：D23）
34	债券	= D32	= D33	= D27

这时，投资组合总回报率 R 的方差（即目标函数），可以用如下更简单的方法表示：

= sumproduct（mmult（B40：D40，B32：D34），B40：D40）

本问题有三个约束条件。

第一个约束条件，投资组合总回报率的期望值约束。投资组合总回报率 R 的期望值的计算公式如下：

$$R \text{ 的期望值} = x_1\mu_1 + x_2\mu_2 + \cdots + x_m\mu_m$$

本例中有三个投资项目，所以上式变为

$$R \text{ 的期望值} = x_1\mu_1 + x_2\mu_2 + x_3\mu_3$$

用单元格 B45 表示实际投资组合总回报率 R 的期望值。则在单元格 B45 输入：

= sumproduct（B26：D26，B40：D40）

式中，单元格 B26：D26 中的三个值分别为三个项目的单项投资回报率期望值，单元格

B40: D40 中的值分别是三个项目的投资比例。计算得到的投资组合总回报率的期望值必须不小于要求达到的值，本例中要求达到的期望值为 0.13，用单元格 D45 表示。

第二个约束条件，投资比例之和应等于 1。用单元格 E40 表示投资比例之和，可用下式计算：

$$= \text{sum}(B40:D40)$$

它应等于 1。

第三个约束条件，非负约束。

第四步：利用"规划求解"功能求出非线性规划的解。

在规划求解参数框中输入目标单元格（目标函数地址）、可变单元格（可变变量地址）和约束条件。其规划求解参数框如图 6-4 所示。

图 6-4 规划求解参数设置

在规划求解参数框中选择"假定非负"（注意：本问题是非线性规划问题，所以不选择"采用线性模型"），最后在规划求解参数框中单击"求解"得到本问题的解。

第五步：判断用"规划求解"功能求出是否是本问题的最优解。

本问题的模型如下所示：

目标函数：$\min R$ 的方差 $= x_1^2\sigma_1^2 + x_2^2\sigma_2^2 + \cdots + x_m^2\sigma_m^2 + \sum_{i \neq j} x_i x_j \rho_{ij}\sigma_i\sigma_j$

约束条件：

$$\begin{cases} R \text{ 的期望值} = x_1\mu_1 + x_2\mu_2 + \cdots + x_m\mu_m \geq P \\ x_1 + x_2 + \cdots + x_m = 1 \\ x_1, x_2, \cdots, x_m \geq 0 \end{cases}$$

本问题为最小化问题，其目标函数是总风险（总方差）最小。由上式可知，总风险是决策变量的幂函数。

由凸函数的定义可知，幂函数 $Y = cx^a$，$a \geq 1$，$c \geq 0$，$x \geq 0$ 是凸函数。

本问题的目标函数是若干个凸函数之和，因此，是一个凸函数。此外，本问题的约束条件均为线性，所以满足运用"规划求解"功能正确求解非线性规划问题的条件，所求得的解是整体最优解。

模型运行结果见表 6 - 5。由该表可得本问题的最优解如下：股票 1、股票 2、债券的投资比例为 0.5047：0.3249：0.1704。这时，投资组合的总回报率期望值达到所要求的 0.1300，而投资组合的总回报率的方差最小，为 0.0152。

第六步：置信区间分析。

当投资组合总回报率服从正态分布时，根据正态分析的统计理论，总回报率的置信区间如下：

1）总回报率的值落在区间 ［总回报率期望值 – 总回报率标准差，总回报率期望值 + 总回报率标准差］ 的概率是 68%；

2）总回报率的值落在区间 ［总回报率期望值 – 2 × 总回报率标准差，总回报率期望值 + 2 × 总回报率标准差］ 的概率是 95%；

3）总回报率的值落在区间 ［总回报率期望值 – 3 × 总回报率标准差，总回报率期望值 + 3 × 总回报率标准差］ 的概率是 99.7%。

本例中，总回报率期望值 = 0.1300，总回报率的标准差 = $\sqrt{总方差}$ = $\sqrt{0.0152}$ = 0.1233，所以当总回报率服从正态分布时，有：总回报率以 68% 的概率落在区间 ［0.0067，0.2533］（即 ［0.13 – 0.1233，0.13 + 0.1233］）；以 95% 的概率落在区间 ［– 0.1166，0.3766］（即 ［0.13 – 2 × 0.1233，0.13 + 2 × 0.1233］）；以 99.7% 的概率落在区间 ［– 0.2399，0.4999］（即 ［0.13 – 3 × 0.1233，0.13 + 3 × 0.1233］）。

6.3 基于 Bass 模型的新产品使用预测的参数估计

在产品引入以后，预测该新产品的使用是一个非常重要的营销问题。由 Frank Bass 建立的一个预测模型，这个模型已经被证明对预测创新和新技术在市场上的使用特别有效。非线性规划用于估计 Bass 预测模型的参数。这个模型有三个参数必须进行估计。

1）m = 最终使用新产品的估计人数。引入新产品的公司对这个参数的值明显感兴趣。

2）q = 模仿参数。这个参数测量了潜在使用者受到已使用产品的人的影响时使用的可能性。它测量了影响购买的口碑效应。

3）p = 创新参数。这个参数测量了在假定没有受到他人已经购买（使用）产品的影响时使用的可能性。它是一个人由于她或他自己对创新的兴趣而使用产品的可能性。

利用这些参数，就可以建立预测模型。令 C_{t-1} 表示在时期 $t-1$ 已经使用产品的人数。因为 m 是最终使用产品的估计人数，$m - C_{t-1}$ 是在时期 $t-1$ 剩下的潜在使用者的数目。我们称时间 $t-1$ 到时间 t 的时间间隔为时期 t。在时期 t，剩下的潜在使用者数 $m - C_{t-1}$ 的一定比例将使用该产品。这个值依赖于使用新产品的可能性。

不太严谨地说，使用新产品的可能性是由于模仿而使用的可能性加上由于创新而使用的可能性。由于模仿而使用的可能性是已经使用产品的人数的函数。当前使用者的人数越多，他们口碑的影响力就越大。因为 C_{t-1}/m 是到时间 $t-1$ 使用产品的估计人数的比例，由于模仿而使用的可能性通过模仿系数 q 乘以这个比例来计算。因此，由于模仿而使用的

可能性是

$$q \times C_{t-1}/m$$

由于创新而使用的可能性是创新系数 p。因此,使用的可能性是

$$p + q \times C_{t-1}/m$$

利用使用的可能性,我们能建立对将在时期 t 使用产品的剩余潜在客户数的一个预测。因此 F_t 在时期 t 新使用者人数的预测,是

$$F_t = (p + q \times C_{t-1}/m)(m - C_{t-1})$$

上式中给出的 Bass 模型,根据统计原理能够精确地导出,而不是提供这样一个强调模型直观方面的推导。在使用 Bass 模型建立时期 t 新产品使用的预测时,C_{t-1} 的值将从过去的销售数据中得知。但是我们也需要知道用于模型的参数值。现在我们用非线性规划来估计参数值。

表 6 - 8 中显示了产品 A 和产品 B 在推出后前 12 周的收益情况(百万元)。严格来讲,时期 t 的收益和时期 t 的使用者数是不一样的,但是由于回头客的数目通常是很少的,所以收益可以是客户数的一个倍数。

表 6 - 8　A、B 产品未来 12 周的收益数据　　　　　　　　　　(单位:百万元)

时期	A 产品收益	A 产品累计收益	B 产品收益	B 产品累计收益
1	0.100	0.100	72	72
2	3.000	3.100	38	110
3	5.200	8.300	17	127
4	7.000	15.300	10	137
5	5.250	20.550	4	141
6	4.900	25.450	3	144
7	3.000	28.450	2	146
8	2.400	30.850	1	147
9	1.900	32.750	0	147
10	1.300	34.050	0	147
11	0.800	34.850	0	147
12	0.600	35.450	0	147

这两个产品有力地说明了不同的使用模式。注意产品 A 的收益增长,直到第四周达到峰值,然后开始下降,这个产品的大部分收益明显是由于口碑的影响。根据 Bass 模型,就是模仿因素强于创新因素,并且我们预期 $q > p$。然而对产品 B,收益在第一周,之后急剧下降。创新因素强于模仿因素,因此我们预期 $q < p$。

可以结合一个非线性最优化问题运用到预测模型的中来,以找到对一系列数据给出最佳预测的 p,q,m 值。假定有 N 期数据可用。令 S_t 表示在时期 t 使用者的实际数量(或这个数的一个倍数,如销售量),$t = 1, 2, \cdots, N$。然后每期的预测数和对应的预测误差

E_t 定义为

$$F_t = (p + q \times C_{t-1}/m)(m - C_{t-1})$$
$$E_t = F_t - S_t$$

注意误差是预测值 F_t 和实际值 S_t 之间的差值。用最小化误差平方的和估计参数是很普遍的统计习惯。

如此处理 Bass 模型，可以导出下面的非线性最优化问题：

$$\min \sum_{t=1}^{N} E_t^2$$

约束条件：

$$\begin{cases} F_t = (p + q \times C_{t-1}/m)(m - C_{t-1}) \\ E_t = F_t - S_t \\ t = 1, 2, \cdots, N \end{cases}$$

这是一个非线性最小化问题的模型。

表 6-8 中的数据提供了 A 产品第 1~12 周的收益和累计收益。利用这些数据，为 A 产品的 Bass 预测模型估计参数的非线性模型如下：

$$\min \sum_{t=1}^{12} E_t^2$$

约束条件：

$$\begin{cases} F_1 = p \times m \\ F_2 = (p + q \times 0.1/m)(m - 0.10) \\ F_3 = (p + q \times 3.10/m)(m - 3.10) \\ \quad\quad\vdots \\ F_{12} = (p + q \times 34.85/m)(m - 34.85) \\ E_1 = F_1 - 0.10 \\ E_2 = F_2 - 3.00 \\ \quad\quad\vdots \\ E_{12} = F_{12} - 0.60 \end{cases}$$

这个非线性规划的解见表 6-9。

表 6-9　最优预测参数

参数	A 产品	B 产品
p	0.074	0.490
q	0.490	−0.018
m	34.850	149.540

表 6-9 中的最优预测参数直观上是吸引人的。对于产品 A，在第 4 周有最大的收益，模仿参数的值是 0.490，这个值显著大于创新参数 0.074。由于良好的口碑，这个产品 A

经过时间推移得到动力。在第四周后，随着越来越多的潜在客户已经用过，收益开始下降。拿这些数据与产品 B 进行对比，后者的模仿参数是负值 -0.018，以及创新参数是 0.49。使用产品 B 的最大收益是在第一周，之后这个数目会降低。很明显该口碑影响不是有利的。

大家可能想知道，如果我们必须等到使用周期结束后才能估计参数，了解预测模型有什么好处。新产品 Bass 模型的一种方法是，假定新产品销售表现方式相似于之前的一种产品，且这种产品的 p、q 已经计算出来，我们只需主观估计出新产品的潜在市场 m。例如，假定 DVD 产品的销售相似于 VCR 的销售，那么用于 DVD 预测的 p、q 将是从 VCR 实际销售中计算出的 p、q 的值。第二种方法是等到有多期新产品数据可用后再预测。例如，如果有五期数据可用，这五期的销售数据可以用于预测第六期的需求，然后，在得到这六期的销售数据后，可制定第七期的预测。

6.4　库存决策模型

6.4.1　最佳现金持有量的非线性规划决策模型

企业既不能保留很多的货币资金，又不能一点都没有。到底保留多少现金余额才合适？这是现金管理的一个核心问题。企业财务管理部门通常都应该根据自身特点确定一个合理的现金余额目标，使现金持有量达到最佳状态。本节讨论如何建立现金持有量模型，并应用"规划求解工具"进行分析的方法。

1. 最佳现金持有量的基本原理

确定最佳现金持有量的理论方法很多，如巴摩尔模型、米勒模型、成本分析模型等。这里仅介绍巴摩尔模型，并通过对此理论的讨论，为建立计算机最佳现金持有量模型奠定理论基础。

巴摩尔模型理论的依据是把持有的有价证券同货币资金的库存联系起来观察，比较现金储存的成本和买卖有价证券的固定成本，以求得两者成本之和最低时的现金余额。

按巴摩尔模型确定最佳现金余额，要建立在这样一些条件上：

1）企业在一定时期内的货币资金支出和收入的变化是周期性均衡发展的，其现金余额也定期地由最低时的 0 到最高时的 C 变化，其平均现金余额为 $C/2$。

2）当现金余额趋于 0 时，企业靠出售有价证券或借款来补充库存资金。

不管是保留现金或出售有价证券都要付出一定的代价。保留现金意味着放弃了有价证券带来利息的机会，出售和购进有价证券意味着要花费证券交易的成本。保持现金余额越多，损失的机会成本越大，而证券交易买卖的次数越少，买卖交易的成本则越低。

现金余额总成本公式为

总成本 = 持有现金成本 + 证券（借债）交易成本

　　　= 现金平均余额 × 有价证券利率 + 变现次数 × 有价证券每次交易的固定成本

　　　= $C/2 \times r + T/C \times b$

式中，C 为现金余额；r 为持有现金而损失的机会成本（等于该时期证券或借款利率）；T 为每个转换周期中的现金总需要量；b 为每次周期交易或借款所需要的固定成本费用。

最佳现金余额是总成本最低时的持有量 C^*。对上式求导并令其等于 0，得到最佳持有量 C^* 的公式为

$$C^* = \sqrt{\frac{2bT}{r}}$$

2. 最佳现金持有量模型的建立

例 6 – 3

最佳现金持有量模型

我们创建一个工作表，将其名字改为"现金持有量"，以巴摩尔模型理论为依据，在该工作表中建立的最佳现金持有量模型见表 6 – 10。

例 6 – 3　最佳现金持有量模型—数据

表 6 – 10　最佳现金持有量模型 （单位：元）

序号	A	B	C	D	E	F	G	H
1	—	—	—	—	—	—	—	—
2	—	—	—	—	—	—	—	—
3	基本数据	—	—	最佳现金持有量规划求解分析				—
4	现金总量 T	500000	—	—	—	—	—	—
5	每次交易成本 b	180	—	最佳现金余额	—	—	—	—
6	有价证券利率 r	15%	—	总成本	—	—	—	—
7	—	—	—	—	—	—	—	—
8	—	—	—	—	—	—	—	—
9	—	最佳现金持有量分析表	—	—	—	—	—	—
10	现金余额	30000	35000	38000	42000	50000	55000	5000
11	持有成本	2250	2625	2850	3150	3750	4125	375
12	交易成本	3000	2571	2368	2143	1800	1636	18000
13	总成本	5250	5196	5218	5293	5550	5761	18375

1）基本数据。在基本数据区域输入有关要素的值。模型中都对基本数据所在单元定义名字。

2）最佳现金持有量分析表。在最佳现金持有量分析表中，定义各要素之间的关系如下：

第 11 行"持有成本"的公式 = 现金余额/2 × r（ = B10/2 * \$B\$6）

第 12 行"交易成本"的公式 = T/现金余额 × b（ = \$B\$4/B10 * \$B\$5）

第 13 行"总成本"的公式 = 持有成本 + 交易成本 （ = B11 + B12）

用"复制"的方法把 B 列第 11、12、13 行复制到 C、D、E、F、G、H 列的第 11、12、13 行。

当在基本数据输入后，最佳现金持有量分析表中的值将自动计算出来。

在分析表中，我们可以粗略观察到，现金余额为 35000 元时，总成本最低，即该现金余额为最佳现金持有量。

3. 最佳现金持有量的 VBA 求解

1）最佳现金持有量规划求解区域公式定义。最佳现金持有量求解分析区域中，F5 单元输入 30000，总成本 F6 单元定义了公式：

$$= 最佳现金余额/2 \times r + T/最佳现金余额 \times b(= F5/2 * B6 + B4/F5 * B5)$$

2）规划求解工具的使用。

①在"工具"菜单中选择"规划求解"命令，便出现规划求解对话框。

②在"目标单元"输入 F6。

③在等于选项中选择"最小值"。

④在"可变单元格"输入 F5

⑤选择"添加"按钮，增加约束条件 F5 > 30000。

假设企业要求最低现金持有量为 30000。

⑥选择"规划求解选项"按钮，将"采用线性模型"选择框设置为"不选"（因为这是非线性问题）

⑦选择"求解"按钮，经过一段时间的自动计算求解，将最佳现金持有量的结果显示在 F5 单元。这样就得到精确的结果，见表 6-11。

表 6-11　最佳现金持有量表

序号	A	B	C	D	E	F	G
1	—						
2	—						
3	基本数据			最佳现金持有量规划求解分析			
4	现金总量 T	500000		—			
5	每次交易成本 b	180	—	最佳现金余额		34641.02	—
6	有价证券利率 r	15%	—	总成本	—	5196.15	—

6.4.2　最优订货批量决策模型

为了保证企业生产、销售的持续和正常进行，在一定时期内保持一定数量的存货，对任何一个企业都是必需的。但是存货资金在企业全部流动资金中占有相当大的比重，存货的取得、保管又需要付出成本。日本企业曾经提出了"零库存"的口号，但这并不意味着在生产过程中一点存货都没有，而是对存货水平进行恰当的控制，在保证生产经营活动顺利进行的前提下，尽可能降低存货。因此，任何一个企业对存货库存水平的确定，其目标并不是"零"而是"最优"。怎样才能确定最优的库存水平？一种比较普遍应用的方法——经济订货批量可以帮助我们解决这个问题。本节讨论如何建立最优订货批量决策模型，并应用"规划求解工具"进行分析。

1. 经济订货批量的基本原理

经济订货批量方法的基本原理是借助于各类物资库存成本的不同特点。寻求它们之间的规律，找出一个总库存成本最低时的库存水平（存货数量）。

（1）经济订货批量基本模型

经济订货批量数学模型建立之前，需要一定的假设条件。

1）存货的年需要量和日消耗量是均衡的。

2）从存货到货物到达所间隔的时间是固定的，而且每批货物均一次到达。

3）不考虑数量折扣。

4）不会发生缺货。

订货批量（Q）是指每次订货的数量，在某项存货年需要量既定的前提下，降低订货批量，一方面可以使存货的储存成本（指变动储存成本，下同）随着平均储存量的下降而下降（因为平均储存量相当于订货批量的一半）；另一方面却使订货成本（变动订货成本，下同）随着订货数量的增加而增加。反之，减少订货批量以降低订货成本，又会使储存成本增加。决策分析的目的就是要找出使两种成本合计数最低的订货批量，即经济订货批量。

设：D 为某存货的全年需要量；Q 为订货批量；D/Q 为订货次数；K 为每次订货的变动成本；C 为单位存货年储存成本；T 为年成本合计，即年订货成本和年储存成本的合计。

这样可以得到经济订货批量的基本公式。

年成本合计可由下式计算：

$$T = 储存成本 + 订货成本$$
$$= Q/2 \times C + D/Q \times K$$

（2）经济订货批量的改进模型——陆续到货

经济订货批量的基本公式是在前面的假设条件下建立的，但是现实生活中能够满足这些条件的情况很少，为使模型更接近于实际情况，应该放宽条件，改进模型。

如果我们考虑到存货不能一次到达，各批存货可能陆续入库，使存货陆续增加。在这种情况下，对基本模型做一些修改。

设：P 为每日送货量；Q/P 为每批存货全部送达所需天数；d 为每日消耗量；$Q/P \times d$ 为送货期内全部耗用量。

由于存货边送边用，所以每批送完时，最高库存量 $Q - Q/P \times d$，平均存量为（$Q - Q/P \times d$）$/2$。因此基本模型被扩充为

$$T = 储存成本 + 订货成本$$
$$= (Q - Q/P \times d)/2 \times C + D/Q \times K$$

最优订货批量 Q^*，即总成本 T 最低时的订货批量 Q。

每年最佳订货次数 $N^* = D/Q^*$

最佳订货周期 $t^* = 1\ 年/N^*$

经济订货量占用资金 $I^* = (Q^*/2) \times 单价$

（3）考虑数量折扣、陆续到货的经济订货批量模型

数量折扣是指供应商对于一次购买某货品数量达到或超过规定限度的客户，在价格上给予优待。在经济订货批量基本模型的基础上，考虑到存货不能一次到达，各批存货可能陆续入库，对基本模型进行一些修改，使其进一步完善。但是还没有考虑有数量折扣的情况，即是以采购价格不随定购批量的变动而变动的假设条件为前提的。因此，决策模型中只有订货成本和储存成本两项。如果供应商实行数量折扣，那么，除了订货成本和储存成本之外，采购成本也成了决策中的相关成本。这时，这三种成本的年成本合计最低的方案，才是最优方案。

$$T = 储存成本 + 订货成本 + 采购成本$$
$$= (Q - Q/P \times d)/2 \times C + D/Q \times K + D \times U \times (1 - di)$$

式中，U 为采购单价；di 为数量折扣。

在实际工作中，企业还可以结合具体情况，不断完善模型，最后建立比较合理的模型。这里就不进一步讨论数学模型的建立，而是把重点放在如何根据最优订货批量数学模型，建立计算机最优订货批量模型的方法。

2. 最优订货批量模型的建立

例 6 - 4

例 6 - 4 最优订货批量模型—数据

最优订货批量模型

我们创建一个工作表，将其名字改为"最优订货"，以考虑数量折扣与陆续到货的经济订货批量模型为依据，在该工作表中建立的最优订货批量模型见表 6 - 12。

表 6 - 12 最优订货批量模型

序号	A	B	C	D	E
3	存货名称	甲	乙	丙	丁
4	存货年需要量 D	18000	20000	30000	25000
5	一次订货成本 K	25	25	25	25
6	单位储存成本 C	2	3	4	3
7	每日送货量 P	100	200	300	250
8	每日消耗量 d	20	30	40	25
9	数量折扣 di	2%	2%	2%	2%
10	采购单价 U	10	20	30	25

1）基本数据。模型中假设企业有四种存货需要采购，并且供应商也规定了数量折扣。因此，在基本数据区域，给出了模型中所需的基本数据输入区，基本数据包括每种存货的要素：

存货名称：B3: E3 单元区域

存货年需要量 D：B4: E4 单元区域。

一次订货成本 K：B5: E5 单元区域。

单位储存成本 C：B6: E6 单元区域。

每日送货量 P：B7: E7 单元区域。

每日消耗量 d：B8: E8 单元区域。

数量折扣 di：B9: E9 单元区域。

采购单价 U：B10: E10 单元区域。

2）最优订货批量规划求解分析区域的公式定义。在最优订货批量规划求解分析区域定义存货的采购成本、订货成本、存货成本和总成本公式，先定义甲存货成本的公式：

采购成本公式 $= D \times U \times (1 - \mathrm{di})$；

订货成本公式 $= D/Q \times K$；

储存成本公式 $= (Q - Q/P \times d)/2 \times C$；

每种存货的总成本公式 = 采购成本 + 订货成本 + 储存成本；

每年最佳订货次数公式 $= D/Q^*$；

最佳订货周期公式 $= 1$ 年 $/N^*$；

用"复制"和"粘贴"将公式复制到每种存货分析区域。

四种存货总成本或综合成本的公式 = 甲存货总成本 + 乙存货总成本 + 丙存货总成本 + 丁存货总成本。

3. 最优订货批量的求解

运用规划求解工具求最优解时，应该先设置目标单元格、可变单元格、约束条件等，然后求解。

1）设置。假设供应商提出的数量折扣条件为：当甲材料订货数量≥400kg、乙材料订货数量≥450kg、丙材料订货数量≥500kg、丁材料订货数量≥500kg 才给予数量折扣。这可以作为规划求解的约束条件。

2）规划求解工具的使用。

①在"工具"菜单中选择"规划求解"命令，便出现规划求解对话框。

②在"目标单元"输入 C21。

③在等于选项中选择"最小值"。

④在"可变单元格"输入 B16: E16（四种存货的订货批量单元区域）。

⑤选择"添加"按钮，增加约束条件（供应商提供的条件）：

$$约束条件\begin{cases}甲订货批量\geqslant400（即 B16\geqslant400）；\\乙订货批量\geqslant450（即 C16\geqslant450）；\\丙订货批量\geqslant500（即 D16\geqslant500）；\\丁订货批量\geqslant500（即 E16\geqslant500）。\end{cases}$$

⑥选择"规划求解选项"按钮，将"采用线性模型"选择框设置为"不选"（因为这是非线性问题）。

⑦当目标单元格、可变单元格、约束条件不变时，无论基本数据如何改变，都不用修改以上的设置，直接进行求解。选择"求解"按钮，求出每种存货的最优订货批量，并自动计算出最优订货批量下的总成本、每年最佳订货次数、最佳订货周期等。计算结果见表6-13。

表6-13 计算结果

序号	A	B	C	D	E
14	—	—	—	—	—
15	存货名称	甲	乙	丙	丁
16	最优订货批量 Q*	750	626	658	680
17	采购成本	176400	392000	882000	612500
18	订货成本	599.9999	798.4363	1140.1754	918.5587
19	存储成本	600.0001	798.4357	1140.1754	918.5586
20	—	177600	393596.8700	884280.3500	614337.1200
21	总成本	—	2069814.3000	—	—
22	每年最佳订货次数	0.0267	0.0479	0.0608	0.0367
23	最佳订货周期（月）	37.5000	20.8741	16.4448	27.2166
24	经济订货量占用资金	3750.0004	6262.2407	9866.9026	8505.1726

计算公式见表6-14。

表6-14 计算公式

序号	A	B	C	D	E
14	—	—	—	—	—
15	存货名称	甲	乙	丙	丁
16	最优订货批量 Q*	—	—	—	—
17	采购成本	= B4 * B10 * (1 - B9)	= C4 * C10 * (1 - C9)	= D4 * D10 * (1 - D9)	= E4 * E10 * (1 - E9)
18	订货成本	= B4/B16 * B5	= C4/C16 * C5	= D4/D16 * D5	= E4/E16 * E5
19	存储成本	= (B16 - B16/B7 * B8)/2 * B6	= (C16 - C16/C7 * C8)/2 * C6	= (D16 - D16/D7 * D8)/2 * D6	= (E16 - E16/E7 * E8)/2 * E6
20	—	= B17 + B18 + B19	= C17 + C18 + C19	= D17 + D18 + D19	= E17 + E18 + E19
21	总成本	综合成本	= B20 + C20 + D20 + E20		

（续）

序号	A	B	C	D	E
22	最佳订货次数	= B8/B16	= C8/C16	= D8/D16	= E8/E16
23	最佳订货周期（月）	= 1/B22	= 1/C22	= 1/D22	= 1/E22
24	经济订货量占用资金	= B16/2 * B10	= C16/2 * C10	= D16/2 * D10	= E16/2 * E10

在模型中总成本与各要素之间建立了动态链接。当企业财务政策发生变化，如存货全年需要量 D 改变，或经济条件发生变化，如每次订货变动成本 K、单位存货年储存成本 C 随着经济条件的变化而变化，企业财务管理人员只需改变基本数据区域的各要素值，计算机最优订货批量模型便可迅速计算出相应的结果。

6.5 非线性规划模型的 Python 应用

6.5.1 非线性规划模型的 Python 求解实例

1. 非线性规划

非线性规划是指在优化问题中，目标函数和（或）约束条件中存在非线性函数的优化问题。与线性规划不同，非线性规划需要使用更为复杂的算法来解决，因为非线性函数的存在使得问题的优化变得更加困难。

在非线性规划中，目标函数和约束条件中的非线性函数可以是任何形式，包括多项式、三角函数、指数函数和对数函数等。由于非线性规划问题的复杂性，解决它们的方法通常需要使用数值优化算法，如梯度下降法、牛顿法、拟牛顿法等。

2. 实例 1

举个非线性规划的例子：最小化目标函数 $f(x_1, x_2) = (x_1 - 1)^2 + (x_2 - 2.5)^2$，它的约束条件为 $x_1^2 + x_2^2 \leq 9$。这是一个二维的优化问题，我们的目标是最小化目标函数，其中 x_1，x_2 是优化变量。约束条件指定了优化变量必须满足的条件。在这个例子中，约束条件指定了优化变量中 x_1，x_2 必须在以原点为圆心、半径为 3 的圆内部。

要解决这个非线性规划问题，可以使用数值优化算法。其中一种常见的算法是梯度下降法。该算法通过计算目标函数在当前点的梯度，然后向着梯度的负方向移动一定的步长，重复该过程直到达到收敛条件。

下面使用 Python 代码来求解这个例子的非线性规划问题。

```
import numpy as np
from scipy.optimize import minimize
# 定义目标函数
def obj1(x):
    return (x[0] - 1) ** 2 + (x[1] - 2.5) ** 2
```

```
# 定义约束条件
def cons1(x):
    return 9 - x[0] ** 2 - x[1] ** 2
# 定义初始点
x0 = np.array([0, 0])
# 使用 SLSQP 算法求非线性规划问题
solution = minimize(obj1, x0, method = 'SLSQP', constraints = {'fun': cons1,
'type': 'ineq'})
print(solution)
```

运行上述代码后，得到如下结果：

```
    fun: 0.0
    jac: array([1.49011612e - 08, 1.49011612e - 08])
message: 'Optimization terminated successfully.'
   nfev: 9
    nit: 2
   njev: 2
 status: 0
success: True
      x: array([1.0, 2.5])
```

上面的输出结果表明，在约束条件下，优化变量的最小值为 0.0，最优解为 $x_1 = 1.0$，$x_2 = 2.5$。

3. 实例 2

一个稍微复杂一些的非线性规划问题如下：

最小化目标函数为

$$f(x_1, x_2, x_3) = 5x_1 - 2x_2 + x_3$$

约束条件：

$$\begin{cases} x_1 + x_2 + x_3 = 1 \\ x_1^2 + x_2^2 + x_3^2 \leqslant 1 \\ x_1 - x_3^2 \geqslant 0 \\ -x_1 - x_2 - x_3 \leqslant -1 \end{cases}$$

在这个例子中，目标函数是一个线性函数，但是约束条件包括非线性函数。特别地，第三个约束条件是一个二次函数。这个问题可以通过使用数值优化算法来解决，如使用 scipy. optimize. minimize() 函数。

下面使用 Python 代码来求解这个非线性规划问题。

```
import numpy as np
from scipy.optimize import minimize
# 定义目标函数
def obj2(x):
    return 5 * x[0] - 2 * x[1] + x[2]
# 定义约束条件
def cons21(x):
    return x[0] + x[1] + x[2] - 1
def cons22(x):
    return 1 - x[0] ** 2 - x[1] ** 2 - x[2] ** 2
def cons23(x):
    return x[0] - x[2] ** 2
def cons24(x):
    return x[0] + x[1] + x[2] - 1
# 定义初始点
x0 = np.array([0, 0, 0])
# 使用 SLSQP 算法求解非线性规划问题
solution = minimize(obj2, x0, method = 'SLSQP', constraints = [{'fun': cons21, '
type': 'eq'}, {'fun': cons22, 'type': 'ineq'}, {'fun': cons23, 'type': 'ineq'}, {'fun':
cons24, 'type': 'ineq'}])
    print(solution)
```

运行上述代码后，得到如下结果：

```
    fun: -2.0000000001027356
    jac: array([ 4.99999999, -2.        , 1.        ])
message: 'Optimization terminated successfully.'
   nfev: 36
    nit: 7
   njev: 7
 status: 0
success: True
      x: array([ -9.73152822e - 12, 1.00000000e + 00, -1.15383994e - 11])
```

上述输出结果表明，在上面的约束条件下，目标函数的最小值为 -2.0000000001027356，最优解为 $-9.73152822e-12$，$1.00000000e+00$，$-1.15383994e-11$，即 $x_1 = 0.0$，$x_2 = 1.0$，$x_3 = 0.0$。

6.5.2　投资组合的非线性规划模型的 Python 应用

1. 马科维茨（Markowitz）投资组合优化基本理论方法

我们可以对多资产的投资组合配置进行如下四个方面的优化。

1）在风险 – 收益平面中，找到风险最小的投资组合。假设有 n 种风险资产，其预期收益率组成的向量记为 $\boldsymbol{e} = (E(r_1),\ E(r_2),\ \cdots,\ E(r_n))^{\mathrm{T}}$，每种风险资产的权重向量是 $\boldsymbol{X} = (x_1,\ x_2,\ \cdots,\ x_n)^{\mathrm{T}}$，协方差矩阵记为 $\boldsymbol{V} = [\sigma_{ij}]_{n \times n}$，向量 $\boldsymbol{1} = [1,\ 1,\ \cdots,\ 1]^{\mathrm{T}}$，并且假设协方差矩阵记为 $\boldsymbol{V} = [\sigma_{ij}]_{n \times n}$ 是非退化矩阵，$\boldsymbol{e} \neq \boldsymbol{k}\boldsymbol{1}$（$k$ 为任一常数）。相应地，该资产组合的收益率记为 $E(r_P) = \boldsymbol{X}^{\mathrm{T}}\boldsymbol{e}$，风险记为 $\sigma_P^2 = \boldsymbol{X}^{\mathrm{T}}\boldsymbol{V}\boldsymbol{X}$。

投资者的目的是：给定一定的资产组合预期收益率 μ 水平，选择资产组合使其风险最小。这其实就是要求解如下均值方差形式的问题：

$$\min \frac{1}{2}\sigma_P^2 = \frac{1}{2}\boldsymbol{X}^{\mathrm{T}}\boldsymbol{V}\boldsymbol{X}$$

约束条件
$$\begin{cases} \boldsymbol{1}^{\mathrm{T}}\boldsymbol{X} = 1 \\ E(r_P) = \boldsymbol{e}^{\mathrm{T}}\boldsymbol{X} = \mu \end{cases}$$

这也是一个非线性优化模型。

2）在风险 – 收益平面中，找到收益最小的投资组合

$$\max E(r_P) = \sum_{i=1}^{n} x_i E(r_i)$$

约束条件
$$\begin{cases} \boldsymbol{1}^{\mathrm{T}}\boldsymbol{X} = 1 \\ \sigma_P = \sigma_0 \end{cases}$$

这是一个线性优化模型，在本书的第 3 章中可以解决这个问题，此不赘述。

3）在风险 – 收益平面中，找到夏普（sharpe）比最优的投资组合（收益 – 风险均衡点）；此问题即为

$$\max S_P = \frac{E(r_P) - r_f}{\sigma_P}$$

约束条件：

$$\begin{cases} E(r_P) = \sum_{i=1}^{n} x_i E(r_i) \\ \sigma_P = \sqrt{\sum_{i=1}^{n}\sum_{j=1}^{n} x_i x_j \sigma_{ij}} \\ \sum_{i=1}^{n} x_i = 1 \\ \text{不允许卖空}\ (x_i \geqslant 0) \end{cases}$$

这也是一个非线性优化模型。

4）在风险 – 收益平面中，找到有效边界（或有效前沿），在既定的期望收益率下使投资组合的方差最小化。

该理论基于用均值 – 方差模型来表述投资组合的优劣的前提。我们将选取几只股票，用蒙特卡洛模拟来得到投资组合的有效边界。通过夏普（Sharpe）比最大化和方差最小化两种方法来找到非线性最优的投资组合配置权重参数。最后，刻画出可能的分布、两种最优组合以及组合的有效边界。

2. 导入需要的程序包

使用 Python 代码导入。

```
import tushare as ts              #需先安装 tushare 程序包
#此程序包的安装命令:pip install tushare
import pandas as pd
import numpy as np                #数值计算
import statsmodels.api as sm      #统计运算
import scipy.stats as scs         #科学计算
import matplotlib.pyplot as plt   #绘图
```

3. 选择股票代号、获取股票数据、数理清理及其可视化

使用 Python 代码。

```
# 把相对应股票的收盘价按照时间的顺序存入 DataFrame 对象中
code_list = ['600900','000001','600030','002352']
# 长江电力、平安银行、中信证券、顺丰控股股票代码
data = pd.DataFrame()
for code in code_list:
   data1 = ts.get_k_data(code,'2019-01-01','2021-10-01')
   data1 = data1[['close','date']]
   data1.rename(columns = {'close': code}, inplace = True)
   data1['date'] = pd.to_datetime(data1['date'])
   data1.set_index('date', inplace = True)
   data1 = data1.sort_index(ascending = True)
   data = pd.concat([data, data1], axis = 1)   # 将单只股票的收盘价数据合并入总表
# 数据清理
data = data.dropna()
#data.to_excel('F:/2glkx/sg.xls')
data = pd.read_excel('F:/2glkx/sg.xls')
data.head()
# 可视化数据
data.set_index(["date"], inplace = True)
data.plot(figsize = (10,5))
#plt.show()
```

输出结果如图 6-5 所示。

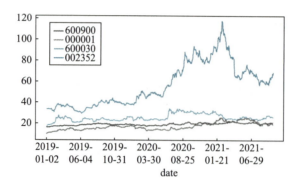

图6–5 四只股票的价格序列

4. 计算不同证券的均值、协方差和相关系数

计算投资资产的协方差是构建资产组合过程的核心部分。运用 Pandas 内置方法生产协方差矩阵。

```
R = (data - data.shift(1))/data.shift(1)
R = R.dropna()
R.plot(figsize = (10,5))
R_mean = R.mean() * 252
print(R_mean)
600900    0.122625
000001    0.331652
600030    0.221754
002352    0.345780
#计算协方差
R_cov = R.cov() * 252
print(R_cov)
```

输出结果为

	600900	000001	600030	002352
600900	0.035303	0.013347	-0.002897	0.005681
000001	0.013347	0.129266	0.000190	0.012214
600030	-0.002897	0.000190	0.133247	0.005353
002352	0.005681	0.012214	0.005353	0.135212

```
#计算相关系数
R.corr()
```

输出结果为

	600900	000001	600030	002352
600900	1.000000	0.197581	-0.042243	0.082220

000001	0.197581	1.000000	0.001451	0.092386
600030	−0.042243	0.001451	1.000000	0.039882
002352	0.082220	0.092386	0.039882	1.000000

从上可见，各证券之间的相关系数不太大，可以做投资组合。

5. 给不同资产随机分配初始权重

假设不允许建立空头头寸，所有的权重系数均在 0 ~ 1 之间。

使用 Python 代码。

```
noa = 4
weights = np.random.random(noa)
weights /= np.sum(weights)
x = weights
print(x)
```

输出结果为

$$[0.00569306 \quad 0.22125065 \quad 0.37000869 \quad 0.40304761]$$

6. 计算组合预期收益、组合方差和组合标准差

使用 Python 代码。

```
np.sum(R_mean * weights)
```

输出结果为

0.1746918691616299

```
np.dot(weights.T, np.dot(R_cov,weights))
```

输出结果为

0.03159693048114476

```
np.sqrt(np.dot(weights.T, np.dot(R_cov,weights)))
```

输出结果为

0.17775525444032522

7. 用蒙特卡洛模拟产生大量随机组合

现在，我们最想知道的是给定的一个股票池（投资组合）如何找到风险和收益平衡的位置。下面通过一次蒙特卡洛模拟，产生大量随机的权重向量，并记录随机组合的预期收益和标准差。

```
port_R = [ ]
port_std = [ ]
for p in range(5000):
    weights = np.random.random(noa)
    weights /= np.sum(weights)
    port_R.append(np.sum(R.mean() * 252 * weights))
    port_std.append(np.sqrt(np.dot(weights.T, np.dot(R.cov() * 252,
weights))))
port_R = np.array(port_R)
port_std = np.array(port_std)
#无风险利率设定为1.5%
risk_free = 0.015
plt.figure(figsize = (8,4))
plt.scatter(port_std, port_R, c = (port_R - risk_free)/port_std, marker = 'o')
plt.grid(True)
plt.xlabel('volatility')
plt.ylabel('expected return')
plt.colorbar(label = 'Sharpe ratio')
```

输出结果如图6-6所示。

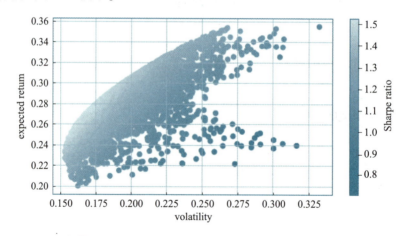

图6-6 **蒙特卡洛模拟随机组合的预期收益和标准差**

8. 夏普（sharpe）比最大的最优资产

建立 statistics 函数来记录重要的投资组合统计数据（收益、标准差和夏普比）。
通过对约束最优问题的求解，得到最优解。其中约束是权重总和为1。

```
def statistics(weights):
    weights = np.array(weights)
    port_R = np.sum(R.mean() * 252 * weights)
    port_std = np.sqrt(np.dot(weights.T, np.dot(R.cov() * 252,weights)))
    return np.array([port_R, port_std, (port_R - risk_free)/port_std])
```

```
#最优化投资组合的推导是一个约束最优化问题
import scipy.optimize as sco
#最小化夏普指数的负值
def min_sharpe(weights):
    return -statistics(weights)[2]
```

#约束是所有参数(权重)的总和为1。这可以用minimize函数的约定表达如下

```
cons = ({'type':'eq','fun':lambda x: np.sum(x) -1})
```

#我们还将参数值(权重)限制在0和1之间。这些值以多个元组组成的一个元组形式提供给最小化函数

```
bnds = tuple((0,1) for x in range(noa))
```

#优化函数调用中忽略的唯一输入是起始参数列表(对权重的初始猜测)。我们简单地使用平均分布。

```
opts = sco.minimize(min_sharpe, noa * [1./noa,], method = 'SLSQP', bounds =
bnds, constraints = cons)
opts
```

运行上述代码，输出结果：

    fun: -1.5222323115266727
    jac: array([-0.09078462, -0.09030466, -0.09035546, -0.09060769])
message: 'Optimization terminated successfully.'
    nfev: 34
    nit: 5
    njev: 5
    status: 0
    success: True
        x: array([0.36474986, 0.21491234, 0.19174812, 0.22858969])

使入 Python 代码。

```
opts['x'].round(2)
```

得到的最优组合权重向量为

array([0.36, 0.21, 0.19, 0.23])

#预期收益率、预期波动率、最优夏普指数

输入 Python 代码。

```
statistics(opts['x']).round(4)
```

输出结果：

array([0.2671, 0.1656, 1.5222])

9. 标准差风险最小的最优资产组合

下面我们通过风险最小来选出最优资产组合。

输入 Python 代码。

```
def min_std(weights):
    return statistics(weights)[1]
#初始权重为等权重1./noa
cons = ({'type':'eq','fun':lambda x: np.sum(x) -1})
optv = sco.minimize(min_std, noa * [1./noa,],method = 'SLSQP', bounds = bnds,
constraints = cons)
    optv
```

输出结果：

fun：0. 15287310754703098

jac：array（［0. 15257146，0. 15306539，0. 15384599，0. 15250211］）

message：'Optimization terminated successfully.'

nfev：31

nit：5

njev：5

status：0

success：True

x：array（［0. 5653273 ，0. 09945732，0. 20454612，0. 13066927］）

标准差最小的最优组合权重向量计算的 Python 代码如下：

```
optv['x'].round(4)
```

输出结果：

array（［0. 5653，0. 0995，0. 2045，0. 1307］）

```
#得到的预期收益率、波动率和夏普指数
statistics(optv['x']).round(4)
```

输出结果：

array（［0. 2298，0. 1529，1. 405 ］）

在上面的标准差最小化模型，如果我们再加上一个条件：$\mu = E(r_P) = \mu_0$，如 $\mu_0 = 0.3$。那么结果如何呢？我们只要在 cons 中进行如下设置即可。

使用 Python 代码。

```
cons = ({'type':'eq','fun':lambda x:statistics(x)[0] -0.3},{'type':'eq','fun':
lambda x:np.sum(x) -1})
    #初始权重为等权重1./noa
    optv = sco.minimize(min_std, noa * [1./noa,],method = 'SLSQP', bounds = bnds,
constraints = cons)
```

```
optv
     fun: 0.19425671553500168
     jac: array([0.06685996, 0.25487484, 0.1174587 , 0.2535663 ])
 message: 'Optimization terminated successfully.'
    nfev: 24
     nit: 4
    njev: 4
  status: 0
 success: True
```

输出结果：

x：array（[0.1883648 , 0.31646144, 0.18040715, 0.31476661]）

```
statistics(optv['x']).round(4)
```

输出结果：

array（[0.3   , 0.1943, 1.4671]）

10. 资产组合的有效边界（前沿）

有效边界由既定的目标收益率下标准差最小的投资组合构成。

在最优化时采用两个约束：①给定目标收益率；②投资组合权重和为1。

输入 Python 代码。

```
def min_std(weights):
return statistics(weights)[1]
```

在不同目标收益率水平（target_R）循环时，最小化的一个约束条件会变化，输入Python 代码。

```
target_R = np.linspace(0.2,0.35,50)
target_std = []
for tar in target_R:
cons = ({'type':'eq','fun':lambda x:statistics(x)[0] - tar},{'type':'eq','fun':
lambda x:np.sum(x) -1})
```

初始权重是等权重，SLSQP 方法为最小序列二次规划方法，输入 Python 代码。

```
 res = sco.minimize(min_std, noa * [1./noa,], method = 'SLSQP', bounds = bnds,
constraints = cons)
 target_std.append(res['fun'])
 target_std = np.array(target_std)
 def min_std(weights):
 return statistics(weights)[1]
```

最小标准差，输入 Python 代码。

```
cons = ({'type':'eq','fun':lambda x: np.sum(x) -1})
optv = sco.minimize(min_std, noa *[1./noa,],method ='SLSQP', bounds = bnds,
constraints = cons)
```

下面是最优化结果的展示。

叉号：构成的曲线是有效边界（目标收益率下最优的投资组合）。

红星：夏普比最大的投资组合。

黄星：标准差最小的投资组合。

```
plt.figure(figsize =(8,4))
 ~圆圈:蒙特卡洛随机产生的组合分布。
#plt.scatter(port_std, port_R, c =port_R/port_std,marker ='o')
 ~叉号:有效边界。
plt.scatter(target_std,target_R, c =target_R/target_std, marker ='x')
 ~红星:标记最高夏普比组合。
plt.plot(statistics(opts['x'])[1], statistics(opts['x'])[0],'r *',
markersize =15.0)
 ~黄星:标记最小标准差组合。
plt.plot(statistics(optv['x'])[1], statistics(optv['x'])[0],'y *',
markersize =15.0)
plt.grid(True)
plt.xlabel('volatility')
plt.ylabel('expected return')
plt.colorbar(label ='Sharpe ratio')
```

输出结果如图 6 - 7 所示。

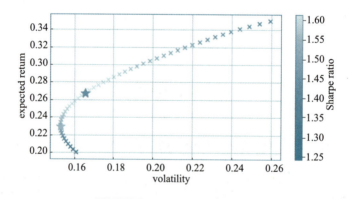

图 6 - 7 资产组合的有效边界

从图 6 - 7 中可见，投资组合的最优资产：组合资产较稳定的风险在 0. 20% ~35% 之间、组合资产较稳定的预期收益 18% ~33% 之间形成的矩形区域的有效边界上，其中夏普比最大的组合资产在红星处，风险标准差最小者在黄星处。

思 考 题

1. 一名投资组合经理正在设计一个三家公司股票和一只基金的投资组合。表 6 - 15 是这名经理的估计，这些估计包括三家公司股票和一只基金的年收益率的预期值、标准差和这些年收益之间的相关系数。

表 6 - 15　三家公司股票和一只基金的相关数据

公司	年收益率的预期值（%）	年收益率的标准差（%）	相关系数			
			公司1	公司2	公司3	基金
公司 1	15	12	—	—	—	—
公司 2	33	24	0.158	—	—	—
公司 3	60	38	0.078	0.241	—	—
基金	12	9	0.579	0.302	0.282	—

假设投资组合的年预期目标收益率是 30%，投资经理投资组合的标准差的最小值是多少？最优资产分配比例是多少？

2. 某汽车公司从供应商那里直接购进生产汽车发动机所需要的一种零件。该公司的发电机生产运行平稳，每个月的零件需求为 1000 单位，即每年生产 12000 单位。假设订货成本为每次订货 25 美元，每单位零件的成本为 2.50 美元，年库存持有成本率为 20%。该汽车公司的年工作日为 250 天。回答下列关于库存策略的问题。

1）该零件的经济订货批量是多少？

2）再订货点为多少？

3）周期为多长？

4）根据你所得到的经济订货批量，总的持有成本和订货成本为多少？

第7章　项目安排：计划评审法/关键路径法

计划评审法和关键路径法可用来对项目进行计划、安排和控制。如新产品研发，工厂、建筑物及高速公路的建造，大型设备的维护、系统设计与安装等。

在这些项目中，为了使整个项目按时完成，项目经理必须对众多的工作或活动进行安排和协调。由于很多项目包含数以千计的活动，项目经理就必须找出一些能够帮助他们回到下列问题的方法。

1) 完成该项目总共需要多少时间？

2) 每一特定活动的开始和完成时间是何时？

3) 为了保证项目按计划进行，哪些活动是最关键的，必须按计划完成的？

4) 不重要的活动最多可延时多长时间完成，而不致影响整个项目的完成时间？

计划评审法和关键路径法可以帮助回答这些问题。

在进行深入讨论之前，先来看一个具体项目。

7.1　活动时间已知的项目安排

西山购物中心的项目活动见表7-1。

表7-1　项目活动列表

项目	活动描述	紧前活动	活动时间（周）
A	画出建筑图	—	5
B	识别潜在客户	—	6
C	为客户写计划书	A	4
D	选择承包商	A	3
E	准备建筑许可	A	1
F	获得建筑许可	E	4
G	施工	D，F	14
H	招商	B，C	12
I	客户进驻	G，H	2
总计			51

对于给定的活动，只有其紧前活动都已完成，该活动才能开始。如 A、B 没有紧前活动；C、D、E 只有在 A 完成之后才能开始；F 只有在 E 完成之后才能开始；G 只有在 D、F 都完成之后才开始；H 只有在 B、C 都完成之后才开始；I 只有在 G、H 都完成之后才开始。I 完成之后，这个项目就完成了。最后一栏是活动时间，如周、天等。

根据表 7-1 给出的信息，我们可以构建一个项目网络图，如图 7-1 所示。

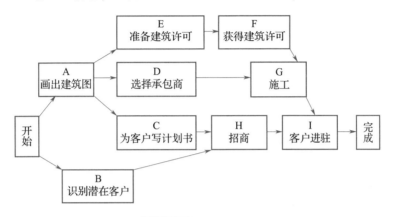

图 7-1 项目网络图

为了确定完成项目需要的时间，必须对项目网络进行分析，找出网络中的关键路径。这里的路径就是从起点到终点之间相连节点的序列。如 A—E—F—G—I、A—D—G—I 等。为了完成整个项目，必须经过网络中的所有路径，因此需要找出其中最长路径，即关键路径。关键路径上的活动称为关键活动。

在确定关键路径时，要先找出网络中具有最早开始时间和最晚开始时间的活动。

设 ES 为一项活动的最早开始时间；EF 为一项活动的最早完成时间；t 为活动时间。

对于任何活动，最早完成时间为

$$EF = ES + t$$

活动 A 可与项目一同开始，所以设活动 A 的最早完成时间为 0。而完成活动 A 需要五周，所以活动 A 最早完成时间为 $EF = ES + t = 0 + 5 = 5$。

对于活动 A，如图 7-2 所示。

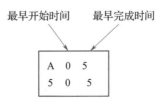

图 7-2 活动 A 图

继续在项目网络中向前推进线路，用如下规则确定每项活动的最早开始时间。

每项活动的最早开始时间等于其所有紧前活动最早完成时间的最大值。

根据上面的规则，得到的结果如图 7-3 所示。

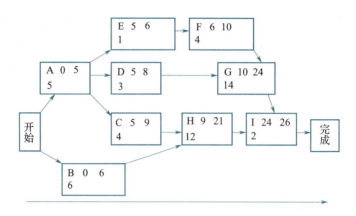

图 7－3 显示最早开始时间和最早完成时间的网络图

令 LS 为每项活动的最晚开始时间；LF 为每项活动的最晚完成时间；则

$$LS = LF - t$$

一项活动的最晚完成时间等于其所有紧后活动最晚开始时间的最小值。

对活动 I，如图 7－4 所示。

设 SL 为每项活动的松弛量，则每项活动松弛量的计算公式如下：

$$松弛（SL） = LS - ES = LF - EF$$

例如，活动 D 的松弛量为 LS － ES = 8 － 5 = 3。因此，活动 C 最多可延误三周。就这个意义来说，活动 C 对于项目能否按期完成并不重要。

下面看一下活动 E。根据图中提供的 ES、EF、LS、LF 数据，可以很容易得到项目获得 E 的松弛量为 LS － ES = 5 － 5 = 0。因此，活动 E 的松弛为 0，也可以说活动 E 没有松弛。为了不增加整个项目的完工时间，活动 E 是不能延误的。换句话说，按计划完成活动 E 对于按预定计划完成整个项目是重要的。一般而言，重要活动就是指没有松弛的活动。

根据表 7－1 中的数据和上面的叙述，利用向前推进可得到最早开始时间和最早完成时间（每个框图的上面两个数字），利用向后逆推可得到最晚开始时间和最晚完成时间（每个框图的下面后两个数字），得到的结果如图 7－5 所示。

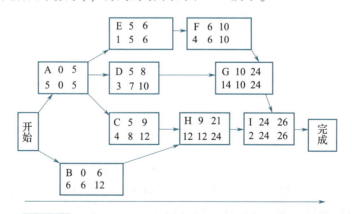

图 7－5 节点中显示最晚开始时间和最晚完成时间的网络图

根据图 7 - 5 中所示的数据，我们可以得到表 7 - 2。

表 7 - 2　项目活动安排

项目	ES	LS	EF	LF	SL	关键路径 CR
A	0	0	5	5	0	是
B	0	6	6	12	6	—
C	5	8	9	12	3	—
D	5	7	8	10	2	—
E	5	5	6	6	0	是
F	6	6	10	10	0	是
G	10	10	24	24	0	是
H	9	12	21	24	3	—
I	24	24	26	26	0	是

根据表 7 - 2 的结果，活动 A—E—F—G—I 为关键路径。

7.2　活动时间不确定的项目安排

1. PV 项目

PV 项目的活动见表 7 - 3。

表 7 - 3　PV 项目的活动

活动	描述	紧前活动
A	设计产品	—
B	市场调查计划	—
C	安排生产工程	A
D	建立原型模型	A
E	准备营销说明书	A
F	准备成本估算	C
G	初步产品测试	D
H	市场调查	B, E
I	准备定价和预测报告	H
J	准备最终报告	F, G, I

根据表 7 - 3，可以得到一个项目网络图如图 7 - 6 所示。

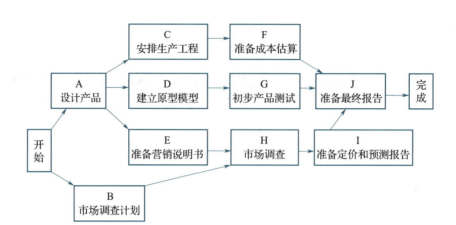

图 7-6 PV 项目的网络图

2. 不确定活动时间的均值与方差

设计了项目网络图之后，我们需要获取每项活动所需要的时间信息。对于重复性活动，可用经验或历史数据。对于新项目或独特项目，要确定这些活动的完成就会非常困难。事实上，活动时间在很多情况下是不确定的，对于这些项目最好能够用适当的值域来描述，而不是具体的估计值。

为了对不确定活动时间进行分析，我们需要获取每项活动的三个估计时间。

乐观时间 a：每项活动都能顺利进行的最小活动时间。

最可能时间 m：一般状态下最可能的活动时间。

悲观时间 b：遭遇重大延误时的最可能活动时间。

那么活动的平均时间或期望时间为

$$t = \frac{a + 4m + b}{6}$$

PV 项目中各项活动的乐观时间、最可能时间和悲观时间见表 7-4。

表 7-4 PV 项目中各项活动的乐观时间、最可能时间和悲观时间

活动	O 乐观	M 最可能	P 悲观
A	4	5	12
B	1	1.5	5
C	2	3	4
D	3	4	11
E	2	3	4
F	1.5	2	2.5
G	1.5	3	4.5
H	2.5	3.5	7.5
I	1.5	2	2.5
J	1	2	3

例如，对于活动 A，其平均时间或期望时间为

$$t_A = \frac{a + 4m + b}{6} = \frac{4 + 4 \times 5 + 12}{6} = 6（周）$$

对于时间不确定活动，我们可以用方差描述时间值的差异，公式如下：

$$\sigma^2 = \left(\frac{b - a}{6}\right)^2$$

例如，对于活动 A，其方差为

$$\sigma_A^2 = \left(\frac{b - a}{6}\right)^2 = \left(\frac{12 - 4}{6}\right)^2 = 1.78$$

根据上面的两式，我们得到均值与方差的计算结果，见表 7-5。

表 7-5　均值与方差的计算结果

活动	O 乐观	M 最可能	P 悲观	均值	方差
A	4.00	5.00	12.00	6.00	1.78
B	1.00	1.50	5.00	2.00	0.44
C	2.00	3.00	4.00	3.00	0.11
D	3.00	4.00	11.00	5.00	1.78
E	2.00	3.00	4.00	3.00	0.11
F	1.50	2.00	2.50	2.00	0.03
G	1.50	3.00	4.50	3.00	0.25
H	2.50	3.50	7.50	4.00	0.69
I	1.50	2.00	2.50	2.00	0.03
J	1.00	2.00	3.00	2.00	0.11

根据均值栏，可以得到一个带期望活动时间的 PV 项目网络图如图 7-7 所示。

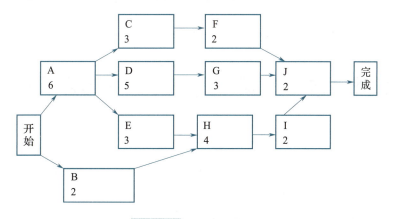

图 7-7　PV 项目网络图

3. 关键路径

在图 7-7 中，利用向前推进法，可以求出每项活动的最早开始时间 ES 和最早完成时间 EF，ES 和 EF 数据如图 7-8 所示。

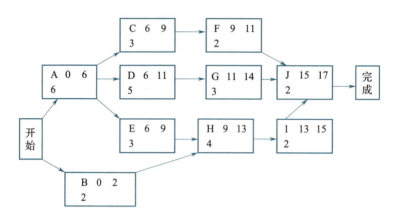

图 7-8 向前推进法网络图

利用向后逆推法，可以求出每项活动的最晚开始时间 LS 和最晚完成时间 LF，LS 和 LF 数据如图 7-9 所示。

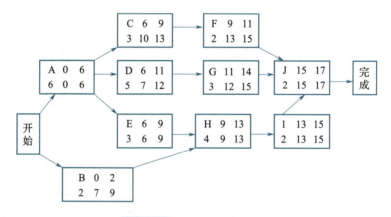

图 7-9 向后逆推法网络图

根据图 7-9，我们可以得到表 7-6 所示的结果。

表 7-6　PV 项目活动安排

项目	ES	LS	EF	LF	SL	关键路径 CR
A	0	0	6	6	0	是
B	0	7	2	9	7	—
C	6	10	9	13	4	—
D	6	7	11	12	1	—
E	6	6	9	9	0	是
F	9	13	11	15	4	—
G	11	12	14	15	1	—
H	9	9	13	13	0	是
I	13	13	15	15	0	是
J	15	15	17	17	0	是

根据表 7 - 6 中的结果，活动 A—E—H—I—J 为关键路径。

4. 不确定时间项目完成的概率

假设项目完成时间 t 服从正态分布，我们可以计算满足特定项目完成时间的概率。例如，管理层计划在 20 周之内完成项目，那么满足这个 20 周期限的概率是多少？

可用下式计算得出：

$$= \text{NORMDIST}(J10，J5，\text{SQRT}（J6），1）= 0.84$$

完成项目的概率是 84%。

计算公式如图 7 - 10 所示。

	A	B	C	D	E	F	G	H	I	J
1										
2			O乐观	M最可能	P悲观	均值	方差	均值关键		
3		A	4	5	12	=(C3+4*D3+E3)/6	=((E3-C3)/6)^2	*		
4		B	1	1.5	5	=(C4+4*D4+E4)/6	=((E4-C4)/6)^2		均值关键	
5		C	2	3	4	=(C5+4*D5+E5)/6	=((E5-C5)/6)^2		均值	=SUMIF($H$3:$H$16,"*",F3:F16)
6		D	3	4	11	=(C6+4*D6+E6)/6	=((E6-C6)/6)^2		方差	=SUMIF($H$3:$H$16,"*",G3:G16)
7		E	2	3	4	=(C7+4*D7+E7)/6	=((E7-C7)/6)^2	*		
8		F	1.5	2	2.5	=(C8+4*D8+E8)/6	=((E8-C8)/6)^2		P（T<=D)=	=NORMDIST(J10,J5,SQRT(J6),1)
9		G	1.5	3	4.5	=(C9+4*D9+E9)/6	=((E9-C9)/6)^2			
10		H	2.5	3.5	7.5	=(C10+4*D10+E10)/6	=((E10-C10)/6)^2	*	D=	20
11		I	1.5	2	2.5	=(C11+4*D11+E11)/6	=((E11-C11)/6)^2	*		
12		J	1	2	3	=(C12+4*D12+E12)/6	=((E12-C12)/6)^2	*		

图 7 - 10 计算公式

计算结果如图 7 - 11 所示。

	A	B	C	D	E	F	G	H	I	J
1										
2			O乐观	M最可能	P悲观	均值	方差	均值关键		
3		A	4	5	12	6.00	1.78	*		
4		B	1	1.5	5	2.00	0.44		均值关键	
5		C	2	3	4	3.00	0.11		均值	17
6		D	3	4	11	5.00	1.78		方差	2.722222222
7		E	2	3	4	3.00	0.11	*		
8		F	1.5	2	2.5	2.00	0.03		P（T<=	0.965488912
9		G	1.5	3	4.5	3.00	0.25			
10		H	2.5	3.5	7.5	4.00	0.69	*	D=	20
11		I	1.5	2	2.5	2.00	0.03			
12		J	1	2	3	2.00	0.11	*		

图 7 - 11 计算结果

从图 7 - 11 中可知，项目在 20 周期限内完成的概率为 0.9655。

7.3 时间与成本的抉择

表 7 - 7 描述了由五项活动构成的双机器维修项目。

表 7 – 7　双机器维修项目

活动	描述	紧前活动	期望时间（天）
A	大修机器 I	—	7
B	调节机器 I	A	3
C	大修机器 II	—	6
D	调节机器 II	C	3
E	测试系统	B，D	2

该项目的网络图如图 7 – 12 所示。

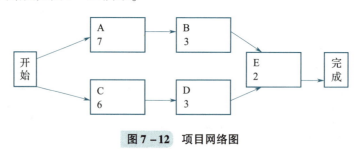

图 7 – 12　项目网络图

通过对项目网络图的向前推进法和向后逆推法，可以得到表 7 – 8 所示的活动安排表。

表 7 – 8　活动安排表

项目	ES	LS	EF	LF	SL	关键路径 CR
A	0	0	7	7	0	是
B	7	7	10	10	0	是
C	0	1	6	7	1	—
D	6	7	9	10	1	—
E	10	10	12	12	0	是

关键路径是 A – B – E。

1. 紧缩活动时间

设当前生产水平要求该维修项目必须在 10 天之内完成。考虑到项目网络的关键路径长度为 12 天，除非能够缩短活动的已知时间，否则要满足期望的项目完成是不可能的。这种通常可以靠增加资源来缩减活动时间的方法就是紧缩。但是，要增加额外的资源缩短活动时间，通常会导致项目成本的增加，所以我们希望能够找出只需最少的资源就可以紧缩时间的活动，使我们能够在期望的时间内完成项目。

为了找出哪些活动可以紧缩时间以及这些活动可以紧缩多少时间。我们需要得到以下数据：

1）正常或期望时间下的活动成本。

2）在最大紧缩时间内完成活动的时间（如最短可能活动时间）。

3）最大紧缩时间下的活动成本。

设 τ_i 为活动 i 的期望时间；τ'_i 为达到最大紧缩时间时活动 i 的活动时间；M_i 为紧缩时间后，活动 i 可能减少的最大时间。

给定 τ_i 和 τ'_i，可以计算 M_i：

$$M_i = \tau_i - \tau'_i$$

用 C_i 表示正常或期望活动时间下活动 i 的成本，C'_i 表示最大紧缩时间下活动 i 的成本。因此每项活动单位时间的紧缩成本 K_i：

$$K_i = \frac{C'_i - C_i}{M_i}$$

双机器维修项目全部的正常活动和紧缩活动数据见表 7－9。

表 7－9 项目管理—数据

表 7－9　双机器维修项目全部的正常活动和紧缩活动数据

活动	时间（天）		总成本（元）		最大可紧缩时间 M_i（天）	每天的紧缩成本 K_i（元）
	正常	紧缩	正常	紧缩		
A	7	4	500	800	3	100
B	3	2	200	350	1	150
C	6	4	500	900	2	200
D	3	1	200	500	2	150
E	2	1	300	550	1	250

2. 紧缩时间后的线性规划模型

下面运用线性规划方法来解决项目网络的紧缩问题。

我们知道，一项活动开始于其最早开始时间，而

完成时间 = 最早开始时间 + 活动时间

但如果活动具有松弛时间，那么活动就无须在最早开始时间开始。在这种情况下，我们就会有：

完成时间 > 最早开始时间 + 活动时间

将上面两式合起来就是：

完成时间 ≥ 最早开始时间 + 活动时间

看一下活动 A，完成这项活动的时间是 7 天，用 x_A 表示活动 A 的完成时间，y_A 表示活动 A 的紧缩时间，则活动 A 必然满足如下关系：

$$x_A \geq 0 + 7 - y_A。$$

将 y_A 移到公式的左边，得 $x_A + y_A \geq 7$

一般地，设 x_i 为活动 i 的完成时间（$i = A，B，C，D，E$）；y_i 为活动 i 的紧缩时间

$(i = A, B, C, D, E)$。

用分析 A 的方法来分析 C，可得 $x_C + y_C \geq 6$

继续使用向前推进法，可以看到活动 B 的最早开始时间是 x_A，即活动 A 的完成时间。因此活动 B 完成时间的约束条件为

$$x_B \geq x_A + (3 - y_B) \text{ 或 } x_B + y_B - x_A \geq 3$$

同样可以求得活动 D 完成时间的约束条件为

$$x_D + y_D - x_C \geq 3$$

最后看一下活动 E。活动 E 的最早开始时间等于活动 B 和活动 D 的最大完成时间。因为活动 B 和活动 D 的完成时间取决于紧缩方法，我们必须写出活动 E 的两个约束条件：一个建立在活动 B 完成时间的基础上，另一个建立在活动 D 完成时间的基础上：

$$x_E + y_E - x_B \geq 2 \text{ 且 } x_E + y_E - x_D \geq 2$$

当前的生产水平要求维修项目必须在 10 天之内完成。因此活动 E 的约束条件为

$$x_E \leq 10$$

此外，对应每项活动的最大可能紧缩时间，我们还需加上如下五个约束条件：

$$y_A \leq 3, y_B \leq 1, y_C \leq 2, y_D \leq 2, y_E \leq 1$$

一般还要加上所有决策变量非负的约束条件。

我们的目的是要寻找项目总成本最小化，即

$$\max 100 y_A + 150 y_B + 200 y_C + 150 y_D + 250 y_E$$

为确定各项活动的最优紧缩，我们需要对一个具有 10 个决策变量和 13 个约束条件的线性规划模型进行求解。使用 Excel 规划求解器可以得到最佳解见表 7 – 10。

表 7 – 10　最佳解

活动	天数
A	6（紧缩 1 天）
B	3
C	6
D	3
E	1（紧缩 1 天）

将活动 A 和活动 E 的活动时间各紧缩 1 天，则总紧缩成本等于 $100 + 250 = 350$（元）。

思 考 题

表 7 – 11 是某个小型项目的活动时间估计。

表 7-11 项目的活动时间估计 （单位：天）

活动	O 乐观	M 最可能	P 悲观	活动	O 乐观	M 最可能	P 悲观
A	4	5	6	D	7	9	10
B	8	9	10	E	6	7	9
C	7	7.5	11	F	5	6	7

1）计算活动的期望完成时间和每项活动时间的偏差；

2）一个分析家认定关键路径包括 B—D—F，计算项目的期望完成时间和偏差。

第8章　模拟与多准则决策

8.1　模拟及随机数的产生

模拟是对真实系统的模仿。当某些复杂系统难以直接研究时，就可用模拟的方法。例如，对于船只在不同风浪下的性能的实验，若直接研究，就会造成很大的经济损失，人们可以用船模在实验室的模拟风浪中进行实验，通过考察船模在模拟风浪下的性能来研究真实船舶在不同风浪下的性能，节约了费用和时间，有效地避免了经济损失。

用计算机进行模拟可以大大缩短研究周期、节约经费。例如，对不同数量的服务台在不同的顾客到达密度情况下的服务水平的研究，如果直接研究，需要大量的时间观察与分析，而采用计算机模拟，可以大大节省试验的时间与费用。

随机数在模拟中有着十分重要的作用。下面讨论如何用电子表格中的命令产生各种随机数。

在 Excel 的单元格中输入

$$= \text{rand}()$$

便可得到在区间 [0, 1) 中均匀分布的随机数。

在 Excel 的单元格中输入

$$= a + (b - a) * \text{rand}()$$

便可得到在区间 [a, b) 中均匀分布的随机数。

在 Excel 的单元格中输入

$$= \text{norminv}(\text{rand}(), \mu, \sigma)$$

便可得到均值为 μ、标准方差为 σ 的正态分布的随机数。

在 Excel 的单元格中输入

$$= \text{vloop}(\text{rand}(), \$A\$10: \$C\$14, 3)$$

便可产生按历史统计规律分布的随机数。

式中，$\$A\$10: \$C\$14$ 是随机数抽样表的区间，"3"表示该表中的第 3 列是随机输入变量（即不可控变量）。

一般公式为

$$= \text{vloop}(\text{rand}(), \text{表左上角地址：表右下角地址，输入变量所在列数})$$

8.2　库存系统模拟

用模拟方法可以对库存系统进行模拟，以得到合理的库存策略，如订购点、订货批量、库存水平等。下面要介绍的例 8 – 1 对某企业主要原材料在不同订货批量下的总成本进行了模拟，分析了最佳库存水平政策。

例 8 – 1

某厂的库存问题

某厂要确定生产所需要的一种主要原材料的库存水平。根据该厂有关部门核算，该原材料占有成本与储存费用为每件每周 10 元，订货成本为每批 25 元，缺货成本为每件 30 元。该厂的订货时间是一周的最后一个工作日，到货时间是下一周的第一个工作日，当前的库存控制政策是：对该原材料的再订购点为 21 件（即库存低于 21 件时进行订货），订购量的确

例 8 – 1　某厂的库存问题—数据

定原则是保持库存水平为 25 件。例如，当周末库存为 20 件时，则需订货 5 件，以保证下周的期初库存量为 25 件；当周末库存不低于 21 时则不订货。该厂发现，根据当前的订货政策，原材料占有成本与库存储存费用较高，所以希望通过调整订货政策降低成本。根据以往资料分析，该厂每周对该原材料的需求量是不确定的，其统计数见表 8 – 1。

表 8 – 1　原材料需求量统计数

需求量（件）	次数	概率	累积概率	随机数区间
18	2	0.02	0.02	[0.00, 0.02)
19	8	0.08	0.10	[0.02, 0.10)
20	22	0.22	0.32	[0.10, 0.32)
21	34	0.34	0.66	[0.32, 0.66)
22	18	0.18	0.84	[0.66, 0.84)
23	9	0.09	0.93	[0.84, 0.93)
24	7	0.07	1.00	[0.93, 1.00)

解：本题通过运用电子表格对该库存系统进行模拟，得到在当前库存水平政策和其他不同库存政策下的总成本，从而对当前的订货政策的合理性进行诊断，并且得出合理的库存水平。该库存问题模拟模型的电子表格见表 8 – 2。

表 8 – 2　库存问题模拟模型

序号	A	B	C	D	E	F	G	H	I	J
1	某厂的库存问题	—	—	—	—	—	—	—	—	—
2	—	—	—	—	—	—	—	—	—	—

（续）

序号	A	B	C	D	E	F	G	H	I	J
3	原材料库存费用及资金占有成本（元/件周）			10	—	—	—	—	—	—
4	订货成本（元/批）	—		25	—	—	—	—	—	—
5	缺货成本（元/件）	—		30	—	—	—	—	—	—
6	—	—	—	—	—	—	—	—	—	—
7	再订购点（件）	—		21	—	—	—	—	—	—
8	库存水平（件）	—		25	—	—	—	—	—	—
9	—	—	—	—	—	—	—	—	—	—
10	期初库存（件）	—		20	—	—	—	—	—	—
11	—	—	—	—	—	—	—	—	—	—
12	—	—	—	—	—	—	—	—	—	—
13	需求量	—			—	—	—	—	—	—
14	—	随机数下限	随机数上限	需求量（件）	—	—	—	—	—	—
15	—	0.00	0.02	18	—	—	—	—	—	—
16	—	0.02	0.10	19	—	—	—	—	—	—
17	—	0.10	0.32	20	—	—	—	—	—	—
18	—	0.32	0.66	21	—	—	—	—	—	—
19	—	0.66	0.84	22	—	—	—	—	—	—
20	—	0.84	0.93	23	—	—	—	—	—	—
21	—	0.93	1.00	24	—	—	—	—	—	—
22	—	—	—	—	—	—	—	—	—	—
23	—	—	—	—	—	—	—	—	—	—
24	—	—	—	—	—	—	—	—	—	—
25	周数	本周需求量（件）	期初库存（件）	期末库存（件）	订货否	各周平均库存（件）	库存成本（元）	订货成本（元）	缺货费用（元）	总成本（元）
26	0			20	1	—	—	—	—	—
27	1	21	25	4	1	14.5	145	25	0	170
28	2	21	25	4	1	14.5	145	25	0	170
29	3	20	25	5	1	15	150	25	0	175
1024	998	19	25	6	1	15.5	155	25	0	180
1025	999	21	25	4	1	14.5	145	25	0	170
1026	1000	22	25	3	1	14	140	25	0	165

具体步骤如下：

第一步：输入已知数据。

首先在 Excel 的工作表上输入已知数据。在单元格 D3: D5 中分别输入原材料的库存费用及资金占有成本、订货成本和缺货成本；在单元格 D7: D8 中分别为再订点和库存水平；在单元格 D10 中输入期初库存；在单元格 B15: D21 中输入原材料需求量以及根据其概率分布得到的对应的随机数区间，其中单元格 D15: D21 为需求量的各个可能值，单元格 B15: B21 和 C15: C21 分别为各需求量对应的随机数区间的下限与上限。

第二步：生成一系列随机数，得到不可控输入变量的抽样值。

本题中的不可控制输入变量是每周的原材料需求量。用单元格 B27 表示第一周的原材料需求量，在单元格 B27 中输入下述公式：

$$= \text{vloopup}(\text{rand}(), \ \$ b \$ 15: \$ d \$ 21, 3)$$

于是得到按表 8 – 1 的概率分布的第 1 周需求量抽样值。将上式复制到单元格 B28: B1026，得到从第 2 ~ 1000 周的需求量抽样值。

第三步：模拟运算。

模拟运算从第 0 周开始。假定用数字 "1" 表示 "订货"，用数字 "0" 表示 "不订货"，即

$$= \begin{cases} 1, & \text{订货} \\ 0, & \text{不订货} \end{cases}$$

用单元格 E26 表示对第 0 周周末是否订货的判断，在单元格 E26 中输入判断是否订货的公式：

$$= \text{if}(\text{D26} < \$ D \$ 7, "1", "0")$$

上式表明，当周末的库存小于订货点时，则订货；否则，则不订货。本题中，初始的周末库存为 20 件，由于再订货点是 21 件，所以需要订货，即单元格 E26 = 1。

将上述公式复制到单元格 E27: E1026，得到对于第 1 ~ 1000 周周末是否订货的判断。然后对第 1 ~ 1000 周的需求量的库存系统状况进行模拟。

用单元格 B27: B1026 表示第 1000 周的需求量，它是不确定的，已经在第二步中获得。用单元格 C27: V1026 表示各周的期初库存，它们取决于上周末是否订货，若上周末未订货，它应等于上周周末库存，若上周末已订货，则它应达到要求的库存水平，所以有

$$\text{各周期初库存} = \begin{cases} 25 \ (\text{要求的库存水平}), & \text{若上周末订货} \\ \text{上周末库存}, & \text{若上周末未订货} \end{cases}$$

在单元格 C27 中输入下述公式：

$$= \text{if}(\text{E26} = "1", \ \$ D \$ 8, \text{D26})$$

得到第 1 周的期初库存。将上述公式复制至单元格 C28: C1026，得到以后各周的期初库存。

用单元格 D27: D1026 表示期末库存，当需求量小于期初库存时，它应等于期初库存 – 需求量，当需求量大于期初库存时，则为 0。即

$$各周期末库存 = \begin{cases} 期初库存 - 需求量, & 若期初库存 > 需求量 \\ 0, & 其他 \end{cases}$$

在单元格 D27 中输入

$$= if(C27 - B27 > 0, \ C27 - B27, \ 0)$$

得到第 1 周的期末库存。将上式复制到单元格 D28: D1026，得到以后各周的期末库存。

用单元格 E27: E1026 表示是否需要订货，前面已输入了它的公式。

具体公式见表 8-3。

表 8-3 库存系统模拟公式 (1)

序号	A	B	C	D	E
25	周数	本周需求量（件）	期初库存（件）	期末库存（件）	订货否
26	0	—	—	= $D$10	= if(D26 < $D$7,"1","0")
27	= 1 + A26	= vloopup(rand( ), b15:d21, 3)	= if(E26 = "1", $D$8, D26)	= if(C27 - B27 > 0, C27 - B27, 0)	= if(D27 < $D$7,"1","0")
28	= 1 + A27	= vloopup(rand( ), b15:d21, 3)	= if(E27 = "1", $D$8, D27)	= if(C28 - B28 > 0, C28 - B28, 0)	= if(D28 < $D$7,"1","0")
29	= 1 + A28	= vloopup(rand( ), b15:d21, 3)	= if(E28 = "1", $D$8, D28)	= if(C29 - B29 > 0, C29 - B29, 0)	= if(D29 < $D$7,"1","0")

用单元格 F27: F1026 表示各周平均库存，为简单起见，用期初库存与期末库存的平均值计算。在单元格 F27 中输入

$$= (C27 + D27)/2$$

得到第 1 周的平均库存。将上式复制到单元格 F28: F1026，得到以后各周的平均库存。

最后计算各种成本。用单元格 G27：G1026 表示原材料资金成本与存储成本的总和（这里统称为库存成本），它等于单元原材料的库存成本与平均库存的乘积。在单元格 G27 中输入：

$$= $D$3 * F27$$

得到第 1 周的库存成本，将上式复制到单元格 G28: G1026，得到以后各周的库存成本。

用单元格 H27：H1026 表示订货成本，它是仅在订货时才发生的成本，即当判断是否订货的单元格 E27 为 1 时才发生的成本（当 E27 = 0 时，则订货成本 = 0）。

在单元格 H27 中输入

$$= $D$4 * E27$$

得到第 1 周的订货成本。将上式复制到单元格 H28: H1026，得到以后各周的订货成本。

用单元格 I27: I1026 表示缺货费用，它是仅在缺货时才发生的费用，当期初库存小于需求量时，出现缺货，缺货费用＝缺货成本×缺货量。即

$$缺货费用 = \begin{cases} 缺货成本 \times (需求量 - 期初库存), & 若期初库存 < 需求量 \\ 0, & 其他 \end{cases}$$

在单元格 I27 中输入

$$= if(C27 - B27 > 0, \ 0, \ \$D\$5 * (B27 - C27))$$

得到第 1 周的缺货费用。将上式复制到单元格 I28: I1026，得到以后各周的缺货成本。

用单元格 J27: J1026 表示总成本，它等于库存成本、订货成本和缺货费用之和。在单元格 J27 中输入

$$= sum(G27: I27)$$

得到第 1 周的总成本。将上式复制到单元格 J28: J1026，得到以后各周的总成本。

具体公式见表 8 - 4。

表 8 - 4 库存系统模拟公式（2）

序号	F	G	H	I	J
	平均库存（件）	库存成本（元）	订货成本（元）	缺货费用（元）	总成本
25					
26	—	—	—	—	—
27	$= (C27 + D27)/2$	$\$D\$3 * F27$	$\$D\$4 * E27$	$= if(C27 - B27 > 0, \ 0, \ \$D\$5 * (B27 - C27))$	$= sum(G27: I27)$
28	$= (C28 + D28)/2$	$\$D\$3 * F28$	$\$D\$4 * E28$	$= if(C28 - B28 > 0, \ 0, \ \$D\$5 * (B28 - C28))$	$= sum(G28: I28)$
29	$= (C29 + D29)/2$	$\$D\$3 * F29$	$\$D\$4 * E29$	$= if(C29 - B29 > 0, \ 0, \ \$D\$5 * (B29 - C29))$	$= sum(G29: I29)$

第四步：统计分析。

本题进行了 1000 周的模拟，得到了 1000 周的库存成本、订货成本、缺货成本与总成本。下面对这些运行结果进行统计分析。

①平均值。用单元格 G1029、H1029、I1029、J1029 分别表示库存成本、订货成本、缺货成本与总成本的平均值。在单元格 G1029 中输入

$$= average(G27: G1026)$$

得到库存成本的平均值。将上式复制到单元格 H1029: J1029，分别得到订货成本、缺货成本与总成本的平均值。

②标准方差。用单元格 G1030、H1030、I1030、J1030 分别表示库存成本、订货成本、缺货成本与总成本的标准方差。在单元格 G1030 中输入

$$= stdev(G27: G1026)$$

得到库存成本的标准方差。将上式复制到单元格 H1030: J1030，分别得到订货成本、缺货成本与总成本的标准方差。

③各种成本占总成本的比例。用单元格 G1031、H1031、I1031、J1031 分别表示库存成本、订货成本、缺货成本占总成本的比例。在单元格 G1031 中输入

$$= G1029 / \$ J \$ 1029$$

得到库存成本占总成本的比例。将上式复制到单元格 H1031：J1031，分别得到订货成本、缺货成本占总成本的比例。

具体公式见表 8-5。

表 8-5 库存系统成本的统计量计算公式

序号	F	G	H	I	J
1028	—	库存成本（元）	订货成本（元）	缺货费用（元）	库存成本（元）
1029	均值	= average(G27：G1026)	= average(H27：H1026)	= average(I27：I1026)	= average(J27：J1026)
1030	方差	= stdev(G27：G1026)	= stdev(H27：H1026)	= stdev(I27：I1026)	= stdev(J27：J1026)
1031	占总成本比例	= G1029 / \$ J \$ 1029	= H1029 / \$ J \$ 1029	= I1029 / \$ J \$ 1029	—

统计分析结果见表 8-6。

表 8-6 库存系统的统计结果

序号	F	G	H	I	J
1028	—	库存成本（元）	订货成本（元）	缺货费用（元）	库存成本（元）
1029	均值	144.15	25.00	0.00	169.15
1030	方差	6.68	0.00	0.00	6.68
1031	占总成本比例	0.85	0.15	0.00	—

从表 8-6 可知，在现有订货政策下，库存成本占总成本的比例高达 85% 左右，而缺货未发生。为寻找合理的库存水平，下面采用不同的订货政策进行模拟，并计算不同政策下的成本，从中找出使得总成本最小的政策。

第五步：对不同库存水平下的库存系统进行模拟。

当前的库存水平为 25 件，即每次订货量的确定原则是使得库存达到 25 件。为了找到最佳的库存水平，下面模拟当前库存水平从 15 件变化至 50 件时的成本。使用 Excel 中的模拟运算表功能可以很容易地完成这一工作。其步骤如下：

①在电子表格上构造模拟运算表的输入变量与输出变量。

首先构造模拟运算表的输入变量与输出变量。输入变量是库存水平，在单元格 B1035：B1070 中输入 36 个不同的库存水平（15~50 件）。输出变量是各种成本，在单元格 C1034：F1034 中分别输入库存成本、订货成本、缺货成本与总成本的平均值，它们分别等于第四步中表示这些统计量的单元格。例如，单元格 C1034 表示库存成本，它等于单元格 G1029 等。输入变量与输出变量见表 8-7。为便于阅读起见，表中第 1037~1067 行被隐藏。

表 8 - 7　模拟运算表的输入变量与输出变量

序号	B	C	D	E	F
1033	库存水平（件）	库存成本（元）	订货成本（元）	缺货成本（元）	总成本（元）
1034	—	144.15	25.00	0.00	169.15
1035	15	—	—	—	—
1036	16	—	—	—	—
1068	48	—	—	—	—
1069	49	—	—	—	—
1070	50	—	—	—	—

输出变量的计算公式见表 8 - 8。

表 8 - 8　模拟运算表的输出变量公式

序号	B	C	D	E	F
1033	库存水平（件）	库存成本（元）	订货成本（元）	缺货成本（元）	总成本（元）
1034	—	= G1029	= H1029	= I1029	= J1029
1035	15	—	—	—	—
1036	16	—	—	—	—
1068	48	—	—	—	—
1069	49	—	—	—	—
1070	50	—	—	—	—

②用模拟数据表的功能进行模拟。

用鼠标选择模拟数据表所在的区域，即选择单元格 B1034：F1070 的区域。

然后在 Excel 中选择"数据"子菜单，在该子菜单中选择"假设分析"选项的"数据表"，这时会出现一个数据表，如图 8 - 1 所示。

本例中，输入变量是"库存水平"，其相应的单元格地址是 $ D $ 8，所以在数据表中"输入引用列的单元格"栏目中输入该地址" $ D $ 8"。在数据表中的"输入引用行的单元格"中不填入任何数据，这是因为本例中要模拟的输入变量是在单元格 B1035: B1070 这一列而不是行中的数据。然后选择"确定"。如图 8 - 2 所示。

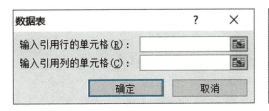

图 8 - 1　数据表

图 8 - 2　数据表的填写

于是，得到不同订货政策下的仿真结果，如图8-3所示。

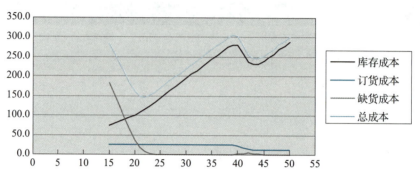

图8-3 不同订货政策下的仿真结果

图8-3描述了总成本是如何随着库存水平的变化而变化的。图中的横坐标是库存水平（件），纵坐标是总成本平均值（元）。

由数据表得到的不同库存成本、订货成本、缺货成本见表8-9。

表8-9 由数据表得到的不同库存成本、订货成本、缺货成本

序号	B	C	D	E	F
1033	库存水平（件）	库存成本（元）	订货成本（元）	缺货成本（元）	总成本（元）
1034	—	144.15	25.00	0.00	169.15
1035	15	75.00	25.00	184.05	284.05
1036	16	80.00	25.00	154.05	259.05
1037	17	85.00	25.00	123.45	233.45
1038	18	90.00	25.00	91.83	206.83
1039	19	95.12	25.00	63.03	183.15
1040	20	100.67	25.00	36.87	162.54
1041	21	107.19	25.00	15.54	147.73
1042	22	115.44	25.00	7.08	147.52
1043	23	124.56	25.00	2.37	151.93
1044	24	134.43	25.00	0.00	159.43
1045	25	144.22	25.00	0.00	169.22
1046	26	154.37	25.00	0.00	179.37
1047	27	164.42	25.00	0.00	189.42
1048	28	173.91	25.00	0.00	198.91
1049	29	184.13	25.00	0.00	209.13
1050	30	194.61	25.00	0.00	219.61
1051	31	204.60	25.00	0.00	229.60
1052	32	214.55	25.00	0.00	239.55
1053	33	224.35	25.00	0.00	249.35
1054	34	234.13	25.00	0.00	259.13

（续）

序号	B	C	D	E	F
1055	35	244.58	25.00	0.00	269.58
1056	36	254.62	25.00	0.00	279.62
1057	37	264.14	25.00	0.00	289.14
1058	38	274.30	25.00	0.00	299.30
1059	39	280.91	24.60	0.27	305.78
1060	40	278.37	22.83	0.99	302.18
1061	41	259.18	19.15	2.91	281.24
1062	42	234.12	15.03	4.41	253.56
1063	43	230.52	13.55	3.42	247.49
1064	44	234.15	12.95	1.50	248.60
1065	45	238.77	12.50	0.93	252.20
1066	46	248.71	12.50	0.27	261.48
1067	47	258.39	12.50	0.09	270.98
1068	48	269.17	12.50	0.00	281.67
1069	49	278.78	12.50	0.00	291.28
1070	50	288.41	12.50	0.00	300.91

第六步：结果分析。

从模拟结果可做出如下分析：

①当库存水平从 15 件起逐渐增加时，缺货成本逐渐下降，库存成本逐渐上升，订货成本保持不变，其结果是总成本逐渐下降。当库存水平增加到 22 件时，每周的总成本（指总成本平均值，下同）达到局部最小值，约为 147 元，比当前订货政策下的总成本节省了约 22 元。

②当库存水平从 22 件起继续增加时，缺货成本下降缓慢，最终下降到 0，而库存成本继续上升，订货成本保持不变，其结果是总成本逐渐上升。当库存水平为 39 件时总成本达到最大值。

③当库存水平从 39 件起继续增加时，缺货水平略有上升，而订货成本和库存成本均下降，这是因为库存水平较高时可以减少订货次数，同时，这时的平均库存也在下降，其结果是总成本逐渐下降。当库存水平增加到 43～44 件时，每周的平均总成本达到第二次局部最小值，约为 246～249 元。

④当库存水平从 44 件起继续增加时，缺货成本略有下降，订货成本基本不变，而库存成本则有比较快的上升，所以，总成本上升。

⑤根据题意，需求量的变化范围是 18～24 件，库存成本为每件 10 元，订货成本为每批 25 元，缺货成本为每件 30 元，所以库存水平从 15 件～50 件的模拟范围已经可以包括各种可能的合理库存水平了。

⑥综上所述，当前的订货政策尚需改进。最合理的库存水平为 22 件，即该厂的订货政策为：当每周的期末库存低于 21 件时，进行订货，而且订货量的确定原则是使得下周的期初库存为 22 件。

从该例可见，采用模拟方法可以模拟库存系统的行为，从而分析库存政策。本例模拟了不同库存水平下的库存系统的行为。我们还可以利用模拟模型进一步模拟不同再订货点下的库存系统行为，用以分析最佳的再订货点。

8.3 飞机票预订决策问题模拟

本节以飞机票预订决策模型为例，说明采用模拟方法进行这类决策。飞机票预订决策模拟模型也可以应用于旅馆预订、车辆出租预订等决策问题。

在飞机票预订系统中常会出现的一个问题是，一些乘客在预订飞机票后并没有到达机场乘坐飞机，造成航空公司的经济损失，因此航空公司考虑增加飞机票的预订数量，例如，飞机票预订限量可以大于飞机的容量，这样，当某些预订机票的乘客没有到达时，仍可以保持较高的满载率。不过，这时航空公司要冒着部分预订了机票的乘客不能如期乘坐飞机的风险，例如，当所有的预订者都到达时，由于预订的飞机票大于飞机的容量，有些乘客便不能乘坐该次飞机，航空公司必须对他们进行赔偿。那么，如何确定最合理的预订限量，可以使航空公司的净利润最大呢？这就是飞机票预订决策要解决的问题。在该问题中，输入的不可控变量是以某种概率分布的乘客到达数量，而决策变量则是飞机票预订限量。下面通过一个例子对飞机票销售中的预订决策问题进行模拟，得到不同的飞机票预订政策下的利润，最后得到合理的飞机票预订限量。

例 8-2

例 8-2 飞机票预订决策问题—数据

飞机票预订决策问题

某航空公司每周有一架飞机往返于长沙和上海之间。该飞机拥有 30 个乘客座位。航空公司在扣除各种成本后，从每个乘坐飞机的乘客可获得利润 100 元。该航空公司现有的飞机票预订限量是 30 个乘客，由于在以往大多数情况下，乘客的实际到达量平均仅为 28 个，造成了经济上的损失，所以航空公司考虑实行一项新的预订政策，即：将飞机票预订限量增加到 32 个乘客。为不影响航空公司的信誉，当实际到达的乘客数超过飞机容量时，公司将对预订了机票而未能乘坐该次飞机的乘客实行赔偿。根据调查，当赔偿数额达到 150 元时即可有效地消除乘客的不满心理。根据公司有关部门的调查分析，当飞机票预订限量为 32 个乘客时，实际到达的乘客数是在 28～32 之间的随机数，其概率分布见表 8-10。问该航空公司是否应采取该项新的预订政策？

表 8 – 10　飞机票预订限量为 32 时，实际到达乘客的概率分布

实际到达的乘客数	28	29	30	31	32
概率	0.05	0.25	0.50	0.15	0.05

解：下面通过运用电子表格对该飞机票预订问题进行模拟，得到新的预订政策下的利润。具体步骤如下：

第一步：输入已知数据。

首先在 Excel 的工作表上输入已知数据。在单元格 C5 中输入从每个乘客得到的利润，在单元格 C6 中输入对每个到达机场却未能乘坐该飞机的乘客的赔偿金额，在单元格 C8 中输入飞机的容量，在单元格 C10 中输入新的预订政策下的预订限量，见表 8 – 11。

表 8 – 11　输入已知数据

序号	A	B	C
1	飞机票预订决策问题		—
2	—	—	—
3	已知数据	—	—
4	—	—	—
5	利润（元/座）	—	100
6	赔偿成本（元/座）	—	150
7	—	—	—
8	飞机容量（座）	—	30
9	—	—	—
10	预订乘客数（座）	—	32
11	—	—	—
12	预订 32 个座位时实际到达的乘客数：		
13	随机数下限	随机数上限	乘客数
14	0.00	0.05	28
15	0.05	0.30	29
16	0.30	0.80	30
17	0.80	0.95	31
18	0.95	1.00	32

本问题的不可控输入变量是乘客的实际到达数。由表 8 – 10 可得各实际到达乘客数及其对应的随机数区间，见表 8 – 12。

表 8 – 12 实际到达乘客数对应的随机数区间

实际到达的乘客数	概率	累积概率	对应随机数区间
28	0.05	0.05	[0.00, 0.05)
29	0.25	0.30	[0.05, 0.30)
30	0.50	0.80	[0.30, 0.80)
31	0.15	0.95	[0.80, 0.95)
32	0.05	1.00	[0.95, 1.00)

在单元格 C14：C18 中输入实际到达的乘客数的各种可能值；在单元格 A14：B18 中输入根据到达乘客数的概率分布得到的对应的随机数区间的下限与上限，见表 8 – 11。

第二步：生成一系列随机数，得到不可控输入变量的抽样值。

本例中的不可控制输入变量是实际到达的乘客数，在单元格 B24：B523 中产生 500 个不可控变量的抽样值，用以进行 500 次模拟。单元格 B24：B523 表示实际到达乘客数的抽样值，在单元格 B24 中输入下述公式：

$$= vloopup(rand(), \$A\$14：\$d\$18, 3)$$

得到实际到达乘客数抽样值，将上式复制到单元格 B25：B523，得到其他 499 个抽样值。其公式和数值分别见表 8 – 13 和表 8 – 14。

表 8 – 13 飞机票预订决策问题模拟模型公式

序号	A	B	C	D	E	F	G
21	—						
22	—	—	—	—	到达机场未能乘坐飞机的乘客数	—	—
23	次数	实际到达的乘客数	乘坐飞机的乘客数	机票利润		赔偿费用	净利润
24	1	= vlookup(rand(), \$A\$14：\$C\$18, 3)	= min(B24, \$C\$8)	= \$C\$5 * C24	= B24 – C24	= E24 * \$C\$6	= D24 – F24
25	2	= vlookup(rand(), \$A\$14：\$C\$18, 3)	= min(B25, \$C\$8)	= \$C\$5 * C25	= B25 – C25	= E25 * \$C\$6	= D25 – F25
26	3	= vlookup(rand(), \$A\$14：\$C\$18, 3)	= min (B26, \$C\$8)	= \$C\$5 * C26	= B26 – C26	= E26 * \$C\$6	= D26 – F26
521	498	= vlookup(rand(), \$A\$14：\$C\$18, 3)	= min(B521, \$C\$8)	= \$C\$5 * C521	= B521 – C521	= E521 * \$C\$6	= D521 – F521
522	499	= vlookup(rand(), \$A\$14：\$C\$18, 3)	= min(B522, \$C\$8)	= \$C\$5 * C522	= B522 – C522	= E522 * \$C\$6	= D522 – F522
523	500	= vlookup(rand(), \$A\$14：\$C\$18, 3)	= min(B523, \$C\$8)	= \$C\$5 * C523	= B523 – C523	= E523 * \$C\$6	= D523 – F523

表 8 − 14　飞机票预订决策问题模拟模型

序号	A	B	C	D	E	F	G
21	—	—	—	—	—	—	—
22	—	—	—	—	—	—	—
23	次数	实际到达的乘客数	乘坐飞机的乘客数	机票利润	乘坐飞机的乘客数	赔偿费用	净利润
24	1	30	30	3000	0	0	3000
25	2	31	30	3000	1	150	2850
26	3	31	30	3000	1	150	2850
520	497	30	30	3000	0	0	3000
521	498	32	30	3000	2	300	2700
522	499	30	30	3000	0	0	3000
523	500	30	30	3000	0	0	3000

第三步：模拟运算。

模拟的目的是计算净利润。净利润由下式计算：

$$净利润 = 机票利润 - 赔偿费用$$

为此，首先要计算乘坐飞机的实际乘客数以及由此带来的机票利润，还要计算因飞机满员未能乘坐飞机的乘客数以及由此带来的赔偿费用。

用单元格 B24: B523、C24: C523 分别表示实际到达的乘客数和乘坐飞机的乘客数，在第二步中已经得到了实际到达的乘客数抽样值，下面计算乘坐飞机的乘客数。当实际到达的乘客数没有超过飞机容量（30 个乘客）时，乘坐飞机的乘客数等于实际到达的乘客数；当实际到达的乘客数超过飞机容量时，有部分乘客不能乘坐，这时乘坐飞机的乘客数等于飞机容量（30 个乘客）。其公式如下：

$$乘坐飞机的乘客数 = \begin{cases} 实际到达的乘客数，若实际到达的乘客数 < 飞机容量 \\ 飞机容量，其他 \end{cases}$$

它等价于下述公式：

$$乘坐飞机的乘客数 = \min\{实际到达的乘客数，飞机容量\}$$

在单元格 C24 中输入

$$= \min\{B24,\ \$C\$8\}$$

得到第一次模拟中乘坐飞机的乘客数，将上式复制到单元格 C25: C523，得到其他 499 次模拟中的到达机场而未能乘坐飞机的乘客数。

用单元格 D24: D523 表示机票利润，其计算公式为

$$机票利润 = 每张机票的利润 \times 乘坐飞机的乘客数$$

在单元格 D24 中输入

$$= \$C\$5 * C24$$

得到第一次模拟中的机票利润，将上式复制到单元格 D25: D523，得到其他 499 次模拟中的机票利润。

用单元格 E24: E523 表示到达机场却未能乘坐飞机的乘客数。其中，到达机场而未能乘坐飞机的乘客数应等于实际到达乘客数与乘坐飞机乘客数之差。在单元格 E24 中输入

$$= B24 - C24$$

得到第一次模拟中的到达机场而未能乘坐飞机的乘客数，将上式复制到单元格 E25: E523，得到其他 499 次模拟中的到达机场而未能乘坐飞机的乘客数。

用单元格 F24: F523 表示赔偿费用，它可以用下式计算：

赔偿费用 = 每个乘客的赔偿成本 × 到达机场而未能乘坐飞机的乘客数

在单元格 F24 中输入

$$= E24 * \$ C \$ 6$$

得到第一次模拟中的赔偿费用，将上式复制到单元格 F25: F523，得到其他 499 次模拟中的赔偿费用。

用单元格 G24: G523 表示净利润，它等于机票利润与赔偿费用之差。在单元格 G24 中输入

$$= D24 - F24$$

得到第一次模拟中的净利润，将上式复制到单元格 G25: G523，得到其他 499 次模拟中的净利润。

模拟运行的结果见表 8 - 14。

第四步：统计分析。

例 8 - 2 进行了 500 次的模拟，得到了 500 个不同抽样值下的净利润。通过对 500 次模拟运行结果进行统计分析，可得到平均利润、标准方差、最小利润、最大利润和服务水平等统计值。统计结果见表 8 - 15。

表 8 - 15 飞机票预订决策模拟的统计结果

序号	E	F	G
525	统计分析	—	—
526	平均利润	—	2926.400
527	标准方差	—	85.250
528	最小利润	—	2700
529	最大利润	—	3000
530	服务水平	—	0.991

表 8 - 15 中，服务水平表示乘客及时得到服务的程度，它是实际到达的乘客中能乘坐飞机的乘客数的比例。其计算公式如下：

服务水平 = 500 次模拟中乘坐飞机的乘客数总和/500 次模拟中实际到达的乘客数总和。

用单元格 B525 表示 500 次模拟中实际到达的乘客数总和，在其中输入

$$= \text{sum}(B24: B523)$$

用单元格 G525 表示 500 次模拟中乘坐飞机的乘客数总和，在其中输入

$$= \text{sum}(C24: C523)$$

用单元格 G530 表示服务水平，在其中输入

$$= C525/B525$$

得到采取新的预订政策后的服务水平。上述表 8 – 15 统计分析的公式见表 8 – 16。

表 8 – 16　飞机票预订决策问题模拟统计公式

序号	E	F	G
525	统计分析	—	—
526	平均利润	—	= average(G24: G523)
527	标准方差	—	= stdev(G24: G523)
528	最小利润	—	= min(G24: G523)
529	最大利润	—	= max(G24: G523)
530	服务水平	—	= C525/B525

第五步：结论与建议。

从模拟的统计结果可做出如下分析：

①在现有的飞机票预订政策下，由于预订机票数为 30 张，而实际到达乘客数平均为 28 人，所以其平均净利润为 $100 \times 28 = 2800$（元）。在新的飞机票预订政策下，由模拟得到其平均利润为 2926.400 元，标准方差为 85.250 元。所以采用新的机票预订政策可以获得更大的净利润。

②在新的机票预订政策下，仍可达到较高的服务水平（约 99%）。

③综上所述，建议采用新的飞机票预订政策。

8.4　计分模型

创建一个计分模型，步骤如下：

（1）列出需要考虑的标准

毕业生找单位的标准可考虑的因素有：①职位晋升；②工作地点；③管理风格；④薪水；⑤声望；⑥工作稳定性；⑦工作乐趣。

（2）给每个标准设一个权重

每个标准的权重见表 8 – 17。

表 8 – 17　标准的权重

重要性	权重值
十分重要	5
颇为重要	4
一般重要	3
不太重要	2
无关紧要	1

找单位的标准权重见表 8 – 18。

表8-18　七个标准的权重值

标准	重要性	权重值
职位晋升	十分重要	5
工作地点	一般重要	3
管理风格	颇为重要	4
薪水	一般重要	3
声望	不太重要	2
工作稳定性	颇为重要	4
工作乐趣	十分重要	5

（3）每个决策方案满足的标准

对各项标准进行排序，表示每个决策方案满足标准的程度，见表8-19。

表8-19　每个决策方案满足标准的程度

各个标准的满意程度	等级
极高	9
非常高	8
高	7
较高	6
一般	5
较低	4
低	3
很低	2
极低	1

例8-3

例8-3　计分模型—数据

计分模型

对芝加哥的金融分析师、丹佛的会计、休斯敦的审计师的各标准的评分见表8-20。

表8-20　三个决策方案的得分

标准	决策方案		
	芝加哥的金融分析师	丹佛的会计	休斯敦的审计师
职位晋升	8	6	4
工作地点	3	8	7
管理风格	5	6	99
薪水	6	7	5
声望	7	5	4
工作稳定性	4	7	6
工作乐趣	8	6	5

（4）计算每个决策方案的分值见表 8 – 21。

表 8 – 21　每个决策方案的分值

标准	权重值	芝加哥的金融分析师		丹佛的会计		休斯敦的审计师	
		等级	分数	等级	分数	等级	分数
职位晋升	5	8	40	6	30	4	20
工作地点	3	3	9	8	24	7	21
管理风格	4	5	20	6	24	9	36
薪水	3	6	18	7	21	5	15
声望	2	7	14	5	10	4	8
工作稳定性	4	4	16	7	28	6	24
工作乐趣	5	8	40	6	30	5	25
得分	—	—	157	—	167	—	149

（5）将决策方案从高分到低分顺序排列

结论：此人应到丹佛去做会计。

8.5　层次分析法

8.5.1　层次分析法实例

　　层次分析法是一种实用的多准则决策方法。它把一个复杂问题表示为一个有序的递阶层次结构，利用人们的判断，对决策方案的优劣进行排序。这种方法能够统一处理决策中的定性与定量因素，具有实用性、系统性、简洁性等优点。

　　层次分析法（AHP）是托马斯·塞蒂（T. L. Saaty）开发出的一种用来解决复杂的多准则决策问题的方法。AHP 要求决策者对每个标准的相对重要性做出判断，并利用每个标准做出他对每种决策方案的偏好程度。AHP 的输出就是按优先级排列的决策方案列表，它是在决策者的总体评价的基础上形成的。

　　为了介绍 AHP，我们来看一个购买汽车的决策问题。在对几部二手车样式和配件进行初步分析后，刘女士将她的选择削减为三辆车：一辆本田雅阁、一辆通用土星和一辆雪佛兰。表 8 – 22 总结了刘女士收集的有关这些车的信息。

表 8 – 22　车的信息

标准	决策方案		
	本田雅阁	通用土星	雪佛兰
价格（美元）	13100	11200	9500
颜色	黑	红	蓝

(续)

标准	决策方案		
	本田雅阁	通用土星	雪佛兰
MPG 每加仑英里数	19	23	28
内部	高档	普通	标准
型号	四门中型	2 门运动型	2 门简洁型
音响系统	AM/FM，磁带，CD	AM/FM	AM/FM

刘女士认为选车的决策过程与下列标准有关：价格、MPG、舒适性、样式。

有关价格和 MPG 的数据都包含在表 8 – 22 中。但是，舒适性和样式的度量不能这样直接得到。在确定每辆车的舒适性时，刘女士还必须考虑各种因素，诸如汽车内部、音响类型、进车的难易、车座的可调整性以及司机的视野等。而样式标准则需基于刘女士对每辆车的颜色和总体形象的主观评价。

即使像价格这样容易测定的标准，决策者在基于价格做出其对决策方案的个人偏好时，主观性在所难免。例如，本田雅阁（13100 美元）的价格比雪佛兰（9500 美元）的多出 3600 美元。3600 美元的差价对某些人来说意味着一大笔钱，但是对另外一些人来说就不算什么。所以如果认为本田雅阁比雪佛兰"贵特别多"或仅是"贵点"，这取决于做比较的人的经济状况和主观意见。AHP 的优点在于，当一个决策者独特的主观判断构成决策过程的重要部分时，它依然有效。

构建层次。AHP 的第一步是以图的方式来表示一个问题的总体目标、使用的标准和决策方案，这样一个图描述了问题的层次，图 8 – 4 显示了选车问题的层次。

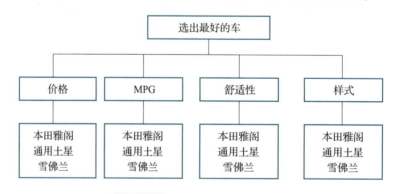

图 8 – 4 选车问题的层次分析图

第一层，总体目标是选出最好的车；第二层，四个标准（价格、MPG、舒适性和样式）中的每个都促成总体目标的实现；第三层，每个决策方案——本田雅阁、通用土星、雪佛兰——以唯一的路径对应着各种标准。

运用 AHP，决策者首先应具体地评判出四个标准对实现总目标的重要性。下一步，决策者要按各个标准对每个决策方案显示其偏好。为了得到以优先级排列的决策方案，需要运用数学方法综合出每条标准的相对重要性以及对决策方案的偏好。在选车问题中，AHP

将按照刘女士的个人喜好以每辆车对总体目标的满足程度排列出这三辆车的优先级。

8.5.2 运用层次分析法确定优先级

在这一节中，我们将介绍如何使用 AHP 方法，决策者的两两比较将每个标准按优先级排列，然后按不同的标准排列各个决策方案。借用选车这个例子，我们显示 AHP 如何为以下问题建立优先级：

1）四个标准是如何帮助实现"选出最好的车"的总体目标。

2）如何用价格标准比较三辆车。

3）如何用 MPG 标准比较三辆车。

4）如何用舒适性标准比较三辆车。

5）如何用样式标准比较三辆车。

以下的讨论将集中在如何帮助实现"选出最好的车"的总体目标的这个准则来为四个标准建立优先级。同理可以得到分别以每个标准判定每辆车的优先级。

（1）两两比较

两两比较是 AHP 的基石。在给四个标准建立优先级时，AHP 要求刘女士一次比较两个标准，得出一个标准相对于另一个标准的重要性。也就是说，刘女士必须对四个标准（价格、MPG、舒适性、样式）做出两两比较：①价格与 MPG 比较；②价格与舒适性比较；③价格与样式比较；④MPG 与舒适性比较；⑤MPG 与样式比较；⑥舒适性与样式比较。

在每一次的比较中，刘女士必须找出一个相对更重要的标准，并判断所选标准的重要性。

例如，在价格与 MPG 的比较中，假设刘女士认为价格比 MPG 更重要。为了确定价格比 MPG 重要多少，AHP 采用一个 1~9 的尺度来衡量。表 8-23 中显示了如何将决策者对两个标准相对重要性的语言描述换成数值等级。

表 8-23 运用 AHP 对各标准重要性的比较尺度

语言描述	数值等级
极重要	9
—	8
非常重要	7
—	6
很重要	5
—	4
较重要	3
—	2
同等重要	1

在选车问题中，假设刘女士认为价格相对于 MPG "较重要"。这样，价格 – MPG 的两两比较的数值等级为 3。从表 8 – 23 中我们可以得到："很重要"的数值等级为 5，而"非常重要"的数值等级为 7。居中的评判如"重要性在很重要与非常重要之间"的数值为 6。

表 8 – 24 总结出刘女士给选车问题所做的两两比较。

表 8 –24　选车问题中刘女士对四个标准的两两比较总结

两两比较	更重要的标准	重要程度	数值等级
价格与 MPG	价格	较重要	3
价格与舒适性	价格	同等重要 ~ 较重要	2
价格与样式	价格	同等重要 ~ 较重要	2
MPG 与舒适性	舒适性	较重要 ~ 很重要	4
MPG 与样式	样式	较重要 ~ 很重要	4
舒适性与样式	样式	同等重要 ~ 较重要	2

利用这个表里的信息，刘女士确定：

1）价格比 MPG 较重要；

2）价格比舒适性在同等重要 ~ 较重要之间；

3）价格比样式在同等重要 ~ 较重要之间；

4）MPG 比舒适性在较重要 ~ 很重要之间；

5）MPG 比样式的重要性在较重要 ~ 很重要之间；

6）舒适性比样式的重要性在同等重要 ~ 较重要之间。

如上所述，AHP 的弹性能够适应每个单独的决策者的独特的偏好。首先，标准的选择在很大程度上取决于决策者。并不是所有人都认为价格、MPG、舒适性和样式是一个选车问题中仅有的标准。也许换了你，会加入安全性、转手价或其他标准。AHP 能够适应决策者所确定的任何标准。当然，如果添加了另外的标准，则需要做更多的两两比较。另外，即使你同意刘女士的观点，将价格、MPG、舒适性和样式作为四个标准来使用，你也可能会与她在标准的相对重要性上有分歧。使用表 8 – 24 的格式，你可以对每个两两比较的重要性做出自己的判断，AHP 将随之调整数值等级以反映你的个人偏好。

（2）两两比较矩阵

为了确定四个标准的优先级，我们需要利用表 8 – 24 提供的两两比较等级构成矩阵，现在有四个标准，所以两两比较矩阵将包括四行四列，标准判断矩阵见表 8 – 25。

表 8 –25　标准判断矩阵

标准	价格	MPG	舒适性	样式
价格	1	3	2	2
MPG	1/3	1	1/4	1/4
舒适性	1/2	4	1	1/2
样式	1/2	4	2	1

（3）综合处理

现在，我们利用两两比较矩阵，按照各个标准对于实现"选出最好的车"这个目标的重要性，计算各标准的优先级。AHP 的这一方面的工作被称为综合处理。下面三个步骤给出了一个大概的综合处理结果。

1）计算两两比较矩阵中每一列的值。

2）将两两比较矩阵中的每一项都除以它所在列的总和，得出的矩阵即为标准两两比较矩阵。

3）计算标准两两比较矩阵中的每一行的算术平均数。这些平均数即为这些标准的优先级。

步骤一：计算每列的和，见表 8 - 26。

表 8 - 26 每列的和

标准	价格	MPG	舒适性	样式
价格	1	3	2	2
MPG	1/3	1	1/4	1/4
舒适性	1/2	4	1	1/2
样式	1/2	4	2	1
总和	2.333	12.000	5.250	3.750

步骤二：将矩阵的每一项都除以它所在列的总和，见表 8 - 27。

表 8 - 27 矩阵每一项除以它所在列的总和

标准	价格	MPG	舒适性	样式
价格	0.429	0.250	0.381	0.533
MPG	0.143	0.083	0.048	0.067
舒适性	0.214	0.333	0.190	0.133
样式	0.214	0.333	0.381	0.267

步骤三：计算每行的平均数，以确定每个标准的优先级，见表 8 - 28。

表 8 - 28 优先级

标准	价格	MPG	舒适性	样式	优先级
价格	0.429	0.250	0.381	0.533	0.398
MPG	0.143	0.083	0.048	0.067	0.085
舒适性	0.214	0.333	0.190	0.133	0.218
样式	0.214	0.333	0.381	0.267	0.299

根据表 8 - 28，价格是刘女士考虑的最重要的因素，其次是样式，再次是舒适性，最后是 MPG。

（4）一致性

AHP 的关键步骤是前面介绍的几个两两比较，而这个过程需要格外注意的是决策者做两两比较判断的一致性。比如，如果标准 A 与标准 B 相比的数值等级为 3，且标准 B 与标准 C 相比的数值等级为 2，若比较尺度完全一致，那么标准 A 和标准 C 的数值等级就为 $3 \times 2 = 6$，如果决策者给出的标准 A 相比标准 C 的数值等级为 4 或 5，那么在两两比较中就存在不一致了。

两两比较的数量很多时，完全一致是很难做到的。事实上，几乎所有的两两比较都允许存在一定程度的不一致。为了处理一致性问题，AHP 提供了一种方法来测量决策者做两两比较时一致性的程度。如果一致性达不到要求，决策者应该在实施 AHP 分析前重新审核并修改两两比较。

AHP 测量两两比较的一致性方法是计算一致性比率。如果这个比率大于 0.1，则表明在两两比较的判断中存在不一致。如果一致性比率小于或等于 0.1，那么两两比较的一致性就较合理，可以继续做 AHP 的综合结果。

下面我们介绍一下选车问题中标准的一致性比率的计算步骤。

步骤一：将两两比较矩阵中的第一列的每项都乘以第一标准的优先级，将两两比较矩阵中的第二列的每项都乘以第二标准的优先级。依次都进行上述操作，然后计算各行的总和。得到一个加权向量。选车问题的计算如下：

$$0.398 \begin{bmatrix} 1 \\ 1/3 \\ 1/2 \\ 1/2 \end{bmatrix} + 0.085 \begin{bmatrix} 3 \\ 1 \\ 4 \\ 4 \end{bmatrix} + 0.218 \begin{bmatrix} 2 \\ 1/4 \\ 1 \\ 2 \end{bmatrix} + 0.299 \begin{bmatrix} 2 \\ 1/4 \\ 1/2 \\ 1 \end{bmatrix} \approx$$

$$\begin{bmatrix} 0.398 \\ 0.133 \\ 0.199 \\ 0.199 \end{bmatrix} + \begin{bmatrix} 0.255 \\ 0.085 \\ 0.340 \\ 0.340 \end{bmatrix} + \begin{bmatrix} 0.436 \\ 0.054 \\ 0.218 \\ 0.436 \end{bmatrix} + \begin{bmatrix} 0.598 \\ 0.075 \\ 0.149 \\ 0.299 \end{bmatrix} = \begin{bmatrix} 1.687 \\ 0.347 \\ 0.906 \\ 1.274 \end{bmatrix}$$

步骤二：将步骤一得到的加权值除以对应标准的优先级。

价格：$1.687/0.398 \approx 4.236$。

MPG：$0.347/0.085 \approx 4.077$。

舒适性：$0.906/0.218 \approx 4.156$。

样式：$1.274/0.299 \approx 4.264$。

得到结果见表 8 – 29。

表 8 – 29　结果

价格	4.236
MPG	4.077
舒适性	4.156
样式	4.264

步骤三：计算由步骤二得到值的平均数 $\lambda_{max} \approx 4.183$。

步骤四：计算一致性比率（CI），如下所示：

$$CI = \frac{\lambda_{max} - n}{n - 1}$$

式中，n 为比较项的个数且有

$$CI = \frac{4.183 - 4}{4 - 1} \approx 0.061$$

步骤五：计算随机一致性比率。定义如下：

$$CR = \frac{CI}{RI}$$

式中，RI 是一个两两比较矩阵的平均随机一致性比率，其大小取决于比较项的个数。RI 的值见表 8 - 30。

表 8 - 30　RI 的值

n	1	2	3	4	5	6	7	8	9	10
RI	0	0	0.58	0.90	1.12	1.24	1.32	1.41	1.45	1.49

由此可得：$CR = 0.0616/0.9000 \approx 0.06844$。

如前所述，小于或等于 0.1 的一致性是可接受的。

（5）选车问题的其他两两比较

对于价格标准，刘女士必须做如下的两两比较：本田雅阁与通用土星比，本田雅阁与雪佛兰比，通用土星与雪佛兰比。最后得到两两比较矩阵见表 8 - 31。

表 8 - 31　基于价格标准的两两比较矩阵

汽车品牌	本田雅阁	通用土星	雪佛兰
本田雅阁	1.000	0.333	0.250
通用土星	3.000	1.000	0.500
雪佛兰	4.000	2.000	1.000

对于 MPG 标准，刘女士得到两两比较矩阵见表 8 - 32。

表 8 - 32　基于 MPG 标准的两两比较矩阵

汽车品牌	本田雅阁	通用土星	雪佛兰
本田雅阁	1.000	0.250	0.167
通用土星	4.000	1.000	0.333
雪佛兰	6.000	3.000	1.000

对于舒适性标准，刘女士得到两两比较矩阵见表 8 - 33。

表 8 – 33　基于舒适性标准的两两比较矩阵

汽车品牌	本田雅阁	通用土星	雪佛兰
本田雅阁	1.000	2.000	8.000
通用土星	0.500	1.000	6.000
雪佛兰	0.125	0.167	1.000

对于样式标准，刘女士得到两两比较矩阵见表 8 – 34。

表 8 – 34　基于样式标准的两两比较矩阵

汽车品牌	本田雅阁	通用土星	雪佛兰
本田雅阁	1.000	0.333	4.000
通用土星	3.000	1.000	7.000
雪佛兰	0.250	0.143	1.000

各个标准下的每辆车的优先级见表 8 – 35。

表 8 – 35　各个标准下的每辆车的优先级

汽车品牌	标准			
	价格	MPG	舒适性	样式
本田雅阁	0.123	0.087	0.593	0.265
通用土星	0.320	0.274	0.341	0.656
雪佛兰	0.557	0.639	0.065	0.0800

8.5.3　运用 AHP 解决综合排名问题

在 8.5.2 节中，刘女士按四个标准分别做了两两比较，得到了各个标准的优先级，现在利用标准的优先级和表 8 – 35 中三辆车的优先级来建立综合优先级排名。最后得到综合优先级见表 8 – 36。

表 8 – 36　综合优先级

汽车品牌	标准				
	价格	MPG	舒适性	样式	综合优先级
本田雅阁	0.123	0.087	0.593	0.265	0.265
通用土星	0.32	0.274	0.341	0.656	0.421
雪佛兰	0.557	0.639	0.065	0.08	0.314

这些结果为刘女士做购车决策提供了依据，只要刘女士对标准重要性的判断和她按各个标准划分对每辆车的偏好是有效的，AHP 优先级则显示通用土星是最优选择。除了推荐通用土星为最优车之外，AHP 还帮助刘女士更好地理解决策过程中的利益权衡，同时她也更清楚 AHP 推荐通用土星的原因。

思 考 题

1. 广州制造公司管理层正在考虑引入新产品。开始生产此产品的固定成本为30000元。变动成本预期16~24元，最可能每台20元，产品销售价为50元/台。产品需求量预期为300~2100台，最可能为1200台。

1) 设计此产品的利润模型。

2) 提供基本情境、最坏情境和最好情境分析。

3) 讨论为何模拟是理想的。

2. 一个人正在研究投资两种股票中的哪一种：中央计算公司CCC和软件研究公司SRI。与决策相关的标准为股票的潜在收益和投资风险。相关的两两比较矩阵见表8-37。

表8-37 两两比较矩阵1

标准	标准		公司	收益		公司	风险	
	收益	风险		CCC	ARI		CCC	ARI
收益	1	2	CCC	1	3	CCC	1	1/2
风险	1/2	1	SRI	1/3	1	SRI	2	1

1) 计算每个两两比较矩阵的优先级。

2) 确定CCC和SRI两种投资的综合优先级。若考虑收益和风险，哪种股票更好呢？

3. 一位女士正在考虑为她的车购买一套定制的音响。它的考虑范围包括三种不同音响A、B、C，它们在价格、音质和调频接受能力方面各不相同。建立两两比较矩阵见表8-38和表8-39。

表8-38 两两比较矩阵2

标准	标准			音响	价格		
	价格	音质	调频		A	B	C
价格	1	3	4	A	1	4	2
音质	1/3	1	3	B	1/4	1	1/3
调频	1/4	1/3	1	C	1/2	3	1

表8-39 两两比较矩阵3

音响	音质			音响	调频		
	A	B	C		A	B	C
A	1	1/2	1/4	A	1	4	2
B	2	1	1/3	B	1/4	1	1
C	4	3	1	C	1/2	1	1

1）计算每个两两比较矩阵的优先级。

2）确定每种音响系统的综合优先级。若考虑价格、音质和调频，哪种音响更好呢？

4. 挑选合适的工作。经双方恳谈，已有三个单位表示愿意录用某毕业生。该生根据已有信息建立了一个层次结构模型，如图 8-5 所示。

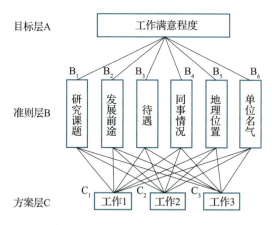

图 8-5 层次结构模型

图 8-5 中的两两比较矩阵见表 8-40～表 8-46。

表 8-40　两两比较矩阵（1）

A	B_1	B_2	B_3	B_4	B_5	B_6
B_1	1	1	1	4	1	1/2
B_2	1	1	2	4	1	1/2
B_3	1	1/2	1	5	3	1/2
B_4	1/4	1/4	1/5	1	1/3	1/3
B_5	1	1	1/3	3	1	1
B_6	2	2	2	3	3	1

表 8-41　两两比较矩阵（2）

B_1	C_1	C_2	C_3
C_1	1	1/4	1/2
C_2	4	1	3
C_3	2	1/3	1

表 8-42　两两比较矩阵（3）

B_2	C_1	C_2	C_3
C_1	1	1/4	1/5
C_2	4	1	1/2
C_3	5	2	1

表 8-43　两两比较矩阵（4）

B_3	C_1	C_2	C_3
C_1	1	3	1/3
C_2	1/3	1	7
C_3	3	1/7	1

表 8-44　两两比较矩阵（5）

B_4	C_1	C_2	C_3
C_1	1	1/3	5
C_2	3	1	7
C_3	1/5	1/7	1

表 8-45 两两比较矩阵 (6)

B₅	C₁	C₂	C₃
C₁	1	1	7
C₂	1	1	7
C₃	1/7	1/7	1

表 8-46 两两比较矩阵 (7)

B₆	C₁	C₂	C₃
C₁	1	7	9
C₂	1/7	1	1
C₃	1/9	1	1

某毕业生应挑选哪项工作?

解析:

层次总排序见表 8-47。

表 8-47 层次总排序

准则		研究课题	发展前途	待遇	同事情况	地理位置	单位名气	总排序权值
准则层权值		0.1507	0.1792	0.1886	0.0472	0.1464	0.2879	
方案层单排序权值	工作 1	0.1365	0.0974	0.2426	0.2790	0.4667	0.7986	0.3952
	工作 2	0.6250	0.3331	0.0879	0.6491	0.4667	0.1049	0.2996
	工作 3	0.2385	0.5695	0.6694	0.0719	0.0667	0.0965	0.3052

根据层次总排序权值,该生最满意的工作为工作 1。

案例分析　投资组合价值模拟

案例分析　投资组合
价值模拟—数据

10 年后你的个人投资组合的价值为多少? 20 年以后呢? 你何时不再工作? S 公司的人力资源部希望开发出一套理财计划模型,这个模型能帮助员工解决以上问题。张三被指派负责这个项目,他决定为自己先试着制订一个理财计划。张三 25 岁,拥有商学学位,年工资 34000 元。为公司的退休项目干了 2 年和得到一笔小的馈赠后,张三的累计投资组合值达到了 14500 元。张三计划再工作 30 年,希望他的投资组合价值累计为 1000000 元。他能得到吗?

张三先对他的未来工资、新的投资金额以及投资增长做了一些假设。他认为每年 5% 的增长率是合理的,并想拿薪水的 4% 做新投资。在研究了相关证券市场历史业绩后,张三假设 10% 的投资组合年增长率是合理的。利用这些假设,张三设计的 Excel 表如图 8-6 所示。

张三的个人情况和相应假设都列在工作表的前面单元格 D3: D8 中,并为未来五年提供了一个理财计划。在计算给定年份的投资组合收益时,张三假设他的新投资在全年均匀发生,这样一半的新投资会包含在该年投资盈利的计算中。

张三的计划是用这个工作表作为一个模板,来开发公司员工的理财计划的模拟模型。在单元格 D3: D8 中的假设对每个员工来说是不同的,并且要加入一列来显示确切的年数。在工作表增加了 25 行后,张三发现,30 年后他可能会得到 627937 元。张三于是带着他的结果去见经理。

	A	B	C	D	E	F	G
1	财务分析——投资组合设计						
2							
3	年龄			25			
4	当前工资			34000			
5	当前组合			14500			
6	年均工资增长率			5%			
7	年投资率			4%			
8	年组合增长率			10%			
9							
10			期初		新	组合	期末
11	年	年龄	投资组合	年薪	投资	收益	投资组合
12	1	25	14500	34000	1360	1518	17378
13	2	26	17378	35700	1428	1809	20615
14	3	27	20615	37485	1499	2136	24250
15	4	28	24250	39359	1574	2504	28329
16	5	29	28329	41327	1653	2916	32898

图 8-6 投资组合设计 Excel 表

尽管经理对张三的进展感到满意，但是他提出了几点批评，其中之一是年薪的增长率是静态的。他指出大部分员工的年薪增长率每年都是变化的。另外，他还指出静态的年投资组合增长率也不现实，且实际增长率也是每年变化的。他进一步指出投资组合预测模拟模型允许张三计算薪水增长率和投资组合增长率的随机变化。

在做过一些调查后，张三和他的经理假定年薪增长率在 0~10% 之间，且大致服从均匀分布。S 公司的财务部门指出年投资组合增长率大概服从正态分布，均值 10%，标准差 5%。知道这个信息后，张三准备设计一个能被公司职员用于理财计划的模拟模型。

假设你是张三，开发一个理财计划模拟模型，写一份报告给经理，至少包含下列内容：

1）不考虑增长率的随机变化，扩张图 8-6 中的工作表到 30 年，确认通过静态的年薪增长率和静态的年组合投资增长率，张三预计能够得到 30 年期价值为 627937 元。那么为了获得 30 年期价值为 1000000 元的投资组合，张三需要增加年投资率到多少？

2）把年薪增长率和投资组合年增长率的随机变化纳入模型，假设张三使用的投资率能使 30 年的投资组合价值达到 1000000 元，如 1）所示。请阐述如何模拟张三的 30 年期理财计划。利用模拟模型得出的结果，评价张三 30 年期的投资组合要达到 1000000 元这个目标的不确定性。讨论多次重复模拟的优点。

3）在看到年薪年增长率和投资组合年增长率的随机变化后，对那些当前投资组合与张三相似的员工，你有什么建议？

4）假设张三愿意考虑工作 35 年而不是 30 年，如果张三的目标是拥有价值为 1000000元的投资组合，那么你对这个策略的评估又如何呢？

5）讨论如何为张三设计这个理财计划模型，使它作为所有公司职员制定理财计划的模拟模型。

下篇 管理统计学

数据、模型与决策
Data, models, and decision-making

第 9 章　描述性统计

9.1　统计分析过程

统计就是搜集数据，让我们知道总体状况怎么样。它更重要的意义在于数据分析，即做出判断和预测。

描述统计是对数据的性质进行描述，如均值描述了数据的中心趋势，方差描述了数据的离散程度。

推断统计是用来进行判断和预测的，例如，假设检验是用来做判断的，回归分析和时间序列分析是用来做预测的。

整个统计分析的过程如图 9-1 所示。

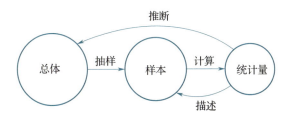

图 9-1　统计分析的过程

9.2　描述统计概述

描述统计是通过图表或数学方法，对统计数据进行整理、分析，并对数据的分布状态、数字特征和随机变量之间的关系进行估计和描述的方法。描述性统计的任务就是描述随机变量的统计规律。

要完整地描述随机变量的统计特性需要用分布函数，但求随机变量的分布函数并不容易。实际上，对于一些问题也不需要去全面考察随机变量的变化规律，而只需知道随机变量的某些特征。例如，研究某一地区居民的消费水平，只需知道该地区的平均消费水平即可；但如检查一批灯泡的质量时，则既需要注意灯泡的平均寿命，又需要注意灯泡寿命与平均寿命的偏离程度。尽管这些数值不能完整地描述随机变量，但能描述随机变量在某些方面的重要特征，这些数字特征在理论和实践上都具有重要的意义。

因此，在分析数据时，一般首先要对数据进行描述统计分析，以发现其内在的规律，再选择进一步分析的方法。在描述统计中，主要使用集中趋势、离散程度、偏度度量、峰度度量等方法来描述数据的集中性、分散性、对称性和尖端性，以归纳数据的统计特性。常用的描述统计量有算术平均数、加权平均数、中位数、众数、几何平均数、调和平均数、分位数、标准差、方差、变异系数等。

数据集中趋势的度量：算术平均值、加权算术平均值、中位数、众数、几何平均值、调和平均值、分位数等。

数据离散状况的度量：MAD（平均绝对偏差）、方差和标准差、下偏方差和下偏标准差、目标下偏方差、极差。

数据分布的度量：偏度、峰度。

9.3 数据集中趋势的度量

（1）算术平均值

算术平均值非常频繁地用于描述一组数据，即"平均值"。它被定义为观测的总和除以观测个数：

$$\mu = \frac{1}{n}\sum_{i=1}^{n} x_i$$

式中，x_1，x_2，$\cdots$，x_n 是观测值。

（2）加权算术平均值

我们还可以定义一个加权算术平均值，加权算术平均值计算定义为 $\sum_{i=1}^{n} w_i x_i$ ，这里 $\sum_{i=1}^{n} w_i = 1$ 。在通常的算术平均值计算中，对所有的 i 都有

$$w_i = \frac{1}{n}, \quad \sum_{i=1}^{n} w_i = 1$$

（3）中位数

一组数据的中位数是当以递增或递减顺序排列时出现在数据中间位置的数字。当我们有奇数 n 个数据点时，中位数就是位置 $(n+1)/2$ 的值。当我们有偶数个数据点时，数据分成两半，中间位置没有任何数据点；所以我们将中位数定义为位置 $n/2$ 和 $(n+2)/2$ 中的两个数值的平均值。

数据的中位数不容易受极端数值的影响。它告诉我们处于中间位置的数据。

（4）众数

众数是数据集里出现次数最多的数据点。它可以应用于非数值数据，与平均值和中位数不同。

（5）几何平均值

虽然算术平均值使用加法，但几何平均值使用乘法：$G = \sqrt[n]{x_1 x_2 \cdots x_n}$。该式等价于：

$\ln G = \frac{1}{n}\sum_{i=1}^{n} \ln x_i$ 。

几何平均值总是小于或等于算术平均值（当使用非负观测值时），当所有观测值都相同时，两者相等。

如果在计算几何平均值的时候遇到负数的观测值，怎么办呢？在资产收益率这个例子中其实很好解决，因为收益率最低为 −1，因此我们可以加 1 将其转化为正数。因此我们可以这样来计算几何收益率：$R_G = \sqrt[T]{(1+R_1)\cdots(1+R_T)} - 1$。

几何平均收益率是将各个单个期间的收益率乘积，然后开 n 次方，因此几何平均收益率使用了复利的思想，从而克服了算术平均收益率有时会出现的上偏倾向。

（6）调和平均值

调和平均值又称倒数平均数，是总体各统计变量倒数的算术平均数的倒数。调和平均值是平均值的一种。

$$H = \frac{n}{\sum_{i=1}^{n} \frac{1}{x_i}}$$

调和平均值恒小于等于算术平均值，当所有观测值相等的时候，两者相等。

应用：调和平均值可以用在相同距离但速度不同时，平均速度的计算；如一段路程，前半段时速 60km，后半段时速 30km〔两段距离相等〕，则其平均速度为两者的调和平均值时速 40km。在现实中很多例子，需要使用调和平均值。

（7）分位数

如果我们有一组数据，把它们按从小到大的顺序排列，分位数就是正好能将这一数列等分的数。

将这一数列等分成两份，这个分位数称为中位数。将这一数列等分为 4 份，这三个分位数都称为四分位数，它从小到大依次称作：第一个四分位数、第二个四分位数、第三个四分位数。第二个四分位数就是中位数。

也可以将这一数列等分成五份，得到四个五分位数。也可以将这一数列等分成 10 份，得到九个十分位数。也可以将这一数列等分成 100 份，得到 99 个百分位数。

我们可以把所有的分位数都转换成百分数。例如，第二个五分位数就是第 40 个百分位数，第三个四分位数就是第 75 个百分位数。这样，我们就可以用以下公式来计算分位数：

$$L_y = \frac{(n+1)\,y}{100}$$

式中，n 表示数列中一共有多少个数；y 表示第几个百分数；L_y 表示结果是数列的第几个数。

例如，有这样一组数列：2，5，7，9，12，16，21，34，39，计算第四个五分位数。

第四个五分位数就是第 80 个百分位数，数列共有九个数，套用公式：

$$L_y = \frac{(n+1)\,y}{100} = \frac{(9+1)\times80}{100} = 8$$

数列的第八个数即为 34。

有这样一组数列：2，5，7，9，12，16，21，34，39，40，计算第四个五分位数。

第四个五分位数就是第 80 个百分位数，数列共有 10 个数，套用公式：

$$L_y = \frac{(n+1)y}{100} = \frac{(10+1) \times 80}{100} = 8.8$$

数列的第 8.8 个数是什么意思，就是第八个数再往右的 0.8 个数，第八个数是 34，第 9 个数是 39，相差 5，那么 0.8 个数就是 $5 \times 0.8 = 4$，所以 $34 + 4 = 38$，即第四个五分位数是 38。

（8）点估计的欺骗性

平均值的计算隐藏了大量的信息，因为它们将整个数据分布整合成一个数字。因此，常使用"点估计"或使用一个数字的指标，往往具有欺骗性。我们应该小心地确保不会通过平均值来丢失数据分布的关键信息，在使用平均值的时候也应该保持警惕。

9.4 数据离散状况的度量

本节我们将讨论如何使用离散度来描述一组数据。

离散度能够更好地测量一个数据分布。这在金融方面尤其重要，因为风险的主要测量方法之一是看历史上收益率的数据分布特征。如果收益率紧挨着平均值，那么我们就不用特别担心风险。如果收益率的很多数据点远离平均值，那风险就不小。具有低离散度的数据围绕平均值聚集，而高离散度的数据表明有许多非常大且非常小的数据点。

（1）MAD（平均绝对偏差）

平均绝对偏差是数据点距离算术平均值的偏差。我们使用偏差的绝对值，这使得比平均值大 5 的数据点和比平均值小 5 的数据点对 MAD 均贡献 5，否则偏差总和为 0。

$$\mathrm{MAD} = \frac{\sum\limits_{i=1}^{n} |X_i - \mu|}{n}$$

式中，n 是数据点的个数，μ 是其平均值。

（2）方差和标准差

数据离散程度的度量最常用的指标就是方差和标准差。在金融市场更是如此，诺贝尔经济学奖得主马科维茨创造性地将投资的风险定义为收益率的方差，因此为现代金融工程的大厦做了坚实奠基。量化投资更是如此，对于风险的度量大多时候是通过方差、标准差来完成。方差 σ^2 的定义如下：

$$\sigma^2 = \frac{\sum\limits_{i=1}^{n} (X_i - \mu)^2}{n}$$

标准差的定义为方差的平方根：σ。标准差的运用更为广泛，因为它和观测值在同一个数据维度，可以进行加减运算。

（3）下偏方差和下偏标准差

虽然方差和标准差告诉我们收益率是如何波动的，但它们并不区分向上的偏差和向下的偏差。通常情况下，在金融市场投资中，我们更加担心向下的偏差。因此下偏方差更多是在金融市场上的应用。

下偏方差是目标导向，认为只有负的收益才是投资真正的风险。下偏方差的定义与方差类似，唯一的区别在于下偏方差仅试用于低于均值的收益率样本。

下偏方差的定义如下：

$$\frac{\sum_{X_i < \mu} (X_i - \mu)^2}{n_{less}}$$

式中，n_{less} 表示小于均值的数据样本的数量。

下偏标准差就是下偏方差的平方根。

（5）目标下偏方差

目标下偏方差是仅关注低于某一目标的样本，定义如下：

$$\frac{\sum_{X_i < B} (X_i - B)^2}{n_B}$$

（6）极差

定义为：极差 = 最大值 – 最小值。

极差越小，离散程度越小。由定义可知极差只用到了一组数据中的两个数据，而忽略了数据的分布状况等许多有用的信息，因此仅仅用极差来度量离散程度显得很不够。

最后，要提醒读者注意的是：所有这些计算将给出样本统计，即数据的标准差。这是否反映了目前真正的标准差呢？其实还需要做出更多的努力来确定这一点，比如绘制数据样本直方图、概率密度图，这样更能全面地了解数据分布状况。尤其在金融方面，因为所有金融数据都是时间序列数据，平均值和方差可能随时间而变化。

9.5　数据分布的度量

本节介绍偏度和峰度以及如何运用这两个统计指标进行数据的正态性检验。

偏度和峰度是非常重要的统计指标。在金融市场上，我们并不需要对其有深入地了解，本文只是科普一些相关知识，重点是让大家明白偏度、峰度是什么以及通过这两个指标如何做到数据的正态性检验。

正态性检验在金融市场上之所以重要，是因为很多模型假设就是数据服从正态分布，因此我们在使用模型前应该对数据进行正态性检验，否则前面假设都没有满足，模型预测结果没有意义。

有时候，平均值和方差不足以描述数据分布。当我们计算方差时，我们对平均值的偏差进行了平方。在偏差很大的情况下，我们不知道数据分布是否可能是积极的或消极的。这里涉及分布的偏斜度和对称性。如果一个分布中，均值的一侧的部分是另一侧的镜子，则分布是对称的。例如，正态分布是对称的，如图9-2所示。平均值 μ 和标准差 σ 的正态分布定义为

$$f(x) = \frac{1}{\sigma\sqrt{2\pi}}e^{-\frac{(x-\mu)^2}{2\sigma^2}}$$

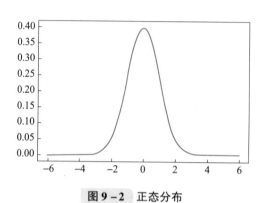

图9-2 正态分布

（1）偏度

偏度是描述数据分布形态的一个常用统计量，其描述的是某总体取值分布的对称性。这个统计量同样需要与正态分布相比较，偏度为0表示其数据分布形态与正态分布的偏斜程度相同；偏度大于0表示其数据分布形态与正态分布相比为正偏或右偏，即有一条长尾巴拖在右边，数据右端有较多的极端值；偏度小于0表示其数据分布形态与正态分布相比为负偏或左偏，即有一条长尾拖在左边，数据左端有较多的极端值。偏度的绝对值数值越大表示其分布形态的偏斜程度越大。

例如，分布可以具有许多小的正数和几个大的负值，这种情况是偏度为负，但仍然具有0的平均值，反之亦然（正偏度）。对称分布的偏度为0。正偏度分布中，平均值 > 中值 > 众数。负偏度刚好相反，平均值 < 中位数 < 众数。在一个完全对称的分布中，即偏度为0，此时平均值 = 中位数 = 众数。

偏度的计算公式为

$$S_K = \frac{n}{(n-1)(n-2)}\frac{\sum_{i=1}^{n}(X_i-\mu)^3}{\sigma^3}$$

式中，n 为所有观测值的个数，μ 是平均值，σ 是标准差。

偏度的正负符号描述了数据分布的偏斜方向。

我们可以绘制一个正偏度和负偏度的分布，看看其形状。

对于单峰分布，负偏度通常表示尾部在左侧较大（长尾巴拖在左边），而正偏度表示尾部在右侧较大（长尾巴拖在右边）。

偏度如图9-3所示。

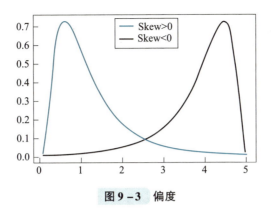

图 9 - 3 偏度

（2）峰度

峰度是描述总体中所有取值分布形态陡缓程度的统计量。这个统计量需要与正态分布相比较，峰度为 3 表示该总体数据分布与正态分布的陡缓程度相同；峰度大于 3 表示该总体数据分布与正态分布相比较为陡峭，为尖顶峰；峰度小于 3 表示该总体数据分布与正态分布相比较为平坦，为平顶峰。峰度的绝对值数值越大表示其分布形态的陡缓程度与正态分布的差异程度越大。

峰度的具体计算公式为

$$K = \frac{n(n+1)}{(n-1)(n-2)(n-3)} \frac{\sum_{i=1}^{n} (X_i - \mu)^4}{\sigma^4}$$

也可使用峰度与正态分布峰度的差值来定义分布形态的陡缓程度——超额峰度，用 K_E 表示。

$$K_E = \frac{n(n+1)}{(n-1)(n-2)(n-3)} \frac{\sum_{i=1}^{n} (X_i - \mu)^4}{\sigma^4} - \frac{3(n-1)^2}{(n-2)(n-3)}$$

如果数据量很大，那么

$$K_E \approx \frac{1}{n} \frac{\sum_{i=1}^{n} (X_i - \mu)^4}{\sigma^4} - 3$$

超额峰度如图 9 - 4 所示。

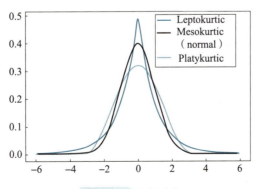

图 9 - 4 超额峰度

（3）使用 Jarque-Bera 的正态检验

Jarque-Bera 检验是一个通用的统计检验，可以比较样本数据是否具有与正态分布一样的偏度和峰度。Jarque-Bera 检验的零假设是数据服从正态分布。默认时 p 值为 0.05。

9.6 异常数据处理

异常值问题在数据分析中经常遇到，本节介绍了多种处理数据异常值的方法。

在金融数据分析中，常常会遇到一些值过大或者过小的情况，当用这些值来构造其他特征的时候，可能使得其他的特征也是异常点，这将严重影响对金融数据的分析，或者是影响模型的训练。下面我们学习一些关于异常点处理的常用方法。

（1）固定比例法

这种方法非常容易理解，我们把上下 2% 的值重新设置，若大于 99% 分位数的数值，则将其设置为 99% 分位数值，若低于 1% 分位数的数值，则将其重新设置为 1% 分位数值。

（2）均值标准差法

这种想法的思路来自于正态分布，假设 $X \sim N(\mu, \sigma^2)$，那么，

$$P(|X - \mu| > k\sigma) = \begin{cases} 0.317, k = 1 \\ 0.046, k = 2 \\ 0.003, k = 3 \end{cases}$$

通常把三倍标准差之外的值都视为异常值，不过要注意的是样本均值和样本标准差都不是稳健统计量，其计算本身受极值的影响非常大，所以可能会出现一种情况，那就是我们从数据分布图上能非常明显地看到异常点，但按照上面的计算方法，这个异常点可能仍在均值三倍标准差的范围内。因此按照这种方法剔除掉异常值后，需要重新观察数据的分布情况，看是否仍然存在显著异常点，若存在则继续重复上述步骤寻找异常点。

（3）MAD 法

MAD 法是针对均值标准差法的改进，把均值和标准差替换成稳健统计量，样本均值用样本中位数代替，样本标准差用样本 MAD（median absolute deviation）代替：

$$md = median(x_i, i = 1, 2, \cdots, n)$$
$$MAD = median(|x_i - md|, i = 1, 2, \cdots, n)$$

一般将偏离中位数三倍以上的数据作为异常值，和均值标准差法相比，其中位数和 MAD 不受异常值的影响。

（4）Boxplot 法

我们知道箱线图上也会注明异常值，假设 Q_1 和 Q_3 分别为数据从小到大排列的 25% 和 75% 分位数，记 $IQR = Q_1 - Q_3$，把

$$(-\infty, Q_1 - 3IQR) \cup (Q_3 + 3IQR, +\infty)$$

区间里的数据标识为异常点。分位数也是稳健统计量，因此 Boxplot 方法对极值不敏感，但如果样本数据正偏严重，且右尾分布明显偏厚时，Boxplot 方法会把过多的数据划分为异常数据，因此 Hubert 和 Vandervieren（2007）对原有 Boxplot 方法进行了偏度调整。首先样本偏度定义采用了 MedCouple 方法

$$md = median(x_i, \quad i = 1, 2, \cdots, n)$$

$$mc = median\left(\frac{(x_i - md) - (md - x_j)}{x_i - x_j}, \quad x_i \geqslant md, \quad x_j \leqslant md\right)$$

然后给出了经偏度调整 Boxplot 方法上下限：

$$L = \begin{cases} Q_1 - 1.5\exp(-3.5mc)IQR, & mc \geqslant 0 \\ Q_1 - 1.5\exp(-4mc)IQR, & mc < 0 \end{cases}$$

$$U = \begin{cases} Q_3 + 1.5\exp(4mc)IQR, & mc \geqslant 0 \\ Q_3 + 1.5\exp(3.5mc)IQR, & mc < 0 \end{cases}$$

读者可结合实际数据完成异常数据的处理。

9.7 描述性统计的 Excel 应用

对于一组数据（即样本观察值），要想获得他们的一些常用统计量，比如均值、众数、中位数、方差、标准差、峰度系数、偏度系数等，可以利用 Excel 中的统计函数来计算，但 Excel 提供了一种更方便快捷的方法，就是描述统计工具。描述统计工具用于生成数据源区域中数据的单变量统计分析报表，它可以同时计算出一组数据的多个常用统计量，提供有关数据集中趋势和离散趋势以及分布形态等方面的信息。下面通过一个具体的例子，介绍描述统计工具的具体使用。

例 9-1

利用描述统计工具分析

利用描述统计工具分析数据统计量：图 9-5 列出了某公司近 20 周的销售额、广告费用、货架容量等数据，试用描述统计工具求出这些数据的均值、方差、标准差等统计量，并判断是否来自正态总体（取 $\alpha = 0.05$）。

周	销售额（万元）	广告费用（万元）	货架容量（万个）
1	2010	201	75
2	1850	205	50
3	2400	355	75
4	1575	208	30
5	3550	590	75
6	2015	397	50
7	3908	820	75
8	1870	400	30
9	4877	997	75
10	2190	515	30
11	5005	996	75
12	2500	625	50
13	3005	860	50
14	3480	1012	50
15	5500	1135	75
16	1995	635	30
17	2390	837	30
18	4390	1200	50
19	2785	990	30
20	2989	1205	30

例 9-1 利用描述统计工具分析—数据

图 9-5 某公司近 20 周的销售额、广告费用、货架容量等数据

利用描述统计工具对某公司近 20 周的销售额、广告费用、货架容量等数据进行基本统计分析，具体操作步骤如下：

第一步：新建工作表。

某公司近 20 周的销售额、广告费用、货架容量等数据文件"al9 – 1 销售预测数据 . xls"，将图 9 – 5 中的数据输入到工作表中，表头名称为"利用描述统计工具进行基本统计分析"。

al9 – 1　销售预测数据

第二步：执行命令。

执行"数据"/"分析"/"数据分析"菜单命令，弹出"数据分析"对话框，在"数据分析"对话框中选择"描述统计"，如图 9 – 6 所示。

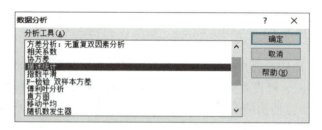

图 9 – 6　数据分析对话框

第三步：单击图 9 – 6 中的"数据分析"对话框的"确定"按钮。

弹出"描述统计"对话框，在该对话框中完成各项参数的具体设置，如图 9 – 7 所示。在"输入区域"中，单击"输入区域"后的单元格区域，选择 $B$1:$D$21 单元格区域；在"分组方式"中，选择"逐列"单选按钮。单击选中"标志位于第一行"复选框。单击"输出选项"中"输出区域"后的单元格区域，选择 $G$2 单元格；单击选中"汇总统计"复选框；单击选中"平均数置信度"复选框，使用默认值"95%"；单击选中"第 K 大值"复选框，使用默认值"1"；单击选中"第 K 小值"复选框，使用默认值"1"。

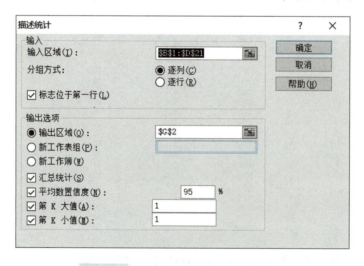

图 9 – 7　描述统计对话框各项参数设置

以下是"描述统计"对话框中各项的说明。

"输入区域"：指定要分析的数据所在的单元格区域。引用必须由两个或两个以上按列或行排列的相邻数据区域组成。

"分组方式"：指定输入数据是以行还是以列方式排列的。

"标志位于第一行"：若输入区域包括列标志行，则必须选中此复选框。否则，不能选中该复选框，此时 Excel 自动以列 1、列 2、列 3…… 作为数据的列标志。

"输出区域"：在此输入对输出表左上角单元格的引用。此工具将为每个数据集产生两列信息。左边一列包含统计标志，右边一列包含统计值。根据所选择的"分组方式"选项，Excel 将为数据源区域中的每一行或每一列生成一个两列的统计表。

"新工作表组"：单击此选项可在当前工作簿中插入新工作表，并从新工作表的 A1 单元格开始粘贴计算结果。若要为新工作表命名，请在框中键入名称。

"新工作簿"：单击此选项可创建新工作簿并将结果添加到其中的新工作表中。

"汇总统计"：若选中，则显示描述统计结果，否则不显示结果。如果需要 Excel 在输出表中为下列每个统计结果生成一个字段，请选中此选项。这些统计结果有：平均值、标准误差（相对于平均值）、中位数、众数、标准差、方差、峰度、偏度、极差（全距）、最小值、最大值、总和、观测数、最大值（#）、最小值（#）和置信度。

"平均数置信度"：如果需要在输出表的某一行中包含平均数的置信度，请选中此选项。在框中，输入要使用的置信度。例如，数值 95% 可用来计算在显著性水平为 5% 时的平均数置信度。

"第 K 大值"：根据需要指定要输出数据中的第 K 个最大值。如果输入 1，则该行将包含数据集中的最大值。

"第 K 小值"：如果需要在输出表的某一行中包含每个数据区域中的第 K 个最小值，请选中此选项。如果输入 1，则该行将包含数据集中的最小值。

第四步：单击图 9 – 7 中的"确定"按钮，完成对某公司近 20 周的销售额、广告费用、货架容量等数据的描述统计分析，输出结果如图 9 – 8 所示。

周	销售额（万元）	广告费用（万元）	货架容量（万个）		利用描述统计工具进行基本统						
					销售额（万元）		广告费用（万元）		货架容量（万个）		
1	2010	201	75								
2	1850	205	50								
3	2400	355	75		平均	3014.2	平均	709.15	平均	51.75	
4	1575	208	30		标准误差	263.3465	标准误差	76.11820015	标准误差	4.326707147	
5	3550	590	75		中位数	2642.5	中位数	727.5	中位数	50	
6	2015	397	50		众数	#N/A	众数	#N/A	众数	75	
7	3908	820	75		标准差	1177.722	标准差	340.4109397	标准差	19.3496226	
8	1870	400	30		方差	1387028	方差	115879.6079	方差	374.4078947	
9	4877	997	75		峰度	-0.45851	峰度	-1.328104061	峰度	-1.677834317	
10	2190	515	30		偏度	0.822625	偏度	-0.115544181	偏度	0.128512836	
11	5005	996	75		区域	3925	区域	1004	区域	45	
12	2500	625	50		最小值	1575	最小值	201	最小值	30	
13	3005	860	75		最大值	5500	最大值	1205	最大值	75	
14	3480	1012	50		求和	60284	求和	14183	求和	1035	
15	5500	1135	75		观测数	20	观测数	20	观测数	20	
16	1995	635	30		最大(1)	5500	最大(1)	1205	最大(1)	75	
17	2390	837	50		最小(1)	1575	最小(1)	201	最小(1)	30	
18	4390	1200	50		置信度(95.0%)	551.1906	置信度(95.0%)	159.3172236	置信度(95.0%)	9.055902116	
19	2785	990	30								

图 9 – 8 描述统计输出结果

从图 9 – 8 中可知，某公司近 20 周的销售额的样本均值为 3014.2000、样本方差为 1387027.9579、中位数为 2642.5000（即在这组数据中居于中间的数）、众数为#N/A（即无众数）、最小值为 1575.0000、最大值为 5500.0000。偏度（= 0.8226）不接近于 0，峰度（= – 0.4585）不接近 0，数据分布呈高峰态，不能够认为这些数据是来自正态总体的。广告费用与货架容量数据描述与销售额数据类似，不再赘述。

通过例 9 – 1 可以看出，使用 Excel 分析工具中的描述统计功能，可以不用利用统计函数或公式去求解每一个统计量，而能直接得到平均数、标准差、偏度、峰度、最大值、最小值、观测数等统计量。可见，使用分析工具中的描述统计，大大提高了统计分析的效率。

思 考 题

al9 – 2　数据

1. 常用的数据集中趋势的度量方法有哪些？

2. 常用的数据离散状况的度量方法有哪些？

3. 对文件"al9 – 2. xls"中的数据：2019 年中国 250 家上市公司的财务数据，求其总负债、净利润、营业收入的均值、中位数、极值、标准差等描述性统计量。

第 10 章　参数假设检验与区间估计

10.1　参数假设检验

10.1.1　参数假设检验的概念

为了推断总体的某些性质，我们会提出总体性质的各种假设。假设检验就是根据样本提供的信息对所提出的假设做出判断的过程。

原假设是我们有怀疑，想要拒绝的假设，记为 H_0。备择假设是我们拒绝了原假设后得到的结论，记为 H_1。

假设都是关于总体参数的，例如，我们想知道总体均值是否等于某个常数 μ_0，那么原假设是 $H_0: \mu = \mu_0$，则备择假设是 $H_1: \mu \neq \mu_0$。

上面这种假设，我们称为双尾检验，因为备择假设是双边的。下面两种假设检验称为单尾检验。

1）$H_0: \mu \geqslant \mu_0$，$H_1: \mu < \mu_0$。

2）$H_0: \mu \leqslant \mu_0$，$H_1: \mu > \mu_0$。

注意：无论是单尾检验还是双尾检验，等号永远都在原假设一边，这是用来判断原假设的唯一标准。

10.1.2　第一类错误和第二类错误

我们在做假设检验的时候会犯两类错误：

第一类错误：原来假设是正确的，却拒绝了原来的假设。

第二类错误：原来假设是错误的，却没有拒绝原来的假设。

这类似于法官判案时，如果被告是好人，却判他为坏人；这是第一类错误（错杀好人或真为假）。如果被告是坏人，却判他为好人；这是第二类错误（放走坏人或以假为真）。

在其他条件下，如果要求犯第一类错误概率越小，那么犯第二类错误的概率就会越大。通俗地理解是：当我们要求错杀好人的概率降低，那么往往就会放走坏人。

同样地，在其他情况不变的情况下，如果要求犯第二类错误概率越小，那么犯第一类错误的概率就越大。通俗地理解是：当我们要求放走坏人的概率降低，那么往往就会错杀好人。

其他条件不变主要是指样本量 n 不变。换言之，要想少犯第一类错误的概率和第二类错误的概率，就要增大样本量 n。

在假设检验的时候，我们会规定一个允许犯第一类错误的概率，比如 5%，这称为显著性水平，记为 α。我们通常只规定犯第一类错误的概率，而不规定犯第二类错误的概率。

检验的势定义为在原假设是错误的情况下正确拒绝原假设的概率。检验的势等于 1 减去犯第二类错误的概率。

显著性水平和检验的势见表 10-1。

表 10-1　显著性水平和检验的势

判断	原假设正确	原假设不正确
拒绝原假设	第一类错误 显著性水平 α	判断正确 检验的势 $= 1 - P$（第二类错误）
没有拒绝原假设	判断正确	第二类错误

要做假设检验，我们先要计算两样东西：检验统计量和关键值。

检验统计量是从样本数据中计算得来的。检验统计量的一般形式为：

检验统计量 =（样本统计量 – 在 H_0 中假设的总体参数值）/样本统计量的标准误

关键值是查表得到的。关键值的计算需要知道下面三点：

1）检验统计量是什么分布。这决定我们要去查哪张表。

2）显著性水平。

3）是双尾检验还是单尾检验。

10.1.3　决策规则

1. 基于检验统计量和关键值的决策准则

计算检验统计量和关键值之后，怎样判断是拒绝原假设还是不拒绝原假设呢？

首先，我们要搞清楚我们做的是双尾检验还是单尾检验。如果是双尾检验，那么拒绝域在两边。以双尾 z 检验为例，首先画出 z 分布（标准正态分布），然而在左右两边画出拒绝域，如图 10-1 所示。

拒绝区域的面积应等于显著性水平。以 $\alpha = 0.05$ 为例，左右两块拒绝区域的面积之和应等于 0.05，可知交界处的数值为 ± 1.96。± 1.96 即为关键值。

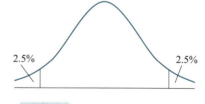

图 10-1　左右两边的拒绝域

如果从样本数据中计算得出的检验统计量落在拒绝区域（小于 –1.96 或大于 1.96），就拒绝原假设；如果检验统计量没有落在拒绝区域（–1.96 ~ 1.96 之间），就不能拒绝原假设。

如果是单尾检验，那么拒绝区域在一边。拒绝区域在哪一边，要看备择假设在哪一边。以单尾的 z 检验为例，设原假设为 $H_0: \mu \leqslant \mu_0$，备择假设为 $H_1: \mu > \mu_0$，那么拒绝区域在右边，因为备择假设在右边。首先画出 z 分布（标准正态分布），然而在右边画出拒绝区域，如图 10-2 所示。

图 10-2　右边的拒绝域

拒绝区域的面积还是等于显著性水平。以 $\alpha = 0.05$ 为例，因为只有一块拒绝区域，因此其面积为 0.05，可知交界处的数值为 1.65。1.65 即为关键值。

如果从样本数据中计算得出的检验统计量落在拒绝区域（大于 1.65），就拒绝原假设；如果检验统计量没有落在拒绝区域（小于 1.65），就不能拒绝原假设。

2. 基于 p 值和显著性水平的决策规则

在实际中，如统计软件经常给出的是 p 值，可以将 p 值与显著性水平做比较，以决定拒绝还是不拒绝原假设，这是基于 p 值和显著性水平的决策规则。

首先来看看 p 值到底是什么。对于双尾检验，有两个检验统计量，两个统计量两边的面积之和就是 p 值。因此，每一边的面积是 $p/2$，如图 10-3 所示。

对于单尾检验，只有一个检验统计量，检验统计量边上的面积就是 p 值，如图 10-4 所示。

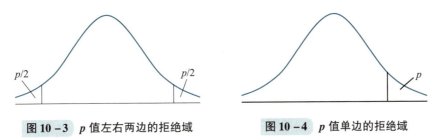

图 10-3 p 值左右两边的拒绝域   **图 10-4** p 值单边的拒绝域

计算 p 值的目的是与显著性水平做比较。如果 p 值小于显著性水平，说明检验统计量落在拒绝区域，因此拒绝原假设。如果 p 值大于显著性水平，说明检验统计量没有落在拒绝区域，因此不能拒绝原假设。

p 值的定义为：可以拒绝原假设的最小显著性水平。

3. 结论的陈述

如果不能拒绝原假设，我们不能说接受原假设，只能说 can not reject H_0 或 fail to reject H_0。在做出判断之后，我们还要陈述结论。如果拒绝原假设，那么我们说总体均值不等于某个常数是统计显著的。

10.2 单个总体均值的假设检验

我们想知道一个总体均值是否等于（或大于等于、小于等于）某个常数 μ_0，可以使用 z 检验或 t 检验。双尾检验和单尾检验的原假设和备择假设如下：

1）$H_0: \mu = \mu_0$，$H_1: \mu \neq \mu_0$。

2）$H_0: \mu \geq \mu_0$，$H_1: \mu < \mu_0$。

3）$H_0: \mu \leq \mu_0$，$H_1: \mu > \mu_0$。

正态总体的条件下，什么时候使用 z 检验，什么时候使用 t 检验，见表 10-2。

表 10 – 2　z 检验与 t 检验的使用

条件	正态总体	
	$n < 30$	$n \geqslant 30$
已知总体方差	z 检验	z 检验
未知总体方差	t 检验	t 检验或 z 检验

下面，我们要计算 z 统计量和 t 统计量。

①如果已知总体方差，那么 z 统计量的公式为

$$z = \frac{\bar{x} - \mu_0}{\sigma \sqrt{n}}$$

式中，$\bar{x}$ 为样本均值，σ 为总体标准差，n 为样本容量。

②如果未知总体方差，那么 z 统计量的公式为

$$z = \frac{\bar{x} - \mu_0}{s \sqrt{n}}$$

式中，$\bar{x}$ 为样本均值，s 为样本标准差。且有

$$n > 30, s^2 = \frac{1}{n} \sum_{i=1}^{n} (x_i - \bar{x})^2; n < 30, s^2 = \frac{1}{n-1} \sum_{i=1}^{n} (x_i - \bar{x})^2 。$$

③t 统计量的公式为

$$t_{n-1} = \frac{\bar{x} - \mu_0}{s \sqrt{n}}$$

式中，$\bar{x}$ 为样本均值，s 为样本标准差，n 为样本容量，下标 $n-1$ 是 t 分布的自由度，我们在查表找关键值时要用到自由度。

例 10 – 1

一个股票型共同基金的风险收益特征。这是一家已经在市场中生存了 24 个月的中等市值成长型基金。在这个区间中，该基金实现了 1.50% 的月度平均收益率，而且该月度收益率的样本标准差为 3.6%。给定该基金所面临的系统性风险（市场风险）水平，并根据一个定价模型，我们预期该共同基金在这个区间中应该获得 1.10% 的月度平均收益率。假定收益率服从正态分布，那么实际结果是否和 1.10% 这个理论上的月度平均收益率或者总体月度平均收益率相一致？

1）给出与该研究项目的语言描述相一致的原假设和备择假设。

2）找出对于第一问中的假设进行检验的检验统计量。

3）求出 0.10 显著性水平下第一问中所检验的假设的拒绝点。

4）确定是否应该在 0.10 的显著性水平下拒绝原假设。

解：1）我们有一个"不等"的备择假设，其中 μ 是该股票基金对应的平均收益率，原假设为 $H_0: \mu = 1.10$，备择假设为 $H_1: \mu \neq 1.10$。

2）总体方差是未知的，我们利用 $24 - 1(n-1) = 23$ 自由度的 t 检验。

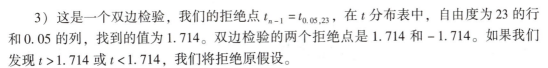

3）这是一个双边检验，我们的拒绝点 $t_{n-1} = t_{0.05,23}$，在 t 分布表中，自由度为 23 的行和 0.05 的列，找到的值为 1.714。双边检验的两个拒绝点是 1.714 和 −1.714。如果我们发现 $t > 1.714$ 或 $t < 1.714$，我们将拒绝原假设。

4）$t_{23} = \dfrac{\bar{x} - \mu_0}{s \sqrt{n}} = \dfrac{1.50 - 1.10}{3.6\% / \sqrt{24}} \approx 0.544$。

10.3　两个总体均值的假设检验

1. 两个独立总体的均值检验

我们想知道两个相互独立的正态分布总体的均值是否相等，可以使用 t 检验来完成。双尾检验和单尾检验的原假设和备择假设如下：

1）$H_0: \mu_1 = \mu_2$，$H_1: \mu_1 \neq \mu_2$。

2）$H_0: \mu_1 \geqslant \mu_2$，$H_1: \mu_1 < \mu_2$。

3）$H_0: \mu_1 \leqslant \mu_2$，$H_1: \mu_1 > \mu_2$。

μ_1 和 μ_2 分别表示取自第一个总体的样本和取自第二个总体的样本，这两个样本是相互独立的。

在开始做假设检验之前，我们先要区分两种情况：第一种，两总体方差未知但假定相等；第二种，两总体方差未知且假定不等。

对于第一种情况，我们用 t 检验，其自由度（df）为 $n_1 + n_2 - 2$。T 统计量的计算公式如下：

$$t_{n_1 + n_2 - 2} = \frac{(x_1 - x_2) - (\mu_1 - \mu_2)}{\sqrt{\dfrac{s_p^2}{n_1} + \dfrac{s_p^2}{n_2}}}, \quad s_p^2 = \frac{(n_1 - 1)\, s_1^2 + (n_2 - 1)\, s_2^2}{n_1 + n_2 - 2}$$

式中，s_1^2 为第一个样本的样本方差，s_2^2 为第二个样本的样本方差，n_1 为第一个样本的样本量，n_2 为第二个样本的样本量。

对于第二种情况，也可用 t 检验，但自由度过于复杂，此处略。

公式如下：

$$t = \frac{(x_1 - x_2) - (\mu_1 - \mu_2)}{\sqrt{\dfrac{s_1^2}{n_1} + \dfrac{s_2^2}{n_2}}}$$

式中，s_1^2 为第一个样本的样本方差，s_2^2 为第二个样本的样本方差，n_1 为第一个样本的样本量，n_2 为第二个样本的样本量。

例 10 − 2

20 世纪 80 年代的标准普尔 500 指数已实现的月度平均收益率似乎与 20 世纪 70 年代的月度平均收益率有着巨大的不同，那么这个不同是否在统计上是显著的呢？表 10 − 3 所给的数据表明，我们没有充足的理由拒绝这两个 10 年收益率的总体方差是相同的。

表 10 – 3　两个 10 年的标准普尔 500 指数的月度平均收益率及其标准差

10 年区间	月份数 n	月度平均收益率	标准差
20 世纪 70 年代	120	0.580	4.598
20 世纪 80 年代	120	1.470	4.738

1) 给出与双边假设检验相一致的原假设和备择假设。

2) 找出检验第一问中假设的检验统计量。

3) 求出第一问中所检验的假设在 0.10，0.05 和 0.01 显著性水平下的拒绝点。

4) 确定在 0.10，0.05 和 0.01 显著性水平下是否应拒绝原假设。

解：1) 令 μ_1 表示 20 世纪 70 年代的总体平均收益率，令 μ_2 表示 20 世纪 80 年代的总体平均收益率，于是我们给出如下的假设：

$$H_0: \mu_1 = \mu_2 \quad H_1: \mu_1 \neq \mu_2。$$

2) 因为两个样本分别取自不同的 10 年区间，所以它们是独立样本。总体方差是未知的，但是可以被假设为相等。给定所有这些条件，在 T 统计量的计算公式中所给出的 t 检验具有 $120 + 120 - 2(n_1 + n_2 - 2) = 238$ 的自由度。

3) 在 t 分布表中，最接近 238 的自由度为 200。对于一个双边检验，df = 200 的 0.10，0.05，0.01 显著性水平下的拒绝点分别为 ±1.653，±1.972，±2.601。即在 0.10 显著性水平下，如果 $t < -1.653$ 或者 $t > 1.653$，我们将拒绝原假设；在 0.05 显著性水平下，如果 $t < -1.972$ 或者 $t > 1.972$，我们将拒绝原假设；在 0.01 显著性水平下，如果 $t < -2.601$ 或者 $t > 2.601$，我们将拒绝原假设。

4) 计算检验统计量时，首先计算合并方差的估计值：

$$s_p^2 = \frac{(n_1 - 1)\, s_1^2 + (n_2 - 1)\, s_2^2}{n_1 + n_2 - 2} = \frac{(120 - 1)\,(4.598)^2 + (120 - 1)\,(4.738)^2}{120 + 120 - 2} \approx 21.795$$

$$t_{n_1 + n_2 - 2} = \frac{(\bar{x}_1 - \bar{x}_2) - (\mu_1 - \mu_2)}{\sqrt{\dfrac{s_p^2}{n_1} + \dfrac{s_p^2}{n_2}}} = \frac{(0.580 - 1.470) - 0}{\left(\dfrac{21.795}{120} + \dfrac{21.795}{120}\right)^{1/2}} = \frac{-0.89}{0.602704} \approx -1.477$$

t 值等于 -1.477 在 0.10 显著性水平下不显著，同样在 0.05 和 0.01 显著性水平下也不显著。因此，我们无法在任意一个显著性水平下拒绝原假设。

当我们能假设两个总体服从正态分布，但是不知道总体方差，而且不能假设方差是相等的时候，基于独立随机样本的近似，给出检验如下：

$$t = \frac{(\bar{x}_1 - \bar{x}_2) - (\mu_1 - \mu_2)}{\sqrt{\dfrac{s_1^2}{n_1} + \dfrac{s_2^2}{n_2}}}$$

式中，s_1^2 为第一个样本的样本方差，s_2^2 为第二个样本的样本方差，n_1 为第一个样本的样本量，n_2 为第二个样本的样本量。

其中，我们使用"修正的"自由度，其计算公式为

$$df = \frac{(s_1^2/n_1 + s_2^2/n_2)^2}{(s_1^2/n_1)^2/n_1 + (s_2^2/n_2)^2/n_2}$$

例 10 – 3

违约债券的回收率：一个假设检验。具有风险的公司债券的要求收益率是如何决定的？两个重要的考虑因素为预期违约概率和在违约发生的情况下预期能够回收的金额（即回收率）。奥特曼（Altman）和基肖尔（Kishore）（1996）首次记录了行业和信用等级进行分层的违约债券的平均回收率。对于他们的研究区间 1971 年—1995 年，奥特曼和基肖尔发现公共事业公司、化工类公司、石油公司以及塑胶制造公司的违约债券的回收率明显要高于其他行业。这一差别是否能够通过在搞回收率行业中的高信用债券比较来解释？他们通过检验以信用等级分层的回收率来对此进行研究。这里，我们仅讨论他们对于高信用担保债券的结果。其中 μ_1 表示公共事业公司的高信用担保债券的总体平均回收率，μ_2 表示其他行业（非公共事业）公司的高信用担保债券的总体平均回收率，假设 $H_0: \mu_1 = \mu_2$，$H_1: \mu_1 \neq \mu_2$。

高信用担保债券的部分结果见表 10 – 4。

表 10 – 4　高信用担保债券的回收率　　　　　　　　　（单位：美元）

行业类/ 高信用	公共事业公司的样本			非公共事业公司的样本		
	观测数	违约时的 平均价格	标准差	观测数	违约时的 平均价格	标准差
公共事业 高信用担保	21	64. 42	14. 03	64	55. 75	25. 17

根据研究假设，总体服从正态分布，并且样本是独立的。根据表 10 – 4 中的数据，回答下列问题：

1）讨论为什么奥特曼和基肖尔会选择

$$t = \frac{(\bar{x}_1 - \bar{x}_2) - (\mu_1 - \mu_2)}{\sqrt{\dfrac{s_1^2}{n_1} + \dfrac{s_2^2}{n_2}}} \text{ 而不是 } t_{n_1 + n_2 - 2} = \frac{(\bar{x}_1 - \bar{x}_2) - (\mu_1 - \mu_2)}{\sqrt{\dfrac{s_p^2}{n_1} + \dfrac{s_p^2}{n_2}}} \text{ 的检验方法。}$$

2）计算上述给出的原假设的检验统计量。

3）该检验的修正自由度的数值为多少？

4）确定在 0. 10 显著性水平下是否应该拒绝原假设。

解：1）高信用担保债券的公共事业公司回收率的样本标准差 14. 03 要比与之相比的非公共事业公司回收率的样本标准差 25. 17 更小。故不假设它们的均值相等的选择是恰当

的，所以奥特曼和基肖尔采用 $t = \dfrac{(\bar{x}_1 - \bar{x}_2) - (\mu_1 - \mu_2)}{\sqrt{\dfrac{s_1^2}{n_1} + \dfrac{s_2^2}{n_2}}}$ 检验。

2）检验统计量为

$$t = \frac{(\bar{x}_1 - \bar{x}_2) - (\mu_1 - \mu_2)}{\sqrt{\dfrac{s_1^2}{n_1} + \dfrac{s_2^2}{n_2}}}$$

式中，$\bar{x}_1$ 表示公共事业公司的样本平均价格（64.42），$\bar{x}_2$ 表示非公共事业公司的样本平均价格（55.75），$s_1^2 = 14.03^2 = 196.84$，$s_2^2 = 25.17^2 = 633.53$，$n_1 = 21$，$n_2 = 64$。因此，

$$t = \frac{(\bar{x}_1 - \bar{x}_2) - (\mu_1 - \mu_2)}{\sqrt{\dfrac{s_1^2}{n_1} + \dfrac{s_2^2}{n_2}}} = \frac{64.42 - 55.75}{[196.84/21 + 633.53/64]^{1/2}} = 1.975$$

3）$df = \dfrac{(s_1^2/n_1 + s_2^2/n_2)^2}{(s_1^2/n_1)^2/n_1 + (s_2^2/n_2)^2/n_2}$

$$= \frac{(196.84/21 + 633.53/64)^2}{(196.84/21)^2/21 + (633.53/64)^2/64} \approx 65$$

即 65 个自由度。

4）在 t 分布表的数值表中最接近 $df = 65$ 的一栏是 $df = 60$。对于 $\alpha = 0.10$，我们找到 $t_{\alpha/2} = 1.671$。因此，如果 $t < -1.671$ 或 $t > 1.671$，我们就会拒绝原假设。基于所计算的值 $t = 1.975$，我们在 0.10 显著性水平下拒绝原假设。存在一些公共事业公司和非公共事业公司回收率不同的证据。为什么是这样的？奥特曼和基肖尔认为公司资产的不同性质以及不同行业的竞争水平造成了不同的回收率情况。

2. 成对比较检验

上面我们讲的是两个相互独立的正态分布总体的均值检验，两个样本是相互独立的。如果两个样本相互不独立，我们做均值检验时要使用成对比较检验。成对比较检验也使用 t 检验来完成，双尾检验和单尾检验的原假设和备择假设如下：

1）H_0: $\mu_d = \mu_0$，H_1: $\mu_d \neq \mu_0$

2）H_0: $\mu_d \geq \mu_0$，H_1: $\mu_d < \mu_0$

3）H_0: $\mu_d \leq \mu_0$，H_1: $\mu_d > \mu_0$

式中，μ_d 表示两个样本均值之差，为常数，μ_0 通常等于 0。T 统计量的自由度为 $n-1$，计算公式为

$$t = \frac{\bar{d} - \mu_0}{s_{\bar{d}}}$$

式中，$\bar{d}$ 是样本差的均值。我们取得两个成对的样本之后，对应相减，就得到一组样本差的数据，求这一组数据的均值，就是 $\bar{d}$。$s_{\bar{d}}$ 是 $\bar{d}$ 的标准误，即 $s_{\bar{d}} = s_d / \sqrt{n}$。

例 10-4 说明了成对比较检验对于竞争的投资策略进行评估的这个检验的应用。

例 10 - 4

麦奎因（Mcqueen）、谢尔德斯（Shields）和索利（Thorley）（1997）检验了一个流行的投资策略（该策略投资于道琼斯工业平均指数中收益率最高的 10 只股票，称为道 - 10 投资策略）与一个买入并持有的策略（该策略投资于道琼斯工业平均指数中所有的 30 只股票，称为道 - 30 投资策略）之间的业绩比较。他们研究的区间段是 1946 年—1995 年的 50 年区间。道 - 10 和道 - 30 投资组合年度收益率汇总见表 10 - 5。

表 10 - 5　道 - 10 和道 - 30 投资组合年度收益率汇总（1946—1995）（$n = 50$）

策略	平均收益率	标准差
道 - 10	16.77%	19.10%
道 - 30	13.71%	16.64%
差别	3.06%	2.46%

1）给出道 - 10 和道 - 30 投资策略间收益率差别的均值等于 0 这个双边检验相一致的原假设和备择假设。

2）找出对于 1）中假设进行检验的检验统计量。

3）求出在 0.01 显著性水平下 1）中所检验的假设的拒绝点。

4）确定在 0.01 显著性水平下是否应该拒绝原假设。

5）讨论为什么选择成对比较检验。

解：1）μ_d 表示道 - 10 投资策略和道 - 30 投资策略间收益率差别的均值，我们有：

$$H_0: \mu_d = 0, \quad H_1: \mu_d \neq 0$$

2）因为总体方差未知，所有检验统计量为一个自由度为 $50 - 1 = 49$ 的 t 检验。

3）在 t 分布表中，我们查阅自由度为 49 的一行，显著性水平为 0.05 的一列，从而得到 2.68。如果我们发现 $t > 2.68$ 或 $t < -2.68$，我们将拒绝原假设。

4）

$$t = \frac{3.06}{2.46 / \sqrt{50}} = 8.80$$

因为 $8.80 > 2.68$，所以我们拒绝原假设。

结论：平均收益率的差别在统计上是明显显著的。

5）道 - 30 投资策略包含道 - 10 投资策略。因此，它们不是相互独立的样本；通常，道 - 10 投资策略和道 - 30 投资策略间收益率的相关系数为正。因为样本是相互依赖的，成对比较检验是恰当的。

10.4　单个总体方差的假设检验

首先是关于单个总体方差是否等于（或大于等于，小于等于）某个常数的假设检验。我们要使用卡方检验。

双尾检验和单尾检验的原假设和备择假设如下：

1) $H_0: \sigma^2 = \sigma_0^2$，$H_1: \sigma^2 \neq \sigma_0^2$。

2) $H_0: \sigma^2 \geq \sigma_0^2$，$H_1: \sigma^2 < \sigma_0^2$。

3) $H_0: \sigma^2 \leq \sigma_0^2$，$H_1: \sigma^2 > \sigma_0^2$。

卡方统计量的自由度为 $n-1$，计算方法如下：

$$\chi^2 = \frac{(n-1)\ s^2}{\sigma_0^2}$$

式中，s^2 为样本方差。

例 10 – 5

某股票的历史月收益率的标准差为 5%，这一数据是基于 2003 年以前的历史数据测定的。现在，选取 2004 年—2006 年这 36 个月的月收益率数据，来检验其标准差是否还为 5%。我们测得这 36 个月的月收益率标准差为 6%。以显著性水平为 0.05，检验其标准差是否还为 5%，结果如何？

---

1) 写出原假设和备择假设

$$H_0: \sigma^2 = (5\%)^2, \quad H_1: \sigma^2 \neq (5\%)^2$$

2) 使用卡方检验。

3)
$$\chi^2 = \frac{(n-1)s^2}{\sigma_0^2} = \frac{(36-1) \times (6\%)^2}{(5\%)^2} = 50.400$$

4) 查表得到卡方关键值。对于显著性水平 0.05，由于是双尾检验，两边的拒绝区域面积都为 0.025，自由度为 35，因此关键值为 20.569 和 53.203。

5) 由于 50.400 < 53.203，卡方统计量没有落在拒绝区域，因此我们不能拒绝原假设。

6) 陈述结论：该股票的标准差没有显著地不等于 5%。

10.5 两个总体方差的假设检验

双尾检验和单尾检验的原假设和备择假设如下：

1) $H_0: \sigma_1^2 = \sigma_2^2$，$H_1: \sigma_1^2 \neq \sigma_2^2$。

2) $H_0: \sigma_1^2 \geq \sigma_2^2$，$H_1: \sigma_1^2 < \sigma_2^2$。

3) $H_0: \sigma_1^2 \leq \sigma_2^2$，$H_1: \sigma_1^2 > \sigma_2^2$。

F 统计量的自由度为 $n_1 - 1$ 和 $n_2 - 1$，计算方法如下：

$$F = \frac{s_1^2}{s_2^2}$$

注意：永远把较大的一个样本方差放在分子上，即 F 统计量大于 1，如果这样，我们只需考虑右边的拒绝区域，而不管 F 检验是单尾检验还是双尾检验。

例 10 – 6

我们想检验 IBM 股票和 HP 股票的月收益率的标准差是否相等，选取 2004 年—2006 年这 36 个月的月收益率数据，来检验其标准差是否还为 5%。我们测得这 36 个月的月收益率标准差分别为 6% 和 5%。显著性水平为 0.05，假设检验的结果如何？

1）写出原假设和备择假设

$$H_0: \sigma_1^2 = \sigma_2^2, \ H_1: \sigma_1^2 \neq \sigma_2^2$$

2）使用 F 检验；

3）计算 F 统计量 $F = s_1^2/s_2^2 = (6\%)^2/(5\%)^2 = 1.44$；

4）查表得到 F 关键值 2.07；

5）由于 $1.44 < 2.07$，F 统计量没有落在拒绝区域，因此我们不能拒绝原假设；

6）陈述结论：IBM 股票和 HP 股票的标准差没有显著地不等。

10.6　成对样本均值差的 t 检验的 Excel 应用实例

成对样本均值差检验用到 t 检验。t 检验分为单样本与双样本两种情况，其中单样本分析能对总体均值进行双侧检验和单侧检验；双样本分析能对双样本均值差、等方差双样本和异方差双样本进行检验。为实现 t 检验，我们介绍成对样本均值差检验的 Excel 检验方法。

当样本中存在自然配对的观察值时（例如，对一个样本组在实验前后进行了两次检验），可以使用此成对检验。此分析工具及其公式可以进行成对双样本 t 检验，以确定取自处理前后的观察值是否来自具有相同总体平均值的分布。此 t 检验并未假设两个总体的方差是相等的。

在此将用到 t 检验函数：TTEST 函数。TTEST 函数通过返回与 t 检验相关的概率。可以使用函数 TTEST 判断两个样本是否可能来自两个具有相同平均值的总体。

函数语法：TTEST（array1，array2，tails，type）。

1）array1 为第一个数据集。

2）array2 为第二个数据集。

3）tails 指示分布曲线的尾数。如果 tails = 1，函数 TTEST 使用单尾分布；如果 tails = 2，函数 TTEST 使用双尾分布。

4）type 为 t 检验的类型。如果 type 等于 1，对应检验方法为成对；如果 type 等于 2，对应检验方法为等方差双样本检验；如果 type 等于 3，对应检验方法为异方差双样本检验。

5）如果 array1 和 array2 的数据点个数不同，且 type = 1（成对），函数 TTEST 返回错误值#N/A。

6）参数 tails 和 type 将被截尾取整。

7）如果 tails 或 type 为非数值型，函数 TTEST 返回错误值#VALUE！。如果 tails 不为

1 或2，函数 TTEST 返回错误值#NUM！。

8）TTEST 使用 array1 和 array2 中的数据计算非负值 t 统计。如果 tails = 1，假设 array1 和 array2 为来自具有相同平均值的总体样本，则 TTEST 返回 t 统计较高值的概率。假设"总体平均值相同"，则当 tails = 2 时返回的值是当 tails = 1 时返回值的两倍，且符合 t 统计的较高绝对值的概率。

例 10 – 7

例 10 –7 50 支股票
价格—数据

为了研究一种政策的效果，特抽取了 50 支股票进行试验，政策实施前后股票的价格见表 10 – 6。试用成对样本 t 检验方法判断该政策能否引起研究股票价格的明显变化（设定显著性水平为 5%）。

表 10 – 6　政策实施前后的股票价格　　　（单位：元）

编号	政策前价格	政策后价格
1	88.60	75.60
2	85.20	76.50
3	75.20	68.20
⋮	⋮	⋮
48	82.70	78.10
49	82.40	75.30
50	75.60	69.90

在目录 F:\2glkx\data 下建立"al10.xls"数据文件后，如图 10 –5 所示。

al10　数据

	A	B	C
1	fa		fb
2	145		101
3	147		98
4	139		87
5	138		106
6	135		105
7	133		108
8	135		114
9	138		112
10	144		110
11	143		103
12	98		105
13	108		101
14	109		98
15	124		87
16	134		106
17	129		105
18	133		108
19	139		114
20	141		112
21	142		110
22	143		103
23	145		105
24	147		101
25	139		98
26	138		87
27	135		106
28	133		105
29	135		108
30	138		114
31	144		112
32	145		110
33	147		103
34	139		105

图 10 –5　实施政策前后股票的价格

下面使用 Excel 统计函数对例 10 – 7 进行成对样本均值差 t 检验，具体操作步骤如下：

1）**第一步：打开"al10 – 2. xls"数据文件。**

单击 F2 单元格，在编辑栏中输入显著性水平 α 值"0.05"。

2）**第二步：运用 TTEST 函数给出对应 P 值。**单击 F3 单元格，在编辑栏中输入" = TTEST(A2: A41, C2: C41, 2, 1)"，如图 10 – 6 所示。

3）**第三步：给出检验结果。**单击 F5 单元格，在编辑栏中输入" = IF(F3 > F2,"该政策没有引起股票价格的明显变化"," 该政策能引起股票价格的明显变化")"，得到检验结果如图 10 – 7 所示。

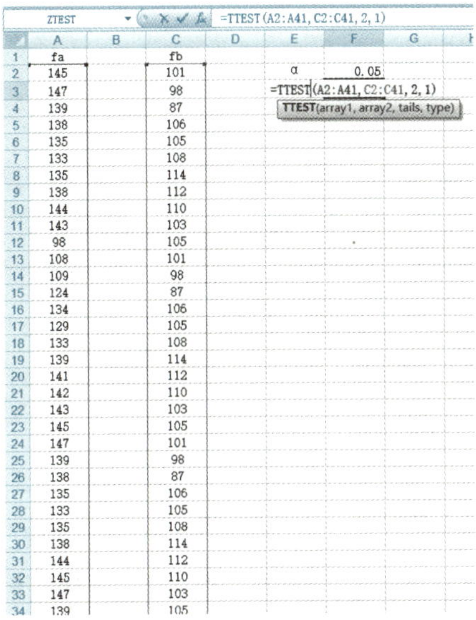

图 10 – 6　TTEST 函数计算 P 值

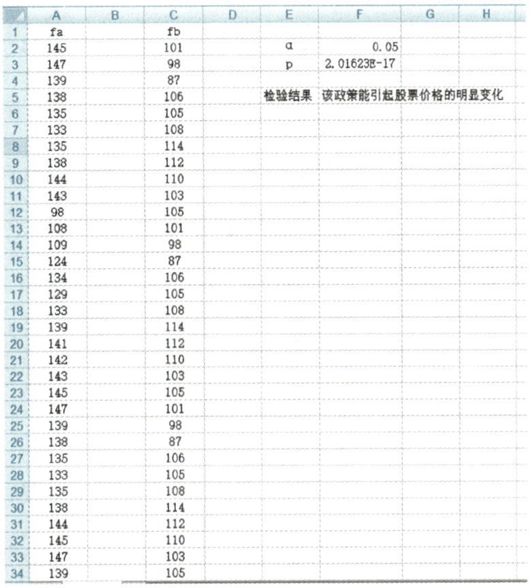

图 10 – 7　检验结果

从图 10 – 7 中可以看出，该政策能引起股票价格的明显变化。即该政策的推出是有效的。

10.7　区间估计

参数估计分为两种：点估计和区间估计。

我们在估计总体均值的时候，用样本均值作为总体均值的估计，就是点估计。

区间估计与假设检验其实是一样的，如果已经掌握了假设检验，那么就很容易理解区间估计。

在做区间估计之前，必须先规定一个置信度，例如 95% 。置信度以概率 $1 - α$ 表示，这里的 α 就是假设检验里的显著性水平。因此 95% 的置信度就相对于 5% 的显著性水平。

区间估计的一般公式为：点估计 ± 关键值 × 样本均值的标准误

$$\bar{x} \pm z_{α/2} \times s/\sqrt{n}$$

这里的关键值就是以显著性水平 α 做双尾检验的关键值。关键值是 z 关键值或 t 关键值。究竟是 z 关键值还是 t 关键值，见表 10-7。

表 10-7　z 关键值与 t 关键值的选择

条件	正态总体	
	$n < 30$	$n \geqslant 30$
已知总体方差	z	z
未知总体方差	t	t 或 z

10.7.1　单正态总体均值区间估计

1. 方差 $\sigma_0 = \sigma$ 已知时 μ 的置信区间

设来自正态总体 $N(\mu, \sigma^2)$ 的随机样本和样本值记为 X_1，X_2，$\cdots$，X_n，样本均值 $\overline{X}$ 是总体均值 μ 的一个很好的估计量，利用 $\overline{X}$ 的分布，可以得出总体均值 μ 的置信度为 $1-\alpha$ 的置信区间（通常取 $\alpha = 0.05$）。

由于 $\overline{X} \sim N(\mu, \sigma^2/n)$，因此有 $Z = \dfrac{\overline{X} - \mu}{\sigma/\sqrt{n}} \sim N(0, 1)$。

由 $P(-z_{\alpha/2} < Z < z_{\alpha/2}) = 1-\alpha$ 即得

$$P\left((\overline{X} - \frac{\sigma}{\sqrt{n}} z_{\alpha/2} < \mu < \overline{X} + \frac{\sigma}{\sqrt{n}} z_{\alpha/2}\right) = 1-\alpha$$

所以对于单个正态总体 $N(\mu, \sigma^2/n)$，当 $\sigma_0 = \sigma$ 已知时，μ 的置信度为 $1-\alpha$ 的置信区间为 $\left(\overline{X} - \dfrac{\sigma}{\sqrt{n}} z_{\alpha/2}, \overline{X} + \dfrac{\sigma}{\sqrt{n}} z_{\alpha/2}\right)$。

同理可求得 μ 的置信度为 $1-\alpha$ 的置信上限为 $\overline{X} + \dfrac{\sigma}{\sqrt{n}} z_\alpha$；$\mu$ 的置信度为 $1-\alpha$ 的置信下限为 $\overline{X} - \dfrac{\sigma}{\sqrt{n}} z_\alpha$。

例 10-8

某车间生产的滚珠直径 X 服从正态分布 $N(\mu, 0.6)$。现从某天的产品中抽取六个，测得直径如下（单位：mm）：

$$14.6, \ 15.1, \ 14.9, \ 14.8, \ 15.2, \ 15.1$$

试求平均直径置信度为 95% 的置信区间。

解：置信度 $1-\alpha = 0.95$，$\alpha = 0.05$。$\alpha/2 = 0.025$，查表可得 $z_{0.025} = 1.96$，又由样本值得 $\overline{X} = 14.95$，$n = 6$，$\sigma = \sqrt{0.6}$。可得

置信下限 $\overline{X} - z_{\alpha/2}\dfrac{\sigma_0}{\sqrt{n}} = 14.95 - 1.96 \times \sqrt{\dfrac{0.6}{6}} \approx 14.330$。

置信上限 $\overline{X} + z_{\alpha/2}\dfrac{\sigma_0}{\sqrt{n}} = 14.95 + 1.96 \times \sqrt{\dfrac{0.6}{6}} \approx 15.570$。

所以均值的置信区间为 $(14.330,15.570)$。

2. 方差 σ^2 未知时 μ 的置信区间

由于 $Z = \dfrac{\overline{X} - \mu}{\sigma/\sqrt{n}} \sim N(0,1)$，$\dfrac{(n-1)S^2}{\sigma^2} \sim \chi^2(n-1)$，且两者独立，所以有

$$t = \frac{\overline{X} - \mu}{S/\sqrt{n}} \sim t(n-1)$$

同样由 $P\left(-t_{\alpha/2}(n-1) < T < t_{\alpha/2}(n-1)\right) = 1-\alpha$ 得到

$$P\left(\overline{X} - \frac{S}{\sqrt{n}}t_{\alpha/2}(n-1) < \mu < \overline{X} + \frac{S}{\sqrt{n}}t_{\alpha/2}(n-1)\right) = 1-\alpha$$

所以方差 σ^2 未知时 μ 的置信度为 $1-\alpha$ 的置信区间为

$$\left(\overline{X} - \frac{S}{\sqrt{n}}t_{\alpha/2}(n-1), \ \overline{X} + \frac{S}{\sqrt{n}}t_{\alpha/2}(n-1)\right)$$

式中，$t_p(n)$ 为自由度为 n 的 t 分布的下侧 p 分位数。

同理可求得 μ 的置信度为 $1-\alpha$ 的置信上限为 $\overline{X} + \dfrac{S}{\sqrt{n}}t_{\alpha}(n-1)$；$\mu$ 的置信度为 $1-\alpha$ 的

置信下限为 $\overline{X} - \dfrac{S}{\sqrt{n}}t_{\alpha}(n-1)$，且

$$S = \sqrt{\frac{1}{n-1}\sum_{i=1}^{n}(X_i - \overline{X})^2}$$

例 10-9

某糖厂自动包装机装糖，设各包重量服从正态分布 $N(\mu,\sigma^2)$。某日开工后测得九包重量为（单位：kg）：99.3，98.7，100.5，101.2，98.3，99.7，99.5，102.1，100.5，试求 μ 的置信度为 95% 的置信区间。

解：置信度 $1-\alpha = 0.95$，查表得 $t_{\alpha/2}(n-1) = t_{0.025}(8) = 2.306$。由样本值算 $\overline{X} = 99.978$，$S^2 = 1.47$，故

置信下限 $\overline{X} - t_{\alpha/2}(n-1)\dfrac{S}{\sqrt{n}} = 99.978 - 2.306 \times \sqrt{\dfrac{1.47}{9}} = 99.046$；

置信上限 $\overline{X} + t_{\alpha/2}(n-1)\dfrac{S}{\sqrt{n}} = 99.978 + 2.306 \times \sqrt{\dfrac{1.47}{9}} = 100.91$。

所以 μ 的置信度为 95% 的置信区间为 $(99.046,100.91)$。

10.7.2 单正态总体方差区间估计

此时虽然也可以就均值是否已知分两种情况讨论方差的区间估计，但在实际中 μ 已知的情形是极为罕见的，所以只在 μ 未知的条件下讨论方差 σ^2 的置信区间。

由于 $\chi^2 = (n-1) S^2/\sigma^2 \sim \chi^2 (n-1)$，所以由

$$P\left(\chi_{1-\alpha/2}^2 (n-1) < \frac{(n-1) S^2}{\sigma^2} < \chi_{\alpha/2}^2 (n-1)\right) = 1 - \alpha$$

就可以得出 σ^2 的置信水平为 $1-\alpha$ 的置信区间为

$$\left(\frac{(n-1) S^2}{\chi_{\alpha/2}^2 (n-1)}, \frac{(n-1) S^2}{\chi_{1-\alpha/2}^2 (n-1)}\right)$$

例 10-10

从某车间加工的同类零件中抽取了 16 件，测得零件的平均长度为 12.8cm，方差为 0.0023。假设零件的长度服从正态分布，试求总体方差及标准差的置信区间（置信度为 95%）。

解：已知 $n=16$，$S^2 = 0.0023$，$1-\alpha = 0.95$，查表得

$$\chi_{1-\alpha/2}^2(n-1) = \chi_{0.975}^2(15) = 6.262; \quad \chi_{\alpha/2}^2(n-1) = \chi_{0.025}^2(15) = 27.488$$

代入数据，可算得所求的总体方差的置信区间为（0.0013，0.0055），总体标准差的置信区间为（0.0354，0.0742）。

思 考 题

1. 介绍常用的五种集中趋势度量方法。

2. 介绍常用的四种离中趋势度量方法。

3. 对应上证 180 指数的 2005 年 12 月份和 2006 年每月的指数值见表 10-8，求 2006年 12 个月指数的平均收益率。

表 10-8　上证 180 指数 13 个月观测值

月份	指数值	月份	指数值
2005-12	2826.80	2006-7	2456.32
2006-1	3022.08	2006-8	2534.23
2006-2	3254.54	2006-9	2538.45
2006-3	3215.23	2006-10	2453.67
2006-4	3112.04	2006-11	2439.63
2006-5	2918.56	2006-12	2356.37
2006-6	2891.34		

4. 假如你管理一个投资组合。通过对所持有股票均值收益率进行加权平均，你预计该投资组合的收益率为 12%。你估计其年收益率的标准差为 22%，接近于长期沪深 300

指数的收益率。对于该组合一年之后的收益率，要求回答下列问题。

1）在收益率服从正态分布的假设下，计算并解释该投资组合的一个标准差的置信区间。

2）在收益率服从正态分布的假设下，计算并解释该投资组合的 90% 的置信区间。

3）在收益率服从正态分布的假设下，计算并解释该投资组合的 95% 的置信区间。

5. 某厂生产的电子元件，根据以前的资料，其平均使用寿命为 1000h。现从一批采用新工艺生产的该种电子元件中随机抽出 25 件，测得其样本平均使用寿命为 1050h。已知总体的标准差为 100h，试在显著性水平 $\alpha = 0.05$ 下，检验：

1）这批电子元件的使用寿命是否有显著性差异？

2）这批电子元件的使用寿命是否有显著性提高？

6. 某化工厂生产一种化学试剂。根据经验这种化学试剂中杂质的含量服从均值为 2.3% 的正态分布，某日开工后，抽验 5 瓶，其杂质含量分别为（单位:%）：2.23，2.15，2.2，2.18，2.14。试问该日产品质量在显著性水平 $\alpha = 1\%$ 下是否有显著性提高？

7. 某产品按要求其长度的方差不能超过 0.16，今从一批产品中随机抽取 25 件，得样本修正方差 $S^2 = 0.25$，试以 1% 的显著性水平检验其长度的方差是否有显著性降低？

8. 某制药厂为分析该厂生产的甲、乙两种安眠药的疗效，将 20 个失眠病人分成两组，每组 10 人，两组病人分别服用甲、乙两种安眠药做对比试验，测得试验结果见表 10-9。

表 10-9　服用甲、乙两种安眠药的延长睡眠时间　　　　　　（单位：h）

安眠药	病人									
	1	2	3	4	5	6	7	8	9	10
甲药	1.9	0.8	1.1	0.1	-0.1	4.4	5.5	1.6	4.6	3.4
乙药	0.7	-1.6	-0.2	-1.2	-0.1	3.4	3.7	0.8	0.0	2.0

两种安眠药的疗效之间有无显著差异？

9. 如果将试验方法修改为：对同一组 10 个病人，每人分别服用甲乙两种安眠药做对比试验，并假定试验结果仍见表 10-8，此时这两种安眠药之间有无显著差异？

10. 在 $\alpha = 0.20$ 下检验第 8 题中两个正态总体的方差之间是否存在显著差异？

11. 单样本 t 检验：某电脑公司销售经理人均月销售 500 台电脑，现采取新的广告政策，半年后，随机抽取该公司 20 名销售经理的人均月销售量数据，具体数据见表 10-10。问广告策略是否能够影响销售经理的人均月销售量？

思考题 10-11　数据

表 10-10　人均月销售量　　　　　　　　　　　　（单位：台）

编号	人均月销售量	编号	人均月销售量
1	506	6	497
2	503	7	491
3	489	8	502
4	501	9	490
5	498	10	511

（续）

编号	人均月销售量	编号	人均月销售量
11	510	16	507
12	504	17	503
13	512	18	488
14	499	19	521
15	487	20	517

12. 单样本方差假设检验：为了研究某基金的收益率波动情况，某课题组对该支基金连续 50 天的收益率情况进行了调查研究，调查得到的数据经整理后见表 10-11。对该数据资料进行假设检验其方差（收益率波动）是否等于 1%（设定显著性水平为 5%）。

思考题 10-12　数据

表 10-11　某基金的收益率波动情况

编号	收益率
1	0.564409196
2	0.264802098
3	0.947742641
4	0.276915401
5	0.118015848
⋮	⋮
48	-0.967873454
49	0.582328379
50	0.795299947

13. 双样本方差假设检验：为了研究某两只基金的收益率波动情况是否相同，某课题组对该两支基金的连续 20 天的收益率情况进行了调查研究，调查得到的数据经整理后见表 10-12。对该数据资料进行假设检验其方差是否相同（设定显著性水平为 5%）。

思考题 10-13　数据

表 10-12　某两只基金的收益率波动情况

编号	基金 A 收益率	基金 B 收益率
1	0.424156	0.261075
2	0.898346	0.165021
3	0.521925	0.760604
4	0.841409	0.37138
5	0.211008	0.379541
⋮	⋮	⋮
18	0.564409	0.967873
19	0.264802	0.582328
20	0.947743	0.7953

第 11 章　方差分析及其应用

方差分析又称"变异数分析"，是罗纳德·费希尔（Ronald Fisher）发明的，用于两个及两个以上样本均数差别的显著性检验，由于各种因素的影响，研究所得的数据呈现波动状。造成波动的原因可分成两类，一是不可控的随机因素，二是研究中施加的对结果形成影响的可控因素。本节将详细介绍如何使用 Excel 进行单因素方差分析、无重复双因素方差分析和有重复双因素方差分析。

11.1　单因素方差分析原理

与单因素方差分析相对应的是单因素试验。在单因素试验中，获得 n 组独立的样本观察值，每组观察值包含的数目为 m。

单因素试验的结果以 n 行 m 列表示，对应每个元素为 X_{ij}，见表 11 –1。

表 11 –1　单因素试验表

因素水平	样本组				
	1	**2**	**…**	**n**	$\overline{X_i}$
A_1	X_{11}	X_{12}	…	X_{1n}	$\overline{X}_1$
A_2	X_{21}	X_{22}	…	X_{2n}	$\overline{X}_2$
⋮	⋮	⋮	⋮	⋮	⋮
A_m	X_{m1}	X_{m2}	…	X_{mn}	$\overline{X}_m$
总均值					$\overline{X}$

其中，$\overline{X_i}$ 为各个水平的观测值对应的均值，$\overline{X}$ 为所有观测值的均值。

在单因素试验结果的基础上，求出总方差 V、组内方差 V_W、组间方差 V_B。

总方差衡量的是所有观察值 X_{ij} 对总均值 $\overline{X}$ 的偏离程度，反映抽样中随机误差的大小，公式为

$$V = \sum (X_{ij} - \overline{X})^2$$

组内方差衡量的是所有观测值 X_{ij} 对组均值 $\overline{X_i}$ 的偏离程度，公式为

$$V_W = \sum (X_{ij} - \overline{X_i})^2$$

组间方差衡量的是组均值 $\overline{X_i}$ 对总均值 $\overline{X}$ 的偏离程度，反映系统的误差，公式为

$$V_B = m \sum (\overline{X_i} - \overline{X})^2$$

在满足被检验的总体服从正态分布且各总体方差齐性的条件下，以及在方程相等的假定下，提出假设检验 $H_0: \mu_1 = \mu_2 = \cdots = \mu_n$ 以及备选假设 H_1：均值不完全相等，这种情况可以应用 F 统计量进行方差检验，公式为

$$F = \frac{V_B/(n-1)}{V_W/(nm-n)}$$

F 统计量服从分子自由度为 $n-1$，分布自由度为 $nm-n$ 的 F 分布。给定显著性水平 α，如果根据样本计算出的 F 统计量的值小于等于临界值 $F_\alpha(n-1, nm-n)$，则说明原假设 H_0 成立，总体的均值相等；如果 F 统计量的值大于临界值 $F_\alpha(n-1, nm-n)$，则说明原假设 H_0 不成立，总体均值不完全相等。

确定概率判定：$F < F_\alpha(n-1, nm-n)$，$p > 0.05$ 为因素对试验结果无显著性影响；$F \geqslant F_\alpha(n-1, nm-n)$，$p \leqslant 0.05$ 为因素对试验结果有显著性影响。

11.2 单因素方差分析应用实例

Excel 给出了数据分析工具来实现单因素方差分析，下面将介绍在 Excel 中实现单因素方差分析的具体方法。

方差分析是通过样本的方差信息来反映总体的情况，所以即使是所得的 s 组样本的均值并不完全相等，但只要相差不大，误差不超过临界值，则可以判断 s 个总体均值是相等的；只有当 s 组样本的均值差异较大，并且大于临界值，则认为 s 个总体均值是不相等的，即 s 组方案是有差异的。

例 11-1

表 11-2 销售人员季度销售额—数据

总见表 11-2。

销售人员季度销售额问题

一家销售复印机的跨国公司采用了三种不同的方法来对新招收的市场营销人员进行培训，以使他们尽快适应工作。在培训结束时，培训主管从接受过三种不同培训方法的人中随机抽取了 16 名受训人员，以研究不同培训方法产生的效果。由于销售额可以作为显示培训结果的一个重要指标，因此他收集了这 16 名受训人员的季度销售额，并将结果汇总见表 11-2。

表 11-2 三种不同培训方法下的销售人员季度销售额 （单位：万元）

季度	不同培训方法下的销售人员季度销售额		
	1	2	3
2019 年第一季度	15	22	18
2019 年第二季度	18	27	14
2019 年第三季度	19	18	20
2019 年第四季度	22	21	16
2020 年第一季度	11	17	22
2020 年第二季度	—	—	15
样本均值	17	21	17.5
样本方差	17.5	15.5	9.5
样本容量	5	5	6

当显著性水平为 0.05 时，请根据记录下来的季度销售额确定：三种培训方法是否会产生明显不同的效果。

解：H_0 表示三种培训方法产生相同的效果；

H_1 表示至少有一种培训方法产生的效果与另外两种方法不同。

单因素方差分析如图 11 – 1 所示。

方差分析：单因素方差分析				
SUMMARY				
组	观测值个数	总和	样本均值	样本方差
方案1	5	85	17	17.5
方案2	5	105	21	15.5
方案3	6	105	17.5	9.5
方差分析				
差异源	SS	df	MS	F	P-value	F crit
组间	48.438	2	24.219	1.754	0.212	3.806
组内	179.500	13	13.809			
总计	227.938	15				

图 11 – 1　单因素
方差分析 1—数据

图 11 – 1　单因素方差分析 1

在图 11 – 1 中的上半部分是 3 组样本观测值的描述性统计，方案 1 的观测值个数为 5，总和 85，样本均值为 17，样本方差为 17.5；方案 2 的观测值个数为 5，总和 105，样本均值为 21，样本方差为 15.5；方案 3 的观测值个数为 6，总和 105，样本均值为 17.5，样本方差为 9.5。

图 11 – 1 中的下半部分是方差分析结果。

第一列差异源表示总方差的来源：①来自组间的误差，组间误差相当于系统间误差，组间误差越大，表示各组之间有明显的不同；②来自组内的误差，组内误差相当于系统内误差，这不是由不同组造成的，而是由于随机误差造成的，如果组内误差越大，说明各组之间没有明显的不同，认为各方案组效果相同。

第二列 SS（sum of error square）表示误差平方和。在本例中组间误差是 48.438，组内误差是 179.500，总误差是 227.938，即在总误差的构成中组内误差占主要地位。

第三列 df 为自由度，组间误差自由度为 2，组内误差自由度为 13，总误差的自由度为 15。

第四列 MS 为平均误差。组间平均误差为 24.219。组内平均误差为 13.809。

第五列 F 值是统计量 F 的值，是组间误差除以自由度与组内误差除以自由度的比值，即 $F = \dfrac{48.438/2}{179.500/13} \approx 1.754$。

第六列 P – value 是概率值。

第七列 F crit 是 F 临界值。在本例中样本 F 值约为 1.754，小于 F 临界值（约为 3.806），说明误差主要由组内误差构成，即样本值的差异主要是由组内误差导致的，从而可以推断三种不同培训方式的培训结果没有明显的不同，应该认为这三种培训方法对销售人员的培训效果是基本相同的（这是从统计意义上讲的基本相同）。

例 11 - 2

销售人员季度销售额问题

表 11 -3　销售人员季度销售额—数据

（不同包装方式对促销的营销）某公司为了研究不同包装方式对一种新商品的促销作用，在三个城市中各选了五家商场试销一个月，每个城市的商场采用同种包装方式，各城市采用不同的包装方式。试销的结果见表 11 – 3。三种不同的方法对新招收的市场营销人员进行培训，以使他们尽快适应工作。在培训结束时，培训主管从这些接受过三种不同培训方法的人中随机抽取了 16 名受训人员，以研究不同培训方法产生的效果。由于销售额可以作为显示培训结果的一个重要指标，因此他收集了这 16 名受训人员的季度销售额，并将结果汇总见表 11 – 3。

表 11 – 3　三种不同培训方法下的销售人员季度销售额　　（单位：万元）

商场编号 i	包装方式 j		
	1	**2**	**3**
1	1840	860	800
2	1340	1050	1200
3	1250	1050	670
4	1080	1060	770
5	630	—	930
样本均值	1228	1005	874
样本方差	191770	9366. 667	41830
样本容量	5	4	5

需要说明的是，在试销过程中，由于偶然的原因，第二个城市的第五家商场没有取得销售的准确数据，所以第二个样本只含有四个单位。试用方差分析判断不同的包装方式对该产品的促销作用是否有显著的不同（显著性水平为 0.05）。

解：H_0 表示三种包装方式会产生相同的效果。

H_1 表示至少有一种包装方式产生的效果与另外两种方法不同。

单因素方差分析如图 11 - 2 所示。

图 11 - 2 的上半部分样本数据的描述性统计结果，包装方式 1 的观测值个数为 5，销售量总数为 6140，样本均值为 1228，样本方差为 191770；包装方式 2 的观测值个数为 4，销售量总数为 4020，样本均值为 1005，样本方差约为 9366. 667；包装方式 3 的观测值个数为 5，销售量总数 4370，样本均值为 874，样本方差为 41830。

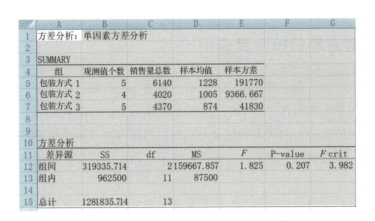

图 11 -2　单因素方差分析 2—数据

图 11 -2　单因素方差分析 2

图 11 -2 的下半部分为方差分析结果。结果显示，组间误差平方和为 319335.714，组内误差平方和 962500，总误差平方和为 1281835.714。这说明销售量不同的主要误差来源于组内误差，而不是由包装方式不同而产生的。另外 F 值约为 1.825，小于 F 临界值（约为 3.982），也就是说产品在五个商场的销售量的差异不是由包装方式产生的，从而可以认为三种包装方式的促销作用是相同的。

上述判断是在显著性水平为 0.05 的条件下做出的，即在显著性水平为 0.05 时，认为不同包装方式对新产品的促销作用是相同的。现在改变显著性水平，将显著性水平降低，取 0.5，即判断的模糊性增加，如图 11 -3 所示。

图 11 -3　单因素方差分析 3—数据

图 11 -3　单因素方差分析 3

从图 11 -3 可以看到，当显著性水平由 0.05 改为 0.5，只是 F 临界值改变了，约为 0.739，此时的样本 F 值大于 F 临界值，由此判断三种不同包装方式对新产品的促销作业是不同的。

因此，当改变显著性水平时，即改变判断的分辨率时，方差分析的结论会随着改变。事实上，在概率统计中，显著性水平表示犯第一类错误即弃真错误的概率，α 越小，表示判断犯错误的概率越小，判断的准确性越高。统计上通常设定 $\alpha = 0.05$。

11.3 双因素方差分析及其应用

双因素方差分析就是同时考虑两个因素对主体的作用效果。例如在产品的销售中研究几种不同的促销包装方案和几种不同销售方式的促销效果；在新药的研究中，检验新药对不同年龄段和不同体质特征的病人的效果等。这些问题都涉及两个因素的作用分析。由于有两个因素作用，就存在每个因素独立作用的效果和两个因素交叉作用的效果，这就是双因素方差分析。

双因素方差分析又根据试验是否可以重复进行，分为可重复试验双因素方差分析和无重复试验双因素方差分析。重复试验双因素方差分析主要是检验其是否存在双因素的交叉作用，若两因素独立（或无法重复进行，如农作物的试验、一些调查试验等），则选择无重复试验双因素方差分析，一般情况下都选择可重复试验双因素方差分析。

为节省篇幅，双因素方差分析原理在此不再阐述，望读者参考相关的统计学书籍。下面主要介绍双因素方差分析的 Excel 应用。

1. 无重复试验双因素方差分析

无重复试验双因素方差分析是假定两个因素之间互相独立，不存在交互作用。

例 11 –3

产品促销问题

某公司对某产品设计了四种类型的包装（用 A、B、C、D 表示），又设计了三种销售方案，在某地区用三种销售方案，对四种包装的该产品试销一个月，业绩见表 11 –4。现在想知道不同包装、不同销售方案对销售业绩的影响是否有显著差异？

表 11 –4　不同包装、不同销售方案对销售业绩的影响数据　　（单位：万元）

包装类型	不同销售方案		
	甲	乙	丙
A	103	106	135
B	82	102	118
C	71	100	106
D	52	66	85

解：这是一个典型的无重复试验双因素方差分析问题。将其数据录入电子表格，并选择无重复试验双因素方差分析，输入数据区域如图 11 –4 所示。

SUMMARY	观测数	求和	平均	方差		
方差分析: 无重复双因素分析						
SUMMARY	观测数	求和	平均	方差		
A	3	344	114.667	312.333		
B	3	302	100.667	325.333		
C	3	277	92.333	350.333		
D	3	203	67.667	274.333		
甲	4	308	77	454		
乙	4	374	93.5	342.333		
丙	4	444	111	442		
方差分析						
差异源	SS	df	MS	F	P-value	F crit
行	3503	3	1167.667	33.047	0.000398	4.757
列	2312.667	2	1156.333	32.726	0.000592	5.143
误差	212	6	35.333			
总计	6027.667	11				

图 11 - 4 无重复试验双因素方差分析

在图 11 - 4 中，上半部分是行数据和列数据的描述性统计，下半部分是方差分析的结果。

由 SS 列数据可以看到，样本数据总误差平方和为 6027.667，其中行数据产生的误差为 3503，列数据产生的误差为 2312.667，随机误差 212。不同包装类型的 F 值为 33.047，远远大于 F 临界值为 4.757，说明包装类型对销售业绩有显著影响；不同销售方案的 F 值为 32.726，远远大于 F 临界值为 5.143。说明销售方案对销售业绩的影响也是显著的。

2. 可重复试验双因素方差分析

可重复试验双因素方差分析是为了检验两个因素之间是否存在交互作用而需要进行多次试验，以排除其他随机因素的影响。例如，在生产促销中，为了检验促销方案在不同地区的效果，而排除客户类型等其他因素的影响，则在一个地区对不同客户进行同一种促销方案的试验等。

例 11 - 4

产品促销问题

某公司为了检验营销方式的效果，针对四种不同的营销方式 A_1、A_2、A_3、A_4。在三个不同地区 B_1、B_2、B_3 进行推销（在三个不同的时间段进行推销），取得的销售量数据资料见表 11 - 5。试分析营销方式和地区对销售量的影响。

表 11 - 5 产品促销问题—数据

表 11 - 5 产品促销问题数据

地区	营销方式			
	A_1	A_2	A_3	A_4
地区 B_1	52, 43, 39	48, 37, 29	34, 42, 38	45, 58, 42
地区 B_2	41, 47, 53	50, 41, 30	36, 39, 44	44, 46, 60
地区 B_3	49, 38, 42	36, 48, 47	37, 40, 32	43, 56, 41

解：这是一个典型的可重复试验双因素方差分析，将销售量数据录入电子表格，选择可重复试验双因素方差分析，输入样本数据区域如图 11 - 5 所示。单击"确定"按钮，得到可重复试验双因素方差分析结果如图 11 - 6 所示。

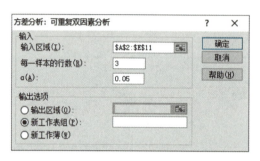

图 11 - 5 可重复试验双因素方差分析数据输入区域

图 11 - 6 可重复试验
双因素方差分析—数据

	A	B	C	D	E	F	G
1	方差分析：可重复双因素分析						
3	SUMMARY	营销方式A	营销方式A	营销方式A	营销方式A	总计	
4	地区B₁						
5	观测数	3	3	3	3	12	
6	求和	134	114	114	145	507	
7	平均	44.667	38	38	48.333	42.250	
8	方差	44.333	91	16	72.333	62.205	
9							
10	地区B₂						
11	观测数	3	3	3	3	12	
12	求和	141	121	119	150	531	
13	平均	47	40.333	39.667	50	44.250	
14	方差	36	100.333	16.333	76	62.568	
15							
16	地区B₃						
17	观测数	3	3	3	3	12	
18	求和	129	131	109	140	509	
19	平均	43	43.667	36.333	46.667	42.417	
20	方差	31	44.333	16.333	66.333	44.265	
21							
22	总计						
23	观测数	9	9	9	9		
24	求和	404	366	342	435		
25	平均	44.889	40.667	38	48.333		
26	方差	30.861	65	14.250	55.750		
27							
28							
29	方差分析						
30	差异源	SS	df	MS	F	P-value	F crit
31	行	29.556	2	14.778	0.291	0.750	3.403
32	列	562.083	3	187.361	3.684	0.026	3.009
33	交互	76.667	6	12.778	0.251	0.954	2.508
34	内部	1220.667	24	50.861			
35							
36	总计	1888.972	35				

图 11 - 6 可重复试验双因素方差分析

图 11 - 6 的上半部分是关于地区 B_1、地区 B_2、地区 B_3 和总样本数据的描述性统计，下半部分方差分析数据。

由方差分析数据可知，总误差平方和为 1888.972，其构成是由行（地区）不同产生的误差是 29.556，由列（不同营销方式）产生的误差是 562.083，由营销方式和地区共同作用产生的交互误差是 76.667，而样本数据内部随机误差是 1220.667。

不同地区的样本 F 值为 0.291。小于 F 临界值 3.403，说明地区不同对销售量没有显著影响；不同营销方式的 F 值为 3.684，大于 F 临界值 3.009，说明营销方式对销售量的影响是显著的，即不同营销方式得到的销售量是不同的；交互作用的样本 F 值为 0.251，

小于 F 临界值 2.508。因此，不能认为在不同地区营销方式产生的效果是不同的。即在不同地区营销方式产生的效果是显著的（或相同的）。

思 考 题

某医院用中药、西药及中西医结合三种方法治疗某病，24 名病人随机分成三组，8 人一组。每人治愈日数见表 11 – 6，比较三种方法有无区别。

表 11 – 6　三种疗法治愈日数比较　　　　　　　　　　（单位：天）

结合治疗	中药治疗	西药治疗
1	2	3
3	3	4
3	4	5
2	6	3
4	7	6
3	7	7
1	5	3

第 12 章　相关分析及其应用

本章首先介绍相关分析的实例、原理、方法等，然后介绍相关分析的 Excel 应用。

12.1　相关分析基本理论

1. 相关性的概念

"万物皆有联"是大数据一个最重要的核心思维。所谓联，指的就是事物之间相互影响、相互制约、相互印证的关系。而事物这种相互影响、相互关联的关系，在统计学上就叫作相关关系，简称相关性。

世界上的所有事物，都会受到其他事物的影响。

HR 经常会问：影响员工离职的关键原因是什么？是工资还是发展空间？

销售人员会问：哪些要素会促使客户购买某产品？是价格还是质量？

营销人员会问：影响客户流失的关键因素有哪些？是竞争还是服务等？

产品设计人员：影响汽车产品受欢迎的关键功能有哪些？价格、还是动力等？

所有的这些商业问题，转化为数据问题，不外乎就是评估一个因素与另一个因素之间的相互影响或相互关联的关系。而分析这种事物之间关联性的方法，就是相关性分析方法。

当然，有相关关系，并不一定意味着是因果关系。但因果关系，则一定是相关关系。

在过去，传统的统计模型主要是用来寻找影响事物的因果关系，所以过去也叫作影响因素分析。但是，从统计学方法来说，因果关系一定会有统计显著，但统计显著并不一定就是因果关系，所以准确地说，影响因素分析应该改为相关性分析。

所以，在不引起混淆的情况下，我们也会用影响因素分析。

2. 相关关系的分类

客观事物之间的相关性，大致可归纳为两大类：一类是函数关系，一类是统计关系。

函数关系，就是两个变量的取值存在一个函数关系来唯一描述。比如，销售额与销售量之间的关系，可用函数 $y = px$（y 表示销售额，p 表示单价，x 表示销售量）来表示。所以，销售量和销售额存在函数关系。这一类确定性的关系，不是我们关注的重点。

统计关系，指的是两事物之间的非一一对应关系，即当变量 x 取一定值时，另一个变量 y 虽然不唯一确定，但按某种规律在一定的可预测范围内发生变化。比如，子女身高与父母身高、广告费用与销售额的关系，是无法用一个函数关系唯一确定其取值的，但这些变量之间确实存在一定的关系。大多数情况下，父母身高越高，子女的身高也就越高；广告费用花得越多，其销售额也相对越多。这种关系，叫作统计关系。

进一步，统计分析如果按照相关的形态来说，可分为线性相关和非线性相关（曲线相关）；如果按照相关的方向来分，可分为正相关和负相关等。相关关系的分类如图 12 – 1 所示。

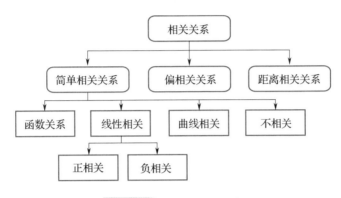

图 12 – 1　相关关系的分类

3. 相关性描述方式

描述两个变量是否有相关性，常见的方式有：可视化相关图（典型的如散点图和列联表等）、相关系数、统计显著性。

如果用可视化图形的方式来呈现各种相关性，常见的有如下几种散点图，相关性描述方式如图 12 – 2 所示。

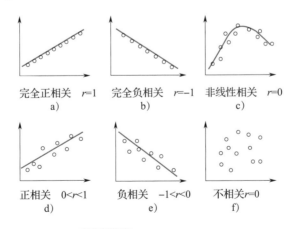

图 12 – 2　相关性描述方式

4. 相关性方法种类

对于不同的因素类型，采用的相关性分析方法也不相同。简单总结一下所选用的相关性分析方法见表 12 – 1。

表 12 - 1　相关性分析方法

解释变量类型	被解释变量类型	方法	作用
数值型变量	数值型变量	相关分析	衡量两个变量的相关程度
类别型变量	数值型变量	方差分析	评估因素对目标变量是否有显著影响
类别型变量	类别型变量	列联分析	评估两个因素是否相互独立

简单地说，相关分析，就是衡量两个数值型变量的相关性，以及计算相关程度的大小。

5. 相关分析种类

相关分析，常用的方法类别有：简单相关分析、偏相关分析、距离相关分析等。其中前两种方法比较常见。

简单相关分析，是直接计算两个变量的相关程度；偏相关分析，是在排除某个因素后，两个变量的相关程度；距离相关分析，是通过两个变量之间的距离来评估其相似性（这个少用）。

相关分析种类如图 12 - 3 所示。

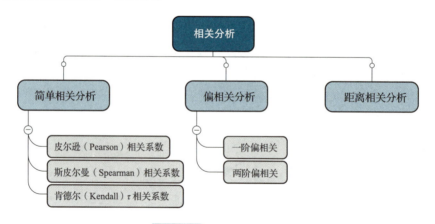

图 12 - 3　相关分析种类

注意：在没有特别说明的情况下，下文所说的相关分析，指的是简单相关分析。

6. 散点图

判断两个变量是否存在线性相关关系，一种最简单的方法就是可视化图形。

可视化的优点是直观。缺点是无法准确度量。如腰围和脂肪比重对体重的影响程度到底有多大？或者说，这两个因素中哪个因素对体重的影响会更大？散点图是无法给出答案的（所以，我们要引入更强大的方法）。

所以，在相关分析时，我们将引入一个新的数据指标（即相关系数），专门用于衡量两个变量的线性相关程度。

12.2　相关系数公式表示

相关性经常用来度量两个变量的相关关系，本节介绍相关系数的公式表示。著名统计学家皮尔逊设计了统计指标——相关系数，用以反映变量之间相关关系密切程度的统计指标。两个变量 X、Y 的相关系数可以用 ρ_{XY} 表示。ρ_{XY} 的计算公式为

$$\rho_{XY} = \frac{\mathrm{cov}(X,\ Y)}{\sigma_X \sigma_Y} = \frac{E\left[\,(X - \mu_X)(Y - \mu_Y)\,\right]}{\sigma_X \sigma_Y}$$

式中，σ_X 表示 X 的标准差，σ_Y 表示 Y 的标准差，$\mathrm{cov}(X,\ Y)$ 表示变量 X 与变量 Y 的协方差，μ_X 表示 X 的均值，μ_Y 表示 Y 的均值。

相关系数 ρ_{XY} 取值在 $-1 \sim 1$ 之间，$\rho_{XY} = 0$ 时，称 X、Y 不相关；$|\rho_{XY}| = 1$ 时，称 X、Y 完全相关，此时，X、Y 之间具有线性函数关系；$|\rho_{XY}| < 1$ 时，X 的变动引起 Y 的部分变动，$|\rho_{XY}|$ 的绝对值越大，X 的变动引起 Y 的变动就越大，$|\rho_{XY}| > 0.8$ 时称为高度相关，当 $|\rho_{XY}| < 0.3$ 时称为低度相关，其他时候为中度相关。$\rho_{XY} > 0$ 时，称其为正相关，$\rho_{XY} < 0$ 时，称其为负相关。

12.3　样本相关系数

实际问题中，两个变量 X、Y 只能提供对应观察值：$(X_i,\ Y_i)\, i = 1,\ 2,\ \cdots,\ n$。我们也只能根据这个容量为 n 的样本来判断变量 X 和变量 Y 的相关性达到怎样的程度。

由于协方差的估计量是

$$\hat{\sigma}_{XY} = \frac{1}{n-1} \sum_{i=1}^{n} (X_i - \overline{X})(Y_i - \overline{Y})$$

方差的估计量是

$$\widehat{\sigma}_{XX} = \frac{1}{n-1} \sum_{i=1}^{n} (X_i - \overline{X})^2,\quad \widehat{\sigma}_{YY} = \frac{1}{n-1} \sum_{i=1}^{n} (Y_i - \overline{Y})^2$$

所以取相关系数 $\mathrm{Corr}(X,\ Y)$ 的估计为

$$\hat{\rho}_{XY} = r = \frac{\widehat{\sigma}_{XY}}{\sqrt{\widehat{\sigma}_{XX}}\,\sqrt{\widehat{\sigma}_{YY}}} = \frac{\sum\limits_{i=1}^{n} (X_i - \overline{X})(Y_i - \overline{Y})}{\sqrt{\sum\limits_{i=1}^{n} (X_i - \overline{X})^2}\,\sqrt{\sum\limits_{i=1}^{n} (Y_i - \overline{Y})^2}}$$

式中，$\overline{X} = \dfrac{1}{n} \sum\limits_{i=1}^{n} X_i, \overline{Y} = \dfrac{1}{n} \sum\limits_{i=1}^{n} Y_i$ 分别为随机变量 X 和 Y 的均值。这个估计称为样本相关系数或皮尔逊相关系数。它能够根据样本观察值计算出两个变量相关系数的估计值。

样本相关系数也有和总体相关系数类似的性质：

1）$|\hat{\rho}_{XY}| \leqslant 1$；

2）当 $|\hat{\rho}_{XY}| = 1$ 时，变量 X 和变量 Y 有线性关系：$Y = a + bX$，且当 $\hat{\rho}_{XY} = 1$ 时，$b > 0$，

称 X 和 Y 正相关；$\hat{\rho}_{XY} = -1$ 时，$b < 0$，称 X 和 Y 负相关。

和总体相关系数一样，如果 $\hat{\rho}_{XY} = 0$，称 X 和 Y 不相关。这时它们没有线性关系。

多数情况下，样本相关系数取区间（-1，1）中的一个值。相关系数的绝对值越大，表明 X 和 Y 之间存在的关系越接近线性关系。

12.4　相关分析的显著性检验

由于上述相关系数是根据样本数据计算出来的，所以上述相关系数又称为样本相关系数（用 r 来表示）。若相关系数是根据总体全部数据计算的，称为总体相关系数，记为 ρ。

但由于存在抽样的随机性和样本较少等原因，通常样本相关系数不能直接用来说明两总体（即两变量）是否具有显著的线性相关关系，因此还必须进行显著性检验。相关分析的显著性检验，经常使用假设检验的方式对总体的显著性进行推断。

显著性检验的步骤如下：

1）假设：两个变量无显著性线性关系，即两个变量存在零相关。即先建立原假设 H_0 和备择假设 H_1：

①H_0：$r = 0$，相关系数为 0；

②H_1：$r \neq 0$，相关系数不为 0。

2）建立统计量 $t = r\sqrt{n-2}/\sqrt{1-r^2}$，其中 r 为相关系数，n 为样本容量。

在变量 X 和变量 Y 服从正态分布时，该 t 统计量服从自由度为 $n-2$ 的 t 分布。

3）给定显著水平，一般为 0.05。

4）计算统计量的值。在 H_0 成立的条件下，$t = r\sqrt{n-2}/\sqrt{1-r^2}$，否定域 $\theta = \{|t| > t_{\alpha/2}(n-2)\}$。

5）统计决策。对于给定的显著性水平 α，查 t 分布表得临界值 $t_{\alpha/2}(n-2)$，将 t 值与临界值进行比较：

当 $|t| < t_{\alpha/2}(n-2)$，接受 H_0，表示总体的两变量之间线性相关性不显著；

当 $|t| \geq t_{\alpha/2}(n-2)$，拒绝 H_0，表示总体的两变量之间线性相关性显著（即样本相关系数的绝对值接近 1，并不是由于偶然机会所致）。

或者计算统计量 t，并查询 t 分布对应的概率 P 值。

最后判断（α 表示显著性水平，一般取 0.05）：

1）如果 $P < \alpha$，表示两变量存在显著的线性相关关系；

2）$P \geq \alpha$，不存在显著的线性相关关系。

例 12 - 1

以表 12 - 2 中的数据为例，检验能源消耗量与工业总产值之间的线性相关性是否显著（$\alpha = 0.05$）。

表 12 - 2 某地能源消耗量与工业总产值的相关表

能源消耗量（十万 t）	工业总产值（亿元）	能源消耗量（十万 t）	工业总产值（亿元）
35	24	62	41
38	25	64	40
40	24	65	47
42	28	68	50
49	32	69	49
52	31	71	51
54	37	72	48
59	40	76	58

由表 12 - 2 的数据计算相关系数：

$$\hat{\rho}_{XY} = r = \frac{\hat{\sigma}_{XY}}{\sqrt{\hat{\sigma}_{XX}}\sqrt{\hat{\sigma}_{YY}}} = \frac{\sum_{i=1}^{n}(X_i - \overline{X})(Y_i - \overline{Y})}{\sqrt{\sum_{i=1}^{n}(X_i - \overline{X})^2}\sqrt{\sum_{i=1}^{n}(Y_i - \overline{Y})^2}}$$

$$= \frac{n\sum XY - \sum X \sum Y}{\sqrt{n\sum X^2 - (\sum X)^2}\sqrt{n\sum Y^2 - (\sum Y)^2}} = 0.9757$$

式中，$\hat{\sigma}_{XY}$ 是变量 X 和变量 Y 的样本协方差；$\hat{\sigma}_{XX}$ 与 $\hat{\sigma}_{YY}$ 分别为变量 X 和变量 Y 的样本方差。

提出原假设和备择假设：$H_0: \rho = 0$，$H_1: \rho \neq 0$。

当 $H_0: \rho = 0$ 成立时，则统计量 $t = r\sqrt{n-2}/\sqrt{1-r^2} \sim t(n-2)$。

实际计算得 $t = 0.9757\sqrt{16-2}/\sqrt{1-(0.9757)^2} = 16.6616$。

对于给定的 α，查 t 分布表得临界值：

$$t_{\alpha/2}(n-2) = t_{0.025}(14) = 2.1448$$

$$|t| = 16.6616 > t_{0.025}(14) = 2.1448$$

所以拒绝原假设，表示总体的两变量之间线性相关性显著，即说明能源消耗量与工业总产值之间存在显著的线性相关关系。

12.5 简单相关分析基本步骤

简单相关分析的基本步骤如图 12 - 4 所示。

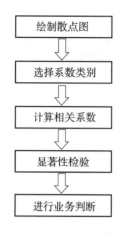

基本步骤：

- 画散点图，观察两个变量是否有规律变化。
- 根据变量类型或正态性检验，选择合适的相关系数公式。
- 计算相关系数r，评估相关程度。
- 进行显著性检验，如果$P<\alpha$（一般取0.05），表示存在显著相关性。
- 给出结论。
  总结分析结论，并从业务层面给出业务判断，以及业务策略。

图 12－4 简单相关分析的基本步骤

12.6 其他相关分析方法

常用的三种相关性检验技术，皮尔逊相关性的精确度最高，但对原始数据的要求也最高。斯皮尔曼相关和肯德尔相关的使用范围更广，但精确度较差。

（1）斯皮尔曼相关

当定距数据不满足正态分布，不能使用皮尔逊相关分析时，可以在相关分析中引入秩分，借助秩分实现相关性检验，即先分别计算两个序列的秩分，然后以秩分值代替原始数据，代入到皮尔逊相关系数公式中，得到斯皮尔曼相关系数公式：

$$r = 1 - 6 \sum \frac{(x_i - y_i)^2}{n^3 - n}$$

数据要求：①不明分布类型的定距数据；②两个数据序列的数据一一对应，等间距等比例。数据序列通常来自对同一组样本的多次测量或不同视角的测量。

结论分析：

在斯皮尔曼相关性分析中，也能够得到相关系数（r）和检验概率（Sig.），当检验概率小于0.05时，表示两列数据之间存在相关性。

（2）肯德尔相关

当既不满足正态分布，也不是等间距的定距数据，而是不明分布的定序数据时，不能使用皮尔逊相关和斯皮尔曼相关。此时，在相关分析中引入"一致对"的概念，借助"一致对"在"总对数"中的比例分析其相关性水平。肯德尔相关系数计算公式如下：

$$r = \frac{N_c - N_d}{n(n-1)/2} = \frac{2(N_c - N_d)}{n(n-1)}$$

肯德尔相关实质上是基于查看序列中有多少个顺序一致的对子的这个思路来判断数据的相关性水平。在肯德尔相关性检验中，其核心思想是检验两个序列的秩分是否一致增减。因此，统计两序列中的"一致对"和"非一致对"的数量就非常重要。下面举例说明肯德尔相关系数的计算过程：

假设有两个数据序列 A 和 B 的秩分序列分别是 {2，4，3，5，1}，{3，4，1，5，2}，即相对应的秩对为 (2，3) (4，4) (3，1) (5，5) (1，2)。在按照 A 的秩分排序后，得到新的秩对 (1，2) (2，3) (3，1) (4，4) (5，5)，此时 B 的秩分序列变成了 {2，3，1，4，5}。在这种情况下，针对第一个 B 值 2，后面有 3，4，5 比它大，有 1 比它小，所以一致对为 3，非一致对为 1；第二个数字 3，有 4，5 比它大，有 1 比它小，所以一致对为 2，非一致对为 1；依次类推，总共有八个一致对，两个非一致对。即 $N_c = 8$，$N_d = 2$。

各种相关分析对的数据要求：①皮尔逊相关适用于正态分布定距数据；②斯皮尔曼相关适用于不明分布定距数据；③肯德尔相关适用于不明分布定序数据。

在肯德尔相关性分析中，我们能够得到两个数值：相关系数 (r) 和检验概率，当检验概率小于 0.05 时，表示两列数据之间存在相关性。

12.7　相关系数计算的 Excel 应用实例

例 12 – 2

在研究广告费和销售额之间的关系时，我们搜集了某厂 1~12 月的广告费和销售额数据见表 12 – 3。试分析广告费和销售额之间的相关关系。

表 12 – 3　广告费和销售额数据　　　　　　（单位：万元）

月份	广告费	销售额
1	35	50
2	50	100
3	56	120
4	68	180
5	70	175
6	100	203
7	130	230
8	180	300
9	200	310
10	230	325
11	240	330
12	250	340

在 Excel 中输入如图 12-5 所示数据。

选择 Excel 中数据分析组件的相关系数，如图 12-6 所示。

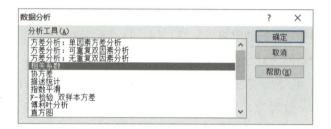

图 12-5 广告费和销售额数据　　　　　　**图 12-6** 相关分析

点击图 12-6 的"确定"按钮，得到图 12-7。

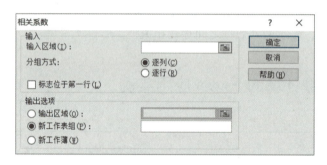

图 12-7 选择数据区域

在图 12-7 中的输入区域选择"A2: B13"，点击"确定"，得到输出结果见表 12-4。

表 12-4 输出结果

费用	广告费	销售额
广告费	1	—
销售额	0.9637	1

从表 12-4 中可见，广告费和销售额之间的相关系数为 0.9637，两者之间高度相关。

思 考 题

平安银行（000001）和沪深 300（hs300）两种资产 2018-01-01 ～ 2019-12-31 交易日的对数收益率数据见下方二维码数据文件，计算出两种股票价格的相关系数。

平安银行和沪深 300
两种资产 485 个
交易日的对数收
益率—数据

第13章 线性回归分析及其应用

13.1 一元线性回归分析基本原理

13.1.1 一元线性回归模型与假设

1. 一元线性回归模型

一元线性回归分析的模型如下：

$$Y_i = b_0 + b_1 X_i + \varepsilon_i$$

式中，X 称为自变量，Y 称为因变量，ε 称为残差项或误差项。

给定若干个样本点 (X_i, Y_i)，利用最小二乘法可以找到这样一条直线，它的截距为 $\hat{b}_0$，斜率为 $\hat{b}_1$，符号上面的帽子"^"表示"估计值"。因此我们得到回归结果如下：

$$\hat{Y}_i = \hat{b}_0 + \hat{b}_1 X_i$$

截距的含义是：当 $X = 0$ 时 Y 的值。斜率的含义是：当 X 增加 1 个单位时，Y 增加几个单位。

回归的目的是为了预测因变量 Y，已知截距和斜率的估计值，如果得到了自变量 X 的预测值，我们就很容易求得因变量 Y 的预测值。

> **例 13 – 1**
>
> 某公司的分析师根据历史数据，做了公司销售额增长率关于 GDP 增长率的线性回归分析，得到截距为 -3.2%，斜率为 2，国家统计局预测今年 GDP 增长率为 9%，问该公司今年销售额增长率预计为多少？

解：$Y = -3.2\% + 2X = -3.2\% + 2 \times 9\% = 14.8\%$。

2. 一元线性回归的假设

任何模型都有假设前提，一元线性回归模型有以下六条假设：

1）自变量 X 和因变量 Y 之间存在线性关系。

2）误差项的期望值为 0。误差等于真实的 Y 值与预测的 Y 值之间的差，即预测的误差。期望值为 0 即有些点在回归线的上方，有些点在回归线的下方，且均匀围绕回归直线，这符合常理。

3）自变量 X 与误差项不相关。误差项本身就是 Y 的变动中不能被 X 的变动所解释的部分。

4）误差项的方差为常数。这称为同方差性。如果误差项的方差不恒定，称为异方差性。

5）误差项与误差项之间不相关。如果误差项与误差项之间相关，称为自相关或序列相关。

6）误差项为正态分布的随机变量。

13.1.2 一元线性回归方差分析与决定系数

1. 方差分析

做完了一个一元线性回归模型之后，我们通常想要知道回归模型做得好不好。方差分析可以用来评价回归模型的好坏。方差分析的结果见表 13 – 1。

表 13 – 1　方差分析的结果

选项	自由度	平方和	均方和（MS）
回归	1	回归平方和（SSR）	回归均方和（MSR = SSR/k）
误差	$n-2$	误差平方和（SSE）	误差均方和（MSE = SSE/($n-2$)）
总和	$n-1$	总平方和（SST）	—

我们可以从方差分析表里求得决定系数和估计的标准误，用来评价回归模型的好坏。

回归的自由度为 k，k 为自变量的个数。我们在一元线性回归中，自变量的个数为 1。误差的自由度为 $n-2$，n 是样本量。总自由度为以上两个自由度之和。

总平方和（SST）代表总的变动，回归平方和（SSR）代表可以被回归方程解释（即可以被自变量解释）的变动，误差平方和（SSE）代表不被回归方程解释（即被误差所解释）的变动。总平方和为以上两个平方和之和。即 SST = SSR + SSE。

均方和等于各自的平方和除以各自的自由度。

几乎所有的统计软件都能输出方差分析表。有了方差分析表，就能很容易求得决定系数和估计的标准误。

2. 决定系数

决定系数等于回归平方和除以总平方和，公式为

$$R^2 = \frac{\text{SSR}}{\text{SST}} = 1 - \frac{\text{SSE}}{\text{SST}}$$

决定系数的含义是：X 的变动可以解释多少比例的 Y 的变动。例如，0.7 的含义是：X 的变动可以解释70%的 Y 的变动。注意：是用 X 来解释 Y 的。

所以通俗地说，$R^2 = \dfrac{\text{可以被解释的变动}}{\text{总的变动}} = 1 - \dfrac{\text{不可以被解释的变动}}{\text{总的变动}}$。

显然，决定系数越大，回归模型越好。

另外，对于一元线性回归，决定系数还等于自变量和因变量的样本相关系数的平方，即 $R^2 = r^2$。

13.1.3　估计的标准误

估计的标准误（SEE）等于误差均方和的平方根，公式为

$$SEE = \sqrt{SSE/(n-2)} = \sqrt{MSE}$$

SSE 是误差的平方和，MSE 就相当于误差的方差，而 SEE 就相当于误差的标准差。显然，估计的标准误越小，表示回归模型越好。

例 13 – 2

我们做了一个线性回归模型，方差分析表见表 13 – 2。

表 13 – 2　方差分析表

选项	自由度	平方和	均方和 MS
回归	1	8000	8000
误差	50	2000	40
总和	51	10000	—

则决定系数和估计的标准误分别多少？

解：决定系数为 0.8，估计的标准误为 6.32。

13.1.4　回归系数的假设检验

回归系数的假设检验是指检验回归系数（截距和斜率）是否等于某个常数。通常要检验斜率系数是否等于 0（$H_0: b_1 = 0$），这称为斜率系数的显著性检验。如果不能拒绝原假设，即斜率系数没有显著的不等于 0，那就说明自变量 X 和因变量 Y 的线性相关性不大，回归是失败的。

这是一个 t 检验，t 统计量自由度为 $n-2$，计算公式为

$$t = \frac{\hat{b}_1}{s_{\hat{b}_1}}$$

式中，$s_{\hat{b}_1}$ 为斜率系数的标准误。

例 13 – 3

做一个线性回归模型：$Y = 0.2 + 1.4X$。截距系数的标准误为 0.4，斜率系数的标准误为 0.2，问截距和斜率系数的显著性检验结果如何？设显著性水平为 5%。

解：首先是截距系数的显著性检验。计算 t 统计量 $t = 0.2/0.4 = 0.5 < 2$（t 检验的临界点），因此我们不能拒绝原假设，即认为截距系数没有显著的不等于 0。

其次是斜率系数的显著性检验：计算 t 统计量 $t = 1.4/0.2 = 7 > 2$（t 检验的临界点），因此我们拒绝原假设，即认为斜率系数显著不等于 0。这说明我们的回归做得不错。

13.1.5 回归系数的置信区间

置信区间估计与假设检验本质上是一样的，一般公式为：点估计 ± 关键值 × 点估计的标准差。回归系数的置信区间也是这样的。

斜率系数的置信区间为 $\hat{b}_1 \pm t_c s_{\hat{b}_1}$，其中，$t_c$ 是自由度为 $n-2$ 的 t 关键值。

例 13 – 4

做一个线性回归模型：$Y = 0.2 + 1.4X$。截距系数的标准误为 0.4，斜率系数的标准误为 0.2，求截距和斜率系数的置信度为 95% 的置信区间。

解：截距系数的置信区间，假设 n 充分大，5% 的显著性水平的 t 关键值一般近似为 2，所以我们得到置信区间为 $0.2 \pm 2 \times 0.4$，即 $[-0.6, 1.0]$。0 包括在置信区间中，所以我们认为截距系数没有显著的不等于 0。

斜率系数的置信区间为 $1.4 \pm 2 \times 0.2$，即 $[1.0, 1.8]$。0 没有包括在置信区间中，所以我们认为斜率系数显著的不等于 0。

13.2 一元线性回归分析 Excel 应用实例

例 13 – 5

某公司为研究销售人员数量对新产品销售额的影响，从其下属多家公司中随机抽取 10 个子公司，这 10 个子公司当年新产品销售额和销售人员数量统计数据见表 13 – 3。试用简单回归分析方法研究销售人员数量对新产品销售额的影响。

表 13 – 3　新产品销售额和销售人员数量统计数据

地区	新产品销售额（万元）	销售人员数量（人）
1	385	17
2	251	10
3	701	44
4	479	30
5	433	22
6	411	15
7	355	11
8	217	5
9	581	31
10	653	36

1. 描述统计

在目录 F: \ 2glkx \ data 下建立 13.1. xls 数据文件后，在图 13 – 1 中选择"描述统计"。

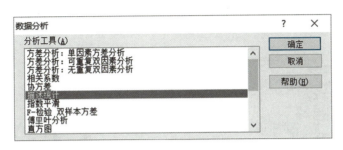

13.1 文件—数据

图 13 –1 选择描述统计

得到结果如图 13 –2 所示。

	A	B	C	D	E	F
1	新产品销售额（万元）	销售人员数量（人）	品销售额（万元）		销售人员数量（人）	
2	385	17				
3	251	10	平均	446.6	平均	22.1
4	701	44	标准误差	50.66737	标准误差	4.017877
5	479	30	中位数	422	中位数	19.5
6	433	22	众数	#N/A	众数	#N/A
7	411	15	标准差	160.2243	标准差	12.70564
8	355	11	方差	25671.82	方差	161.4333
9	217	5	峰度	-0.80902	峰度	-0.96538
10	581	31	偏度	0.239134	偏度	0.389837
11	653	36	区域	484	区域	39
12			最小值	217	最小值	5
13			最大值	701	最大值	44
14			求和	4466	求和	221
15			观测数	10	观测数	10
16						

图 13 –2 描述统计结果

通过观察图 13 –2 中的结果，可以得到很多信息，包括两个平均值，两个标准误差，两个中位数，两个标准差，两个方差，两个峰度，两个偏度，两个最小值，两个最大值等。

2. 相关分析

选择数据分析组件的相关系数得到相关系数表，见表 13 –4。

表 13 –4 相关系数表

因素	新产品销售额（万元）	销售人员数量（人）
新产品销售额（万元）	1	—
销售人员数量（人）	0.969906	1

通过对表13-4的相关分析，可知新产品销售额和销售人员数量之间的相关系数为0.969906，这说明两个变量之间存在很强的正相关关系，所以我们可以做回归分析。

3. 回归分析

在数据分析组件中的图13-3中选择回归，如图13-3数据分析中的分析工具中的"回归"选项。

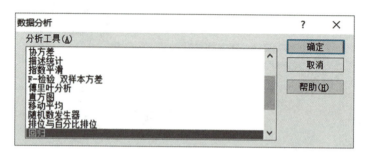

图 13-3　回归选项

得到一元线性回归分析结果如图13-4所示。

	A	B	C	D	E	F	G	H	I
1	SUMMARY OUTPUT								
2									
3	回归统计								
4	Multiple R	0.969906207							
5	R Square	0.940718051							
6	Adjusted R Square	0.933307807							
7	标准误差	41.37765248							
8	观测值	10							
9									
10	方差分析								
11		df	SS	MS	F	Significance F			
12	回归分析	1	217349.519	217349.519	126.9483288	3.46031E-06			
13	残差	8	13696.881	1712.110125					
14	总计	9	231046.4						
15									
16		Coefficients	标准误差	t Stat	P-value	Lower 95%	Upper 95%	下限 95.0%	上限 95.0%
17	Intercept	176.2952027	27.32686677	6.45135076	0.000198027	113.279335	239.3110704	113.279335	239.3110704
18	销售人员数量/人	12.2309863	1.085545386	11.2671349	3.46031E-06	9.727714156	14.73425845	9.727714156	14.73425845
19									

图 13-4　一元线性回归分析结果

通过观察图13-4中的结果，可以看出模型的 F 值为126.9483288，Significance F 值为 $3.4603E-06$，说明该模型整体上是非常显著的。模型的可决系数 R Square = 0.940718，修正的可决系数 Adjusted R Square = 0.933308，说明模型的解释能力是很强的。

模型的回归方程是：

$$新产品销售 = 12.230986 \times 销售人员人数 + 176.295203$$

变量销售人员数量的系数标准误是1.085545，t 值为11.267135，P 值为3.46E-06，系数是非常显著的。常数项的系数标准误是27.326867，t 值为6.451351，P 值为0.000198，系数是非常显著的。

13.3 多元线性回归分析基本原理

13.3.1 多元线性回归模型

多元线性回归就是用多个自变量来解释因变量。多元线性的回归模型如下：

$$Y_i = b_0 + b_1 X_{1i} + b_2 X_{2i} + \cdots + b_k X_{ki} + \varepsilon_i$$

利用最小二乘法可以找到这样一条直线：

$$\hat{Y}_i = \hat{b}_0 + \hat{b}_1 X_1 + \hat{b}_2 X_2 + \cdots + \hat{b}_k X_k$$

如果我们得到 $\hat{b}_0$ 和多个 $\hat{b}_j$（$j=1$，2，$\cdots$，k），又得到了所有自变量 X_j（$j=1$，2，$\cdots$，k）的预测值，我们就可求得因变量 Y 的值。

例 13 – 6

某公司的分析师根据历史数据，做了公司销售额增长率关于 GDP 增长率和公司销售人员增长率的线性回归分析，得到截距为 –3.2%，GDP 增长率的斜率为 2，公司销售人员增长率的斜率为 1.2 的回归模型。国家统计局预测今年 GDP 增长率为 9%，公司销售部门预计公司销售人员今年将减少 20%。问该公司今年销售额增长率预计为多少？

解：$Y = -3.2\% + 2X_1 + 1.2X_2 = -3.2\% + 2 \times 9\% + 1.2 \times (-20\%) = -9.2\%$。

13.3.2 多元线性回归方差分析与决定系数

1. 方差分析

与一元线性回归类似，多元线性回归的方差分析见表 13 – 5。

表 13 – 5 方差分析

选项	自由度	平方和	均方和（MS）
回归	k	回归平方和（SSR）	回归均方和（MSR = SSR/k）
误差	$n-k-1$	误差平方和（SSE）	误差均方和（MSE = SSE/($n-k-1$)）
总和	$n-1$	总平方和（SST）	

我们可以从表 13 – 5 的方差分析表里求得决定系数和估计的标准误，用来评价回归模型的好坏。

回归的自由度为 k，k 为自变量的个数。误差的自由度为 $n-k-1$，n 是样本量。总自由度为以上两个自由度之和。

总平方和（SST）依然等于回归平方和与误差平方和之和。SST = SSR + SSE。

均方和等于各自的平方和除以各自的自由度，见表 13 – 5。有了上面的方差分析表，就能很容易求得决定系数和估计的标准误，以判断回归模型的好坏。

2. 决定系数

决定系数等于回归平方和除以总平方和，公式为

$$R^2 = \frac{\text{SSR}}{\text{SST}} = 1 - \frac{\text{SSE}}{\text{SST}}$$

和一元线性回归一样，多元线性回归决定系数的含义仍然是：所有自变量 X 的变动可以解释多少比例的 Y 的变动。决定系数越大，表示回归模型越好。但是对于多元线性回归，随着自变量个数 k 的增加，无论新增的自变量是否对因变量有解释作用，决定系数总是变大。因此，我们就要调整决定系数：

$$\overline{R}^2 = 1 - \frac{n-1}{n-k-1}\ (1 - R^2)$$

调整后的决定系数不一定随着自变量个数 K 的增加而增大。因此调整后的决定系数能有效地比较不同自变量个数的回归模型的优劣。

关于调整后的决定系数，主要有如下两点：

1）调整后的决定系数总是小于等于未调整的决定系数。

2）调整后的决定系数有可能小于 0。

13.3.3 多元线性回归估计的标准误

估计的标准误 SEE 等于误差均方和的平方根，公式为

$$\text{SEE} = \sqrt{\text{SSE}/(n-k-1)} = \sqrt{\text{MSE}}$$

显然，估计的标准误越小，回归模型越好。

13.3.4 多元线性回归回归系数的 t 检验和置信区间

与一元线性回归类似，回归系数的 t 检验是指检验回归系数是否等于某个常数。通常要检验斜率系数是否等于 0（$H_0: b_j = 0$），这称为斜率系数的显著性检验。如果不能拒绝原假设，即斜率系数没有显著的不等于 0，那就说明自变量 X 和因变量 Y 的线性相关性不大，回归是失败的。这是一个 t 检验，t 统计量自由度为 $n-k-1$，计算公式为

$$t = \frac{\hat{b}_j}{s_{\hat{b}_j}}$$

式中，$s_{\hat{b}_j}$ 为斜率系数的标准误。

斜率系数的置信区间为 $\hat{b}_j \pm t_c s_{\hat{b}_j}$，其中，$t_c$ 是自由度为 $n-k-1$ 的 t 关键值。

例 13 - 7

做一个二元线性回归模型，得到的回归结果见表 13 - 6。

表 13 - 6　回归结果

变量	系数	统计量
b_0	0.5	1.28
b_1	1.2	2.40
b_2	-0.3	0.92

斜率系数 b_1 的置信度为 95% 的置信区间为多少?

由于统计量 $2.40 = t = \dfrac{\hat{b}_1}{s_{\hat{b}_1}} = \dfrac{1.2}{s_{\hat{b}_1}}$，$s_{\hat{b}_1} = 1.2/2.40 = 0.5$。则置信区间为

$$[1.2 - 2 \times 0.5, \ 1.2 + 2 \times 0.5] = [0.2, \ 2.2]$$

由于 0 没有包含在置信区间中，所以斜率系数 b_1 显著地不等于 0。

13.3.5　多元线性回归回归系数的 F 检验

回归系数的 F 检验就用来检验斜率系数是否全部都等于 0. 其原假设是所有斜率系数都等于 0，备择假设是至少有一个斜率系数不等于 0。

$$H_0: b_1 = b_2 = \cdots = b_k = 0; \quad H_\alpha: \text{至少有一个 } b_j \neq 0$$

F 统计量的分子自由度和分母自由度分别为 k 和 $n - k - 1$，统计量的计算公式如下：

$$F = \frac{\text{MSR}}{\text{MSE}} = \frac{\text{SSR}/k}{\text{SSE}/(n - k - 1)}$$

注意：F 检验看上去是双尾检验，但请当作单尾检验来做，其拒绝区域只在分布的右边一边。

回归系数的 t 检验是对单个斜率系数做检验，而回归系数的 F 检验是对全部斜率系数的检验。如果我们没有拒绝原假设，说明所有的斜率系数都没有显著地不等于 0，即所有自变量和因变量的线性相关性都不大，回归模型做得不好。如果我们能够拒绝原假设，说明至少有一个斜率系数显著地不等于 0，即至少有一个自变量可以解释 Y，回归模型做得不错。

例 13 - 8

我们抽取了一个样本量为 43 的样本，做了一个三元线性回归，得到 SSR = 4500，SSE = 1500，以显著性水平为 0.05 检验是否至少有一个斜率系数显著地不等于 0。假设检验的结果如何?

$$\text{MSR} = \frac{\text{SSR}}{k} = \frac{4500}{3} = 1500$$

$$\text{MSE} = \frac{\text{SSE}}{(n-k-1)} = \frac{1500}{(43-3-1)} \approx 38.46$$

$$\text{F} = \frac{\text{MSR}}{\text{MSE}} = \frac{1500}{38.46} \approx 39$$

查 F 统计表得关键值为 2.84。

由于 2.84 < 39，F 统计量落在拒绝区域，因此我们要拒绝原假设。

最后结论：至少有一个斜率系数显著地不等于 0。

13.4 多元线性回归分析及其 Excel 应用实例

例 13-9

为了检验美国电力行业是否存在规模经济，Nerlove（1963）搜集了 1955 年 145 家美国电力企业的总成本（TC）、产量（Q）、工资率（PL）、燃料价格（PF）及资本租赁价格（PK）的数据，见表 13-7。试以总成本为因变量，以产量、工资率、燃料价格和资本租赁价格为自变量，利用多元线性回归分析方法研究它们之间的关系。

表 13-7 美国电力行业数据

编号	TC（百万美元）	Q/kWh	PL（美元/kWh）	PF（美元/kWh）	PK（美元/kWh）
1	0.082	2	2.09	17.9	183
2	0.661	3	2.05	35.1	174
3	0.990	4	2.05	35.1	171
4	0.315	4	1.83	32.2	166
5	0.197	5	2.12	28.6	233
6	0.098	9	2.12	28.6	195
⋮	⋮	⋮	⋮	⋮	⋮
143	73.050	11796	2.12	28.6	148
144	139.422	14359	2.31	33.5	212
145	119.939	16719	2.30	23.6	162

1. 对数据进行描述性分析

在目录 F:\2glkx\data 下建立 13.2.xls 数据文件后，对数据做描述统计结果如图 13-5 所示。

对总成本（TC）和产量（Q）、工资率（PL）、燃料价格（PF）、资本租赁价格（PK）等变量进行了描述统计，结果如图 13-14 所示。

13.2 文件—数据

	A	B	C	D	E	F	G	H	I	J	K	L	M	N	O
1	TC	Q	PL	PF	PK		TC		Q		PL		PF		PK
2	0.082	2	2.09	17.9	183	平均	12.9761	平均	2133.083	平均	1.972069	平均	26.17655	平均	174.4966
3	0.661	3	2.05	35.1	174	标准误差	1.64385	标准误差	243.4845	标准误差	0.019666	标准误差	0.654072	标准误差	1.512215
4	0.99	4	2.05	35.1	171	中位数	6.754	中位数	1109	中位数	2.04	中位数	26.9	中位数	170
5	0.315	4	1.83	32.2	166	众数	0.501	众数	4	众数	1.76	众数	10.3	众数	183
6	0.197	5	2.12	28.6	233	标准差	19.79458	标准差	2931.942	标准差	0.236807	标准差	7.876071	标准差	18.20948
7	0.098	9	2.12	28.6	195	方差	391.8253	方差	8596285	方差	0.056078	方差	62.0325	方差	331.5851
8	0.949	11	1.98	35.5	206	峰度	17.30123	峰度	6.746412	峰度	-1.01888	峰度	-0.32909	峰度	0.84208
9	0.675	13	2.05	35.1	150	偏度	3.674214	偏度	2.423344	偏度	-0.25662	偏度	-0.33636	偏度	1.00977
10	0.525	13	2.19	29.1	155	区域	139.34	区域	16717	区域	0.87	区域	32.5	区域	95
11	0.501	22	1.72	15	188	最小值	0.082	最小值	2	最小值	1.45	最小值	10.3	最小值	138
12	1.194	25	2.09	17.9	170	最大值	139.422	最大值	16719	最大值	2.32	最大值	42.8	最大值	233
13	0.67	25	1.68	39.7	167	求和	1881.534	求和	309297	求和	285.95	求和	3795.6	求和	25302
14	0.349	35	1.81	22.6	213	观测数	145	观测数	145	观测数	145	观测数	145	观测数	145
15	0.423	39	2.3	23.6	164										
16	0.501	43	1.75	42.8	176										
17	0.55	63	1.76	10.3	161										
18	0.795	68	1.98	35.5	210										
19	0.664	81	2.29	28.5	158										
20	0.705	84	2.19	29.1	156										
21	0.903	73	1.75	42.8	176										
22	1.504	99	2.2	36.2	170										
23	1.615	101	1.66	33.4	192										
24	1.127	119	1.92	22.5	164										
25	0.718	120	1.77	21.3	175										
26	2.414	122	2.09	17.9	180										
27	1.13	130	1.82	38.9	176										
28	0.992	138	1.8	20.2	202										
29	1.554	149	1.92	22.5	227										
30	1.225	196	1.92	29.1	186										
31	1.565	197	2.19	29.1	183										
32	1.936	209	1.92	22.5	169										
33	3.154	214	1.52	27.5	168										
34	2.599	220	1.92	22.5	164										

图 13-5 多个变量的描述统计

2. 数据相关分析

选择数据分析组件的相关系数得到相关系数表见表 8。

表 13-8 相关系数表

相关系数	TC	Q	PL	PF	PK
TC	1				
Q	0.952504	1			
PL	0.251338	0.171450	1		
PF	0.033935	−0.077350	0.313703	1	
PK	0.027202	0.002869	−0.178150	0.125428	1

从表 13-8 中可见，TC 与 Q 高度相关，而与其他的变量 PL、PF、PK 变量相关性要弱一些，尤其是与 PF 的相关性更弱。下面我们做回归分析。

3. 回归分析

在数据分析的分析工具中选择"回归"，如图 13-6 所示。

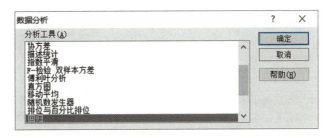

图 13-6 回归选项

结果如图 13 – 7 所示。

	A	B	C	D	E	F	G	H	I
1	SUMMARY OUTPUT								
2									
3	回归统计								
4	Multiple R	0.960603102							
5	R Square	0.92275832							
6	Adjusted R S	0.920551415							
7	标准误差	5.579423174							
8	观测值	145							
9									
10	方差分析								
11		df	SS	MS	F	Significance F			
12	回归分析	4	52064.64331	13016.16083	418.1232353	9.25716E-77			
13	残差	140	4358.194814	31.12996296					
14	总计	144	56422.83812						
15									
16		Coefficients	标准误差	t Stat	P-value	Lower 95%	Upper 95%	下限 95.0%	上限 95.0%
17	Intercept	-22.22097796	6.587450131	-3.373229021	0.000961051	-35.24472054	-9.197235373	-35.244720540	-9.197235373
18	Q	0.006395057	0.000162899	39.25783188	1.91743E-77	0.006072997	0.006717116	0.006072997	0.006717116
19	PL	5.655183228	2.176360058	2.59845939	0.010366484	1.352402547	9.95796391	1.352402547	9.957963910
20	PF	0.207839985	0.064099929	3.242437056	0.0014815	0.081110984	0.334568987	0.081110984	0.334568987
21	PK	0.028441502	0.026504888	1.073066287	0.285087519	-0.023960085	0.080843088	-0.023960085	0.080843088
22									

图 13 – 7 一元线性回归分析结果

通过观察图 13 – 7 中的结果，可以看出模型的 F 值为 418.123235，Significance F 值为 9.26E – 77，说明该模型整体上是非常显著的。模型的可决系数 R – squared = 0.922758，修正的可决系数 Adjusted R – squared = 0.920551，说明模型的解释能力是很强的。

模型的回归方程为：

$$TC = 0.006395Q + 5.655183PL + 0.207840PF + 0.028442PK - 22.220978$$

变量 Q 的系数标准误是 0.000163，t 值为 39.257832，P 值为 1.92E – 77，系数是非常显著的。变量 PL 系数标准误是 2.176360，t 值为 2.598459，P 值为 0.010366，系数是非常显著的。变量 PF 系数标准误是 0.064100，t 值为 3.242437，P 值为 0.001482，系数是非常显著的。变量 PK 数标准误是 0.026505，t 值为 1.073066，P 值为 0.285088，系数是非常不显著的。常数项的系数标准误是 6.587450，t 值为 – 3.373229，P 值为 0.000961，系数是非常显著的。

综合上面的分析，可以看出：美国电力企业的总成本（TC）受到产量（Q）、工资率（PL）、燃料价格（PF）、资本租赁价格（PK）的影响，美国电力行业存在规模经济。

读者应注意上面的模型中，PK 的系数是不显著的。从前面的相关分析也可以看到，TC 与 PK 的相关系数很弱，只有 0.027202。下面把该变量剔除后重新进行回归分析，结果如图 13 – 8 所示。

	A	B	C	D	E	F	G	H	I
1	SUMMARY OUTPUT								
2									
3	回归统计								
4	Multiple R	0.960272369							
5	R Square	0.922123023							
6	Adjusted R Square	0.920466066							
7	标准误差	5.582419257							
8	观测值	145							
9									
10	方差分析								
11		df	SS	MS	F	Significance F			
12	回归分析	3	52028.79805	17342.93268	556.5159781	6.39499E-78			
13	残差	141	4394.040072	31.16340476					
14	总计	144	56422.83812						
15									
16		Coefficients	标准误差	t Stat	P-value	Lower 95%	Upper 95%	下限 95.0%	上限 95.0%
17	Intercept	-16.54434071	3.927569644	-4.212360877	4.48425E-05	-24.30887669	-8.779804727	-24.30887669	-8.779804727
18	Q	0.006406155	0.000162658	39.3843153	5.76303E-78	0.006084592	0.006727718	0.006084592	0.006727718
19	PL	5.097772361	2.114593778	2.410757287	0.017207583	0.917365399	9.278179323	0.917365399	9.278179323
20	PF	0.221664799	0.062582575	3.542257414	0.000565124	0.097462945	0.345866654	0.097462945	0.345866654

图 13 – 8 剔除 PK 后重新进行回归分析的结果

从图 13 - 8 中的分析结果可见，模型整体依旧是非常显著的。模型的可决系数以及修正的可决系数变化不大，说明模型的解释能力几乎没有变化。其他变量（含常数项的系数）都非常显著，模型接近完美。可以把回归结果作为最终的回归模型方程，即

$$TC = 0.006406Q + 5.097777PL + 0.221665PF - 16.544341$$

从这个回归模型方程可以看出，美国电力企业的总成本受到产量、工资率、燃料价格的影响。总成本随着这些变量的升高而升高、降低而降低。

值得注意的是：产量的增加引起总成本的相对变化是很小的，所以，从经济意义上说，美国电力行业存在规模经济。

13.5　虚拟变量

某些回归分析中，需要定性的使用自变量，称为虚拟变量。使用虚拟变量的目的是考察不同类别之间是否存在显著差异。

虚拟变量的取值为 0 或 1，如果是两类时，只需一个虚拟变量，如果是 n 类，则需 $n-1$ 个虚拟变量。

例如，在研究工资水平同学历和工作年限的关系时，我们以 Y 表示工作水平，以 X_1 表示学历，以 X_2 表示工作年限，同时引进虚拟变量 D，其取值如下：

$$D = \begin{cases} 1, & 男性 \\ 0, & 女性 \end{cases}$$

则可构造如下回归模型

$$Y = \beta_0 + \beta_1 X_1 + \beta_2 X_2 + \beta_3 D + \varepsilon$$

为了模拟某商品销售量的时间序列的季节影响，我们需要引入 $3(n-1)$ 个虚拟变量：

$$Q_1 = \begin{cases} 1, & 如果为第一季度, \\ 0, & 其他情况; \end{cases} \quad Q_2 = \begin{cases} 1, & 如果为第二季度, \\ 0, & 其他情况; \end{cases} \quad Q_3 = \begin{cases} 1, & 如果为第三季度, \\ 0, & 其他情况 \end{cases}$$

构造如下回归模型：

$$Y = \beta_0 + \beta_1 Q_1 + \beta_2 Q_2 + \beta_3 Q_3 + \varepsilon$$

13.6　违背回归假设的计量检验

13.6.1　多元线性回归假设

任何模型都有假设前提，多元线性回归模型有以下六条假设：

1）自变量 X 和因变量 Y 之间存在线性关系。

2）自变量不是随机变量，任意两个自变量之间都线性不相关。如果自变量和自变量之间线性相关，称为多重共线性。

3）误差项的期望值为 0。

4）误差项的方差为常数，这称为同方差性。如果误差项的方差不恒定，称为异方差性。

5）误差项与误差项之间不相关。如果误差项与误差项之间相关，称为自相关或序列相关。

6）误差项为正态分布的随机变量。

如果违反假设2）、4）、5），我们该如何处理？

13.6.2 异方差性

异方差性是指误差项的方差不恒定，分为无条件异方差性和条件异方差性。

无条件异方差性是指误差项的方差虽然不恒定，但其与自变量无关。虽然这违背了第四条假设，但是无条件异方差性对线性回归的结论影响通常不大。

条件异方差性是指误差项的方差不恒定，且其与自变量相关。例如，随着 X 的增大，误差项的方差增大。条件异方差性通常对回归的结论影响很大，即我们很难通过最小二乘法找到一条误差平方和最小的直线。因此，我们需要检测条件异方差性。

检测条件异方差性的方法有两种：误差散点图和 Breusch-Paganχ^2 检验。

画出误差的散点图，我们就能够看到误差与自变量的关系。

这种方法有点主观，因此我们需要借助客观的假设检验方法：Breusch-Paganχ^2 检验。

原假设为不存在条件异方差性；备择假设为存在条件异方差性。Breusch-Paganχ^2 检验的 χ^2 统计量自由度为 k，计算公式为 $BP = N \times R_{res}^2$。其中，R_{res}^2 不是该回归的决定系数，而是误差的平方与自变量 X 重新做回归的决定系数。

注意：Breusch-Paganχ^2 检验是单尾检验，其拒绝域只在右边一边。

例 13 – 10

我们抽取了一个样本量为 50 的样本，做了一个三元线性回归。误差的平方与自变量 X 回归的决定系数为 0.15。以显著性水平为 0.05 检验是否存在条件异方差性，结果如何？

$$BP = N \times R_{res}^2 = 50 \times 0.15 = 7.5$$

查卡方表计算卡方的关键值。显著性水平 0.05，单尾检验，拒绝区域在右边，面积为 0.05。自由度为 3。因此关键值为 7.815。

卡方统计量没有落在拒绝区域内，因此我们不能拒绝原假设。

因此，结论是不存在条件异方差性。

条件异方差性通常造成回归系数的标准误偏小，回归系数的显著性检验 t 检验统计量偏大，这就会增大犯第一类错误的概念，纠正条件异方差性的方法称为稳健的标准误方法也称为怀特纠正标准误方法。

13.6.3　序列相关（自相关）

序列相关或自相关是指误差项与误差项之间相关。时间序列数据常常出现序列相关问题。序列相关分为正序列相关和负序列相关。

正序列相关是指：如果前一个误差大于 0，那么后一个误差大于 0 的概率较大。

负序列相关是指：如果前一个误差大于 0，那么后一个误差小于 0 的概率较大。

通过误差的散点图能够更直观地了解正序列相关和负序列相关，如图 13-9 所示。

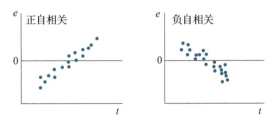

图 13-9　正序列相关和负序列相关

我们还是要借助于客观的假设检验方法来检测序列相关，这种方法称为德宾-沃森（Durbin-Watson）检验。原假设为：不存在序列相关；备择假设：存在序列相关。

德宾-沃森检验的统计量计算公式如下：

$$DW = 2 \times (1 - r)$$

式中，r 为误差的相关系数。如果误差之间不相关（$r=0$），那么 DW 统计量等于 2。如果误差之间正相关（$r>0$），那么 DW 统计量小于 2。如果误差之间负相关（$r<0$），那么 DW 统计量大于 2。

查 DW 表，获得两个关键值 d_u 和 d_l，DW 统计量决策规则见表 13-9。

表 13-9　DW 统计量决策规则

DW 统计量	决策规则	结论
$0 < DW < d_l$	拒绝 H_0	正序列相关
$d_l < DW < d_u$	不拒绝也不接受 H_0	不确定
$d_u < DW < 4 - d_u$	不能拒绝 H_0	不存在序列相关
$4 - d_u < DW < 4 - d_l$	不拒绝也不接受 H_0	不确定
$4 - d_l < DW < 4$	拒绝 H_0	负序列相关

例 13-11

我们抽取了一个样本量为 50 的样本，做了一个三元线性回归。误差的相关系数为 0.4，以显著性水平为 0.05 检验是否存在自相关，结果如何？

$$DW = 2 \times (1 - r) = 2 \times (1 - 0.4) = 1.20$$

接着，我们查表计算 DW 的关键值。显著性水平为 0.05，$k = 3$，$n = 50$ 的关键值 $d_l = 1.42$ 和 $d_u = 1.67$。

由于 DW 统计量小于下关键值 1.42，根据表 13 – 9，我们要拒绝原假设，结论是存在正自相关。

正序列相关通常造成回归系数的标准误偏小，回归系数的显著性检验 t 检验统计量偏大，这就会增大犯第一类错误的概率；负序列相关通常造成回归系数的标准误偏大，回归系数的显著性检验 t 检验统计量偏小，这就会增大犯第二类错误的概率。我们可以通过调整系的标准误如汉森（Hanson）方法来纠正序列相关。

13.6.4 多重共线性

多重共线性是指两个或多个自变量之间线性相关。

最常用的检测多重共线性的方法是：如果回归系数的显著性检验 t 检验不能拒绝原假设（即没有一个自变量能解释 Y。但回归系数的 F 检验拒绝原假设（即至少有一个自变量能解释 Y），且决定系数又比较大（大于 0.7），那就说明存在多重共线性。

另一种检测多重共线性的方法是，任意两个自变量拿来计算其样本相关系数，如果样本的相关系数的绝对值较大（大于 0.7）就说明存在多重共线性。

例 13 – 12

我们抽取了一个样本量为 50 的样本，做了一个三元线性回归，得到结果见表 13 – 10。

表 13 – 10   三元线性回归分析结果

变量	系数	t 统计量
X_1	0.93	1.12
X_2	0.84	1.32
X_3	0.68	1.08
F 统计量	32.83	—
拟合度	0.87	—

是否存在多重共线性？

解：t 的关键值在 2 附近，以上三个 t 统计量都比较小，因此回归系数的显著性检验 t 检验都不能拒绝原假设，即没有一个自变量能解释 Y。但 F 统计量 32.83 较大，说明回归系数的 F 检验拒绝原假设，即至少有一个自变量能解释 Y，且决定系数又比较大，说明存在多重共线性。

多重共线性通常造成回归系数的标准误偏大，回归系数的显著性检验 t 检验统计量偏小，这就会增大犯第二类错误的概率；我们可以通过去掉一个或多个相关的自变量来纠正多重共线性。但实际中，我们很难确定哪些自变量是相关的，该去掉哪些自变量。

13.6.5　总结

根据上面三种违反假设的情况，我们总结三种违反假设的比较见表 13 - 11。

表 13 - 11　三种违反假设的比较

名称	定义	如何检测	如何纠正
异方差性	误差项的方差不恒定	BP 检验	怀特法纠正标准误
序列相关	误差项与误差项之间相关	DW 检验	汉森法调整系数的标准误
多重共线性	两个或多个自变量之间线性相关	t 检验与 F 检验矛盾或相关系数大于 0.7	去掉一个或多个自变量

思 考 题

1. 为了给今后编制管理费用的预算提供数据，某企业分析了近 10 年来企业管理费用与产值之间的关系，见表 13 - 12。

表 13 - 12　企业管理费用与产值数据

年份	1	2	3	4	5	6	7	8	9	10
管理费用（百万元）	5.9	6.3	6.5	7.3	6.9	7.8	8.5	8.1	9.2	9.4
产值（千万元）	5.2	5.8	6.3	6.8	7.5	8.3	9.1	10.0	10.9	11.8

1）建立该企业管理费用与产值之间的线性回归模型，求出回归方程并进行检验；

2）下一年该企业的产值预计为 1.5 亿元，求管理费用的置信度为 95% 的预测区间。

2. 某家电产品的需求量与价格及家庭月平均收入水平密切相关。表 13 - 13 给出了某市近 10 年中该商品的年需求量与价格、家庭月平均收入的统计数据。求该商品在该市的需求量对价格和家庭月平均收入水平的线性回归方程并进行显著性检验。

表 13 - 13　某家电产品年需求量与价格、家庭月平均收入数据

需求量	3.0	5.0	6.5	7.0	8.5	7.5	10.0	9.0	11	12.5
价格（千元）	4.0	4.5	3.5	3.0	3.0	3.5	2.5	3.0	2.5	2.0
家庭月平均收入（千元）	6.0	6.8	8.0	10.0	16.0	20	22	24	26	28

3. 某电子集团公司分析企业的劳动生产率和企业在研究与开发（R&D）投入之间的关系，调查了下属 14 个企业 2023 年的劳动生产率与 R&D 投入占销售额的比例数据见表 13 - 14。

表 13 – 14 劳动生产率与 R&D 投入占销售额的比例数据

R&D 投入占销售额比例（%）	1.4	1.4	1.5	1.4	1.7	2.0	2.0
劳动生产率（万元/人）	6.7	6.9	7.2	7.3	8.4	8.8	9.1
R&D 投入占销售额比例（%）	2.4	2.5	2.6	2.7	2.8	3.1	3.5
劳动生产率（万元/人）	9.8	10.6	10.7	11.1	11.8	12.1	13.0

1）劳动生产率与 R&D 投入比例之间是否呈线性相关关系？（用 Excel 散点图分析）若是，求它们之间的回归方程。

2）该集团企业的 R&D 投入率为 4.6%，求该企业劳动生产率的置信度为 90% 的预测区间。

第 14 章　时间序列分析及其预测

《礼记·中庸》曰："凡事预则立，不预则废。"毛泽东同志也曾在《论持久战》中引用："'凡事预则立，不预则废'，没有事先的计划和准备，就不能获得战争的胜利！"

例如，广东某服装集团是生产各种内衣系列且生产计划极为复杂的公司，每个季度要制订未来四个月中的各种规格、颜色、式样、面料、等级的内衣生产数量，因为要制订采购计划和工厂生产能力计划，如何来预测客户的需求量呢？

可见，预测对生产计划多重要！

预测分类如图 14-1 所示。

预测 {

定性预测：适用于历史数据缺乏的情况，主要有：市场调查法、专家评估法（德尔菲法）、情景分析法等。

定量预测：适用于历史数据已知的情况。
1）时间序列分析预测主要有：移动平均、加权移动平均、指数平滑（水平模式、季节模式、月度模式）。
2）因果分析法：回归分析（趋势模式）。
3）季节和水平模式。
4）马尔可夫预测，研究事物状态的转移。

图 14-1　预测分类

14.1　水平模式时间序列及其预测

对于水平模式的时间序列，适用于移动平均法、加权移动平均法和指数平滑法等。

1. 移动平均

移动平均值 = n 个近期数据之和/n。

这里的移动是指，可得到新的观察值以代替时间序列中的旧的观察值，并计算出新的平均值。结果，当新的观察值产生后，旧的平均值将发生变化，或说移动了。

具体见下面的 Excel 计算实例。

数据见表 14-1。

表 14-1　销售量数据

月份	销售量	移动平均预测值
1	36	—
2	28	—

（续）

月份	销售量	移动平均预测值
3	35	—
4	40	—
5	34	—
6	32	—
7	35	—
8	40	—
9	37	—
10	31	—
11	34	—
12	36	—
13	37	—
14	33	—
15	38	—
16	36	—
17	41	—
18	?	—

计算公式如图 14 – 2 所示。

	A	B	C
1	月份	销售量	移动平均预测值
2	1	36	
3	=A2+1	28	
4	=A3+1	35	
5	=A4+1	40	=AVERAGE(B2:B4)
6	=A5+1	34	=AVERAGE(B3:B5)
7	=A6+1	32	=AVERAGE(B4:B6)
8	=A7+1	35	=AVERAGE(B5:B7)
9	=A8+1	40	=AVERAGE(B6:B8)
10	=A9+1	37	=AVERAGE(B7:B9)
11	=A10+1	31	=AVERAGE(B8:B10)
12	=A11+1	34	=AVERAGE(B9:B11)
13	=A12+1	36	=AVERAGE(B10:B12)
14	=A13+1	37	=AVERAGE(B11:B13)
15	=A14+1	33	=AVERAGE(B12:B14)
16	=A15+1	38	=AVERAGE(B13:B15)
17	=A16+1	36	=AVERAGE(B14:B16)
18	=A17+1	41	=AVERAGE(B15:B17)
19	=A18+1	?	=AVERAGE(B16:B18)

图 14 – 2 计算公式

计算结果如图 14 – 3 所示。

图 14 -3　移动平均
预测—数据

	A	B	C	D	E	F	G	H	I
1	月份	销售量	移动平均预测值						
2	1	36							
3	2	28							
4	3	35							
5	4	40	33.00						
6	5	34	34.33						
7	6	32	36.33						
8	7	35	35.33						
9	8	40	33.67						
10	9	37	35.67						
11	10	31	37.33						
12	11	34	36.00						
13	12	36	34.00						
14	13	37	33.67						
15	14	33	35.67						
16	15	38	35.33						
17	16	36	36.00						
18	17	41	35.67						
19	18	?	38.33						
20									

图 14 -3　计算结果

2. 加权移动平均

在前面的例子中，设第一月、第二月、第三月的观察值的权重分别为 1/6、2/6、3/6，则第四月的预测值可用加权移动平均法计算如下：

第四个月预测值 $= \dfrac{3}{6} \times 35 + \dfrac{2}{6} \times 28 + \dfrac{1}{6} \times 36 \approx 32.83$。

表中 $\mathrm{MSE} = \sum_i \dfrac{(y_i - \hat{y}_i)^2}{n}$（平均误差平方和），$y_i$ 为销售量，$\hat{y}_i$ 为预测值。

具体见下面的 Excel 计算实例。

计算公式如图 14 -4 所示。

	A	B	C	D	E
1					
2	月份	销售量	加权移动平均预测值		
3	1	36		w1	0.407584
4	=A3+1	28		w2	0.000000
5	=A4+1	35		w3	0.592417
6	=A5+1	40	=B3*$E$3+B4*$E$4+B5*$E$5	sum=	=SUM(E3:E5)
7	=A6+1	34	=B4*$E$3+B5*$E$4+B6*$E$5		
8	=A7+1	32	=B5*$E$3+B6*$E$4+B7*$E$5		
9	=A8+1	35	=B6*$E$3+B7*$E$4+B8*$E$5		
10	=A9+1	40	=B7*$E$3+B8*$E$4+B9*$E$5		
11	=A10+1	37	=B8*$E$3+B9*$E$4+B10*$E$5		
12	=A11+1	31	=B9*$E$3+B10*$E$4+B11*$E$5		
13	=A12+1	34	=B10*$E$3+B11*$E$4+B12*$E$5		
14	=A13+1	36	=B11*$E$3+B12*$E$4+B13*$E$5		
15	=A14+1	37	=B12*$E$3+B13*$E$4+B14*$E$5		
16	=A15+1	33	=B13*$E$3+B14*$E$4+B15*$E$5		
17	=A16+1	38	=B14*$E$3+B15*$E$4+B16*$E$5		
18	=A17+1	36	=B15*$E$3+B16*$E$4+B17*$E$5		
19	=A18+1	41	=B16*$E$3+B17*$E$4+B18*$E$5		
20	=A19+1	?	=B17*$E$3+B18*$E$4+B19*$E$5		
21			=SUMXMY2(B6:B19,C6:C19)/COUNT(C6:C19)		
22					

图 14 -4　计算公式

规划求解参数设置如图 14 – 5 所示。

规划求解选项设置如图 14 – 6 所示。

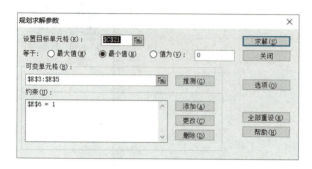 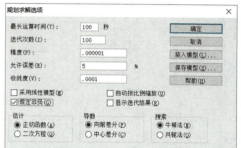

图 14 – 5 规划求解参数设置　　　　图 14 – 6 规划求解选项设置

计算结果如图 14 – 7 所示。

图 14 –7　加权移动
平均预测—数据

	A	B	C	D	E	F
1						
2	月份	销售量	加权移动平均预测值			
3	1	36		w1	0.407584	
4	2	28		w2	0.000000	
5	3	35		w3	0.592417	
6	4	40	35.40761924	sum	1.000001	
7	5	34	35.10902917			
8	6	32	34.40761824			
9	7	35	35.26070589			
10	8	40	34.59245076			
11	9	37	36.73936611			
12	10	31	36.18486853			
13	11	34	34.66828912			
14	12	36	35.22278671			
15	13	37	33.96211482			
16	14	33	35.77728429			
17	15	38	34.22278571			
18	16	36	37.59245376			
19	17	41	34.77728329			
20			39.77728829			
21		MSE =	11.27821897			
22						

图 14 –7　计算结果

3. 指数平滑

指数平滑公式如下：

$$F_t = F_{t-1} + \alpha(A_{t-1} - F_{t-1})$$

式中，F_t 为 t 期的预测值；F_{t-1} 为 $t-1$ 期的预测值；α 为平滑系数；A_{t-1} 为 $t-1$ 期的实际观测值。

具体见下面的 Excel 计算实例。

计算公式如图 14 –8 所示。

	A	B	C	D	E	F	G	H	I
1									
2						alpha=	0.1	0.30	0.80
3	1	36	36	36	36				
4	=A3+1	28	=C3+$G$2*(B3-C3)	=D3+$H$2*(B3-D3)	=E3+$I$2*(B3-E3)				
5	=A4+1	35	=C4+$G$2*(B4-C4)	=D4+$H$2*(B4-D4)	=E4+$I$2*(B4-E4)				
6	=A5+1	40	=C5+$G$2*(B5-C5)	=D5+$H$2*(B5-D5)	=E5+$I$2*(B5-E5)				
7	=A6+1	34	=C6+$G$2*(B6-C6)	=D6+$H$2*(B6-D6)	=E6+$I$2*(B6-E6)				
8	=A7+1	32	=C7+$G$2*(B7-C7)	=D7+$H$2*(B7-D7)	=E7+$I$2*(B7-E7)				
9	=A8+1	35	=C8+$G$2*(B8-C8)	=D8+$H$2*(B8-D8)	=E8+$I$2*(B8-E8)				
10	=A9+1	40	=C9+$G$2*(B9-C9)	=D9+$H$2*(B9-D9)	=E9+$I$2*(B9-E9)				
11	=A10+1	37	=C10+$G$2*(B10-C10)	=D10+$H$2*(B10-D10)	=E10+$I$2*(B10-E10)				
12	=A11+1	31	=C11+$G$2*(B11-C11)	=D11+$H$2*(B11-D11)	=E11+$I$2*(B11-E11)				
13	=A12+1	34	=C12+$G$2*(B12-C12)	=D12+$H$2*(B12-D12)	=E12+$I$2*(B12-E12)				
14	=A13+1	36	=C13+$G$2*(B13-C13)	=D13+$H$2*(B13-D13)	=E13+$I$2*(B13-E13)				
15	=A14+1	37	=C14+$G$2*(B14-C14)	=D14+$H$2*(B14-D14)	=E14+$I$2*(B14-E14)				
16	=A15+1	33	=C15+$G$2*(B15-C15)	=D15+$H$2*(B15-D15)	=E15+$I$2*(B15-E15)				
17	=A16+1	38	=C16+$G$2*(B16-C16)	=D16+$H$2*(B16-D16)	=E16+$I$2*(B16-E16)				
18	=A17+1	36	=C17+$G$2*(B17-C17)	=D17+$H$2*(B17-D17)	=E17+$I$2*(B17-E17)				
19	=A18+1	41	=C18+$G$2*(B18-C18)	=D18+$H$2*(B18-D18)	=E18+$I$2*(B18-E18)				
20									
21		MSE=	=SUMXMY2($B$3:$B$19,C3:C19)	=SUMXMY2($B$3:$B$19,D	=SUMXMY2($B$3:$B$19,				

图 14 - 8 计算公式

计算结果如图 14 - 9 所示。

	A	B	C	D	E	F	G	H	I
1									
2						alpha=	0.10	0.30	0.80
3	1	36	36	36	36				
4	2	28	36.00	36.00	36.00				
5	3	35	35.20	33.60	29.60				
6	4	40	35.18	34.02	33.92				
7	5	34	35.66	35.81	38.78				
8	6	32	35.50	35.27	34.96				
9	7	35	35.15	34.29	32.59				
10	8	40	35.13	34.50	34.52				
11	9	37	35.62	36.15	38.90				
12	10	31	35.76	36.41	37.38				
13	11	34	35.28	34.78	32.28				
14	12	36	35.15	34.55	33.66				
15	13	37	35.24	34.98	35.53				
16	14	33	35.41	35.59	36.71				
17	15	38	35.17	34.81	33.74				
18	16	36	35.46	35.77	37.15				
19	17	41	35.51	35.84	36.23				
20									
21		MSE=	11.78	13.34	18.15				

图 14 - 9 指数
平滑—数据

图 14 - 9 计算结果

从图 14 - 9 中可见 alpha = 0.10 时，精确度最高。

14.2 趋势模式时间序列及其预测

趋势模式如图 14 - 10 所示。其中，汽车销售量以千辆为单位。

14.2 趋势模式
时间序列—数据

	A	B
1	年份	销售量
2	1	21.6
3	2	22.9
4	3	25.5
5	4	21.9
6	5	23.9
7	6	27.5
8	7	31.5
9	8	29.7
10	9	28.6
11	10	31.4
12		
13		
14		
15		
16		
17		
18		

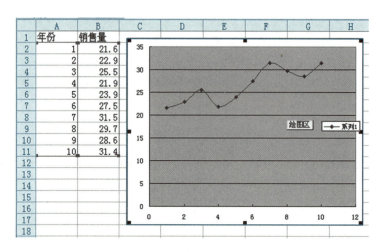

图 14-10 趋势模式

1. 线性趋势模式

对于线性趋势模式的计算，可先建立如下的模型：

$$F_t = b_0 + b_1 t$$

式中，F_t 为第 t 周期的线性趋势预测值；b_0 为线性趋势线的截距；b_1 为线性趋势线的斜率；t 为时间周期。

下面我们根据图 14-10 中的数据来建立一个拟合模型。模型的目标是使图中每一周期时间序列的观察值与预测值之间的误差平方和最小化。

$$\begin{cases} \min \ \{(21.6 - F_1)^2 + \cdots + (31.4 - F_{10})^2\} \\ \text{s. t. } F_t = b_0 + b_1 t, \ t = 1, \ 2, \ \cdots, \ 10 \end{cases}$$

式中，F_t，b_0，b_1 都是决策变量。向上趋势，b_1 为正；向下趋势，b_1 为负。

计算公式如图 14-11 所示。

	A	B	C	D	G	H
1	年份	销售量Yt	Tt	(Yt-Tt)^2	b0	20.40
2	1	21.6	=$H$1+$H$2*A2	=(B2-C2)^2	b1	1.10
3	=A2+1	22.9	=$H$1+$H$2*A3	=(B3-C3)^2		
4	=A3+1	25.5	=$H$1+$H$2*A4	=(B4-C4)^2		
5	=A4+1	21.9	=$H$1+$H$2*A5	=(B5-C5)^2		
6	=A5+1	23.9	=$H$1+$H$2*A6	=(B6-C6)^2		
7	=A6+1	27.5	=$H$1+$H$2*A7	=(B7-C7)^2		
8	=A7+1	31.5	=$H$1+$H$2*A8	=(B8-C8)^2		
9	=A8+1	29.7	=$H$1+$H$2*A9	=(B9-C9)^2		
10	=A9+1	28.6	=$H$1+$H$2*A10	=(B10-C10)^2		
11	=A10+1	31.4	=$H$1+$H$2*A11	=(B11-C11)^2		
12				=SUM(D2:D11)		
13						

图 14-11 计算公式

这里的规划求解参数与选项的设置与加权移动平均法类似。

计算结果如图 14-12 所示。

	A	B	C	D	G	H
1	年份	销售量Yt	Ft(b0+b1*t)	误差(Yt-Ft)^2	b0	20.40
2	1	21.6	21.50	0.01	b1	1.10
3	2	22.9	22.60	0.09		
4	3	25.5	23.70	3.24		
5	4	21.9	24.80	8.41		
6	5	23.9	25.90	4.00		
7	6	27.5	27.00	0.25		
8	7	31.5	28.10	11.56		
9	8	29.7	29.20	0.25		
10	9	28.6	30.30	2.89		
11	10	31.4	31.40	0.00		
12				30.70		
13						

图 14 - 12　计算结果

2. 非线性趋势模式

对于非线性趋势模式的计算，可先建立如下的模型：

$$F_t = b_0 + b_1 t + b_2 t^2$$

我们先给定数据见表 14 - 2。

表 14 - 2　药品收入的时间序列　　　　　　　　　　（单位：万美元）

年份	药品收入
1	23.1
2	21.3
3	27.4
4	34.6
5	33.8
6	43.2
7	59.5
8	64.4
9	74.2
10	99.3

我们根据表 14 - 2 中的数据建立一个拟合模型。模型的目标是使图 14 - 13 中每一周期时间序列的观察值与预测值之间的误差平方和最小化。

$$\begin{cases} \min \ \{(23.1 - F_1)^2 + \cdots + (99.3 - F_{10})^2\} \\ \text{s. t. } F_t = b_0 + b_1 t + b_2 t^2, \ t = 1, 2, \cdots, 10 \end{cases}$$

式中，F_t，b_0，b_1，b_2 都是决策变量，且不限于非负数。

计算公式如图 14 - 13 所示。

	A	H	I	J	K	L
1			非线性			
2	年份	收入	b0+b1*t+b2*t^2	误差	b0	24.18
3	1	23.1	=$L$2+$L$3*A3+$L$4*A3^2	=(H3-I3)^2	b1	-2.11
4	=A3+1	21.3	=$L$2+$L$3*A4+$L$4*A4^2	=(H4-I4)^2	b2	0.92
5	=A4+1	27.4	=$L$2+$L$3*A5+$L$4*A5^2	=(H5-I5)^2		
6	=A5+1	34.6	=$L$2+$L$3*A6+$L$4*A6^2	=(H6-I6)^2		
7	=A6+1	33.8	=$L$2+$L$3*A7+$L$4*A7^2	=(H7-I7)^2		
8	=A7+1	43.2	=$L$2+$L$3*A8+$L$4*A8^2	=(H8-I8)^2		
9	=A8+1	59.5	=$L$2+$L$3*A9+$L$4*A9^2	=(H9-I9)^2		
10	=A9+1	64.4	=$L$2+$L$3*A10+$L$4*A10^2	=(H10-I10)^2		
11	=A10+1	74.2	=$L$2+$L$3*A11+$L$4*A11^2	=(H11-I11)^2		
12	=A11+1	99.3	=$L$2+$L$3*A12+$L$4*A12^2	=(H12-I12)^2		
13			=SUM(I3:I12)	=SUM(J3:J12)		

图 14 – 13　计算公式

这里的规划求解参数与选项的设置与加权移动平均法类似。

计算结果如图 14 – 14 所示。

	A	H	I	J	K	L
1			非线性			
2	年份	收入	b0+b1*t+b2*t^2	误差	b0	24.18
3	1	23.1	23.00	0.01	b1	-2.11
4	2	21.3	23.66	5.55	b2	0.92
5	3	27.4	26.16	1.54		
6	4	34.6	30.50	16.78		
7	5	33.8	36.69	8.36		
8	6	43.2	44.72	2.32		
9	7	59.5	54.60	24.03		
10	8	64.4	66.32	3.67		
11	9	74.2	79.88	32.22		
12	10	99.3	95.28	16.15		
13			480.80	110.65		
14						

图 14 – 14　计算结果

上述数据还可用指数增长趋势方程：$F_t = b_0 (b_1)^t$ 来拟合。具体步骤略。

14.3　季节模式时间序列及其预测

1. 不含趋势的季节模式

给定雨伞销售量数据见表 14 – 3。

14.3.1　不含趋势的
季节模式—数据

表 14 – 3　雨伞销售量数据 （单位：把）

年	季度	序号	销售量
1	一	1	125
	二	2	153
	三	3	106
	四	4	88

（续）

年	季度	序号	销售量
	一	5	118
2	二	6	161
	三	7	133
	四	8	102
	一	9	138
3	二	10	144
	三	11	113
	四	12	80
	一	13	109
4	二	14	137
	三	15	125
	四	16	109
	一	17	130
5	二	18	165
	三	19	128
	四	20	96

表 14 – 3 的数据是不含趋势的季节模式，如图 14 – 15 所示。

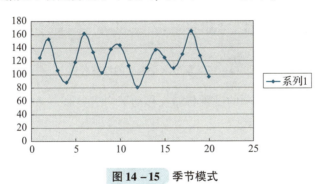

图 14 – 15 季节模式

为了模拟不含趋势的雨伞销售量的时间序列的季节影响，我们需要引入 $3(n-1)$ 个虚拟变量如下：

$$Q_1 = \begin{cases} 1, & \text{如果为第一季度,} \\ 0, & \text{其他情况;} \end{cases} \quad Q_2 = \begin{cases} 1, & \text{如果为第二季度,} \\ 0, & \text{其他情况;} \end{cases} \quad Q_3 = \begin{cases} 1, & \text{如果为第三季度,} \\ 0, & \text{其他情况} \end{cases}$$

则可构造如下回归模型：

$$F = b_0 + b_1 Q_1 + b_2 Q_2 + b_3 Q_3$$

引入三个虚拟变量如图 14 – 16 所示。

季节水平模式的计算公式如图 14 – 17 所示。

	季度	序号	Q1	Q2	Q3	销售量
1	一	1	1	0	0	125
	二	2	0	1	0	153
	三	3	0	0	1	106
	四	4	0	0	0	88
2	一	5	1	0	0	118
	二	6	0	1	0	161
	三	7	0	0	1	133
	四	8	0	0	0	102
3	一	9	1	0	0	138
	二	10	0	1	0	144
	三	11	0	0	1	113
	四	12	0	0	0	80
4	一	13	1	0	0	109
	二	14	0	1	0	137
	三	15	0	0	1	125
	四	16	0	0	0	109
5	一	17	1	0	0	130
	二	18	0	1	0	165
	三	19	0	0	1	128
	四	20	0	0	0	96

图 14-16 引入虚拟变量

年	季度	序号	Q1	Q2	Q3	销售量	F=b0+b1*Q1+b2*Q2+b3*Q3	误差平方	b0	95
1	一	1	1	0	0	125	=$M$1+$M$2*D2+$M$3*E2+$M$4*F2	=(G2-H2)^2	b1	29
=B2+1	二	=C2+1	0	1	0	153	=$M$1+$M$2*D3+$M$3*E3+$M$4*F3	=(G3-H3)^2	b2	57
=B3+1	三	=C3+1	0	0	1	106	=$M$1+$M$2*D4+$M$3*E4+$M$4*F4	=(G4-H4)^2	b3	26
=B4+1	四	=C4+1	0	0	0	88	=$M$1+$M$2*D5+$M$3*E5+$M$4*F5	=(G5-H5)^2		
2	一	=C5+1	1	0	0	118	=$M$1+$M$2*D6+$M$3*E6+$M$4*F6	=(G6-H6)^2		
=B6+1	二	=C6+1	0	1	0	161	=$M$1+$M$2*D7+$M$3*E7+$M$4*F7	=(G7-H7)^2		
=B7+1	三	=C7+1	0	0	1	133	=$M$1+$M$2*D8+$M$3*E8+$M$4*F8	=(G8-H8)^2		
=B8+1	四	=C8+1	0	0	0	102	=$M$1+$M$2*D9+$M$3*E9+$M$4*F9	=(G9-H9)^2		
3	一	=C9+1	1	0	0	138	=$M$1+$M$2*D10+$M$3*E10+$M$4*F10	=(G10-H10)^2		
=B10+1	二	=C10+1	0	1	0	144	=$M$1+$M$2*D11+$M$3*E11+$M$4*F11	=(G11-H11)^2		
=B11+1	三	=C11+1	0	0	1	113	=$M$1+$M$2*D12+$M$3*E12+$M$4*F12	=(G12-H12)^2		
=B12+1	四	=C12+1	0	0	0	80	=$M$1+$M$2*D13+$M$3*E13+$M$4*F13	=(G13-H13)^2		
4	一	=C13+1	1	0	0	109	=$M$1+$M$2*D14+$M$3*E14+$M$4*F14	=(G14-H14)^2		
=B14+1	二	=C14+1	0	1	0	137	=$M$1+$M$2*D15+$M$3*E15+$M$4*F15	=(G15-H15)^2		
=B15+1	三	=C15+1	0	0	1	125	=$M$1+$M$2*D16+$M$3*E16+$M$4*F16	=(G16-H16)^2		
=B16+1	四	=C16+1	0	0	0	109	=$M$1+$M$2*D17+$M$3*E17+$M$4*F17	=(G17-H17)^2		
5	一	=C17+1	1	0	0	130	=$M$1+$M$2*D18+$M$3*E18+$M$4*F18	=(G18-H18)^2		
=B18+1	二	=C18+1	0	1	0	165	=$M$1+$M$2*D19+$M$3*E19+$M$4*F19	=(G19-H19)^2		
=B19+1	三	=C19+1	0	0	1	128	=$M$1+$M$2*D20+$M$3*E20+$M$4*F20	=(G20-H20)^2		
=B20+1	四	=C20+1	0	0	0	96	=$M$1+$M$2*D21+$M$3*E21+$M$4*F21	=(G21-H21)^2		
								=SUM(K2:K21)		

图 14-17 季节水平模式的计算公式

这里的规划求解参数与选项的设置与加权移动平均法类似。

计算结果如图 14-18 所示。

年	季度	序号	Q1	Q2	Q3	销售量	F=b0+b1*Q1+b2*Q2+b3*Q3	误差平方	b0	95
	一	1	1	0	0	125	124	1	b1	29
1	二	2	0	1	0	153	152	1	b2	57
	三	3	0	0	1	106	121	225	b3	26
	四	4	0	0	0	88	95	49		
	一	5	1	0	0	118	124	36		
2	二	6	0	1	0	161	152	81		
	三	7	0	0	1	133	121	144		
	四	8	0	0	0	102	95	49		
	一	9	1	0	0	138	124	196		
3	二	10	0	1	0	144	152	64		
	三	11	0	0	1	113	121	64		
	四	12	0	0	0	80	95	225		
	一	13	1	0	0	109	124	225		
4	二	14	0	1	0	137	152	225		
	三	15	0	0	1	125	121	16		
	四	16	0	0	0	109	95	196		
	一	17	1	0	0	130	124	36		
5	二	18	0	1	0	165	152	169		
	三	19	0	0	1	128	121	49		
	四	20	0	0	0	96	95	1		
								2052		

图 14-18 计算结果

14.3.2　含趋势的
季节模式—数据

2. 含趋势的季节模式

给定电视机销售量数据见表 14 – 4。

表 14 – 4　电视机销售量数据　　　　　　　　（单位：1000 台）

序号	年	季度	序号	销售量
1		一	1	4.8
2		二	2	4.1
3	1	三	3	6.0
4		四	4	6.5
5		一	5	5.8
6		二	6	5.2
7	2	三	7	6.8
8		四	8	7.4
9		一	9	6.0
10		二	10	5.6
11	3	三	11	7.5
12		四	12	7.8
13		一	13	6.3
14		二	14	5.9
15	4	三	15	8.0
16		四	16	8.4

根据表 14 – 4 的数据制定含趋势的季节模式，如图 14 – 19 所示。

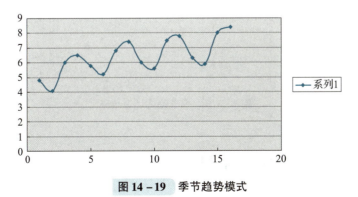

图 14 – 19　季节趋势模式

为了模拟含趋势的电视机销售量的时间序列的季节影响，同样，我们引入 $3(n-1)$ 个虚拟变量如下：

$$Q_1 = \begin{cases} 1, & \text{如果为第一季度,} \\ 0, & \text{其他情况;} \end{cases} ; \quad Q_2 = \begin{cases} 1, & \text{如果为第二季度,} \\ 0, & \text{其他情况;} \end{cases} ; \quad Q_3 = \begin{cases} 1, & \text{如果为第三季度,} \\ 0, & \text{其他情况} \end{cases}$$

则可构造如下回归模型:

$$F = b_0 + b_1 Q_1 + b_2 Q_2 + b_3 Q_3 + b_4 t$$

季节趋势的计算公式如图 14-20 所示。

	A	B	C	D	E	F	G	H	I	L
1	序号	年	季度	序号	Q1	Q2	Q3	销售量	F=b0+b1*Q1+b2*Q2+b3*Q3+b4*t	误差平方
2	1	1	1	1	1	0	0	4.8	=$N$1+$N$2*E2+$N$3*F2+$N$4*G2+$N$5*A2	=(H2-I2)^2
3	=A2+1		=C2+1	=D2+1	0	1	0	4.1	=$N$1+$N$2*E3+$N$3*F3+$N$4*G3+$N$5*A3	=(H3-I3)^2
4	=A3+1		=C3+1	=D3+1	0	0	1	6.0	=$N$1+$N$2*E4+$N$3*F4+$N$4*G4+$N$5*A4	=(H4-I4)^2
5	=A4+1		=C4+1	=D4+1	0	0	0	6.5	=$N$1+$N$2*E5+$N$3*F5+$N$4*G5+$N$5*A5	=(H5-I5)^2
6	=A5+1	2	1	=D5+1	1	0	0	5.8	=$N$1+$N$2*E6+$N$3*F6+$N$4*G6+$N$5*A6	=(H6-I6)^2
7	=A6+1		=C6+1	=D6+1	0	1	0	5.2	=$N$1+$N$2*E7+$N$3*F7+$N$4*G7+$N$5*A7	=(H7-I7)^2
8	=A7+1		=C7+1	=D7+1	0	0	1	6.8	=$N$1+$N$2*E8+$N$3*F8+$N$4*G8+$N$5*A8	=(H8-I8)^2
9	=A8+1		=C8+1	=D8+1	0	0	0	7.4	=$N$1+$N$2*E9+$N$3*F9+$N$4*G9+$N$5*A9	=(H9-I9)^2
10	=A9+1	3	1	=D9+1	1	0	0	6.0	=$N$1+$N$2*E10+$N$3*F10+$N$4*G10+$N$5*A10	=(H10-I10)^2
11	=A10+1		=C10+1	=D10+1	0	1	0	5.6	=$N$1+$N$2*E11+$N$3*F11+$N$4*G11+$N$5*A11	=(H11-I11)^2
12	=A11+1		=C11+1	=D11+1	0	0	1	7.5	=$N$1+$N$2*E12+$N$3*F12+$N$4*G12+$N$5*A12	=(H12-I12)^2
13	=A12+1		=C12+1	=D12+1	0	0	0	7.8	=$N$1+$N$2*E13+$N$3*F13+$N$4*G13+$N$5*A13	=(H13-I13)^2
14	=A13+1	4	1	=D13+1	1	0	0	6.3	=$N$1+$N$2*E14+$N$3*F14+$N$4*G14+$N$5*A14	=(H14-I14)^2
15	=A14+1		=C14+1	=D14+1	0	1	0	5.9	=$N$1+$N$2*E15+$N$3*F15+$N$4*G15+$N$5*A15	=(H15-I15)^2
16	=A15+1		=C15+1	=D15+1	0	0	1	8.0	=$N$1+$N$2*E16+$N$3*F16+$N$4*G16+$N$5*A16	=(H16-I16)^2
17	=A16+1		=C16+1	=D16+1	0	0	0	8.4	=$N$1+$N$2*E17+$N$3*F17+$N$4*G17+$N$5*A17	=(H17-I17)^2
18										=SUM(L2:L17)

图 14-20 季节趋势计算公式

季节趋势计算结果如图 14-21 所示。

	A	B	C	D	E	F	G	H	I	J	K	L	M	N
1	序号	年	季度	序号	Q1	Q2	Q3	销售量	F=b0+b1*Q1+b2*Q2+b3*Q3+b4*t			误差平方	b0	6.07
2	1		一	1	1	0	0	4.8	4.9			0.0	b1	-1.36
3	2	1	二	2	0	1	0	4.1	4.3			0.1	b2	-2.03
4	3		三	3	0	0	1	6.0	6.2			0.0	b3	-0.30
5	4		四	4	0	0	0	6.5	6.7			0.0	b4	0.15
6	5		一	5	1	0	0	5.8	5.4			0.1		
7	6	2	二	6	0	1	0	5.2	4.9			0.1		
8	7		三	7	0	0	1	6.8	6.8			0.0		
9	8		四	8	0	0	0	7.4	7.2			0.0		
10	9		一	9	1	0	0	6.0	6.0			0.0		
11	10	3	二	10	0	1	0	5.6	5.5			0.0		
12	11		三	11	0	0	1	7.5	7.4			0.0		
13	12		四	12	0	0	0	7.8	7.8			0.0		
14	13		一	13	1	0	0	6.3	6.6			0.1		
15	14	4	二	14	0	1	0	5.9	6.1			0.0		
16	15		三	15	0	0	1	8.0	7.9			0.0		
17	16		四	16	0	0	0	8.4	8.4			0.0		
18												0.52		

图 14-21 季节趋势计算结果

14.4 月度模式时间序列的案例分析

1. 不含趋势的月度模式

对于月度水平模式,建立如下模型:

$$F_t = b_0 + \sum_{i=1}^{11} b_i m_i$$

$$m_i = \begin{cases} 1, & \text{如果是第 } i \text{ 月}, \\ 0, & \text{其他情况}, \end{cases} i = 1, 2, \cdots, 11$$

月度水平数据的预测模型如下：

$$\begin{cases} \min z = \sum_{t=1}^{n} (S_t - F_t)^2 \\ \text{s. t. } F_t = b_0 + \sum_{i=1}^{11} b_i m_i, t = 1, 2, \cdots, 11 \end{cases}$$

2. 含趋势的月度模式

对于月度趋势模式，建立如下模型：

$$F_t = b_0 + \sum_{i=1}^{11} b_i m_i + b_{12} t$$

$$m_i = \begin{cases} 1, & \text{如果是第 } i \text{ 月}, \\ 0, & \text{其他情况}, \end{cases} i = 1, 2, \cdots, 11$$

预测模型如下：

$$\min z = \sum_{t=1}^{n} (S_t - F_t)^2$$

$$\text{s. t. } F_t = b_0 + \sum_{i=1}^{11} b_i m_i + b_{12} t, \ t = 1, 2, \cdots, 11$$

14.4.3 月度趋势
模式—数据

3. 月度趋势模式实例

张先生拥有过去三年食品和饮料总体销售情况的数据见表 14-5。

表 14-5 过去三年食品和饮料总体销售情况的数据 （单位：万元）

期	年	月份	销售量	期	年	月份	销售量	期	年	月份	销售量
1		1	242	13		1	313	25		1	382
2		2	235	14		2	288	26		2	355
3		3	232	15		3	297	27		3	365
4		4	178	16		4	243	28		4	305
5		5	184	17		5	243	29		5	310
6	1	6	140	18	2	6	199	30	3	6	260
7		7	145	19		7	207	31		7	266
8		8	152	20		8	211	32		8	274
9		9	110	21		9	172	33		9	226
10		10	130	22		10	180	34		10	248
11		11	152	23		11	217	35		11	273
12		12	206	24		12	280	36		12	335

如果你是该公司的经理，为张三准备一份管理报告，包括如下内容：

1）一幅时间序列图，评论时间序列中的基本模式；

2）使用虚拟变量法，建立最佳的预测模型，预测第四年 1～12 月的销售数据。

我们可以用 Excel Solver 来求解此最优模型。

计算结果如图 14 – 22 所示。

	A	B	C	D	E	F	G	H	I	J	K	L	M	N	O	P	Q	R	S
1	序号	年	月份	M1	M2	M3	M4	M5	M6	M7	M8	M9	M10	M11	销售量	F=b0+b1*m1+b2*m2+b3*m3+b4*m4+b5*m5+b6*m6+b7*m7+b8*m8+b9*m9+b10*m10+b11*m11+5.2*t	误差平方	b0	149.25
2	1	1	1	1	0	0	0	0	0	0	0	0	0	0	242	250.1	66.0	b1	95.69
3	2		2	0	1	0	0	0	0	0	0	0	0	0	235	230.5	20.6	b2	70.84
4	3		3	0	0	1	0	0	0	0	0	0	0	0	232	235.8	14.4	b3	70.99
5	4		4	0	0	0	1	0	0	0	0	0	0	0	178	179.8	3.2	b4	9.81
6	5		5	0	0	0	0	1	0	0	0	0	0	0	184	183.5	0.3	b5	8.3
7	6		6	0	0	0	0	0	1	0	0	0	0	0	140	137.5	1.5	b6	-42.9
8	7		7	0	0	0	0	0	0	1	0	0	0	0	145	143.8	3.5	b7	-41.7
9	8		8	0	0	0	0	0	0	0	1	0	0	0	152	150.1	6.5	b8	-40.6
10	9		9	0	0	0	0	0	0	0	0	1	0	0	110	107.1	8.3	b9	-88.8
11	10		10	0	0	0	0	0	0	0	0	0	1	0	130	123.8	38.5	b10	-77.3
12	11		11	0	0	0	0	0	0	0	0	0	0	1	152	151.8	0.0	b11	-54.5
13	12		12	0	0	0	0	0	0	0	0	0	0	0	206	211.5	29.8	b12	5.2
14	13	2	1	1	0	0	0	0	0	0	0	0	0	0	313	312.3	0.4		
15	14		2	0	1	0	0	0	0	0	0	0	0	0	288	292.7	21.8		
16	15		3	0	0	1	0	0	0	0	0	0	0	0	297	298.0	1.0		
17	16		4	0	0	0	1	0	0	0	0	0	0	0	243	242.0	1.0		
18	17		5	0	0	0	0	1	0	0	0	0	0	0	243	245.7	7.1		
19	18		6	0	0	0	0	0	1	0	0	0	0	0	199	199.7	0.4		
20	19		7	0	0	0	0	0	0	1	0	0	0	0	207	206.0	1.0		
21	20		8	0	0	0	0	0	0	0	1	0	0	0	211	212.3	1.8		
22	21		9	0	0	0	0	0	0	0	0	1	0	0	172	169.3	7.1		
23	22		10	0	0	0	0	0	0	0	0	0	1	0	180	186.0	36.0		
24	23		11	0	0	0	0	0	0	0	0	0	0	1	217	214.0	9.0		
25	24		12	0	0	0	0	0	0	0	0	0	0	0	280	273.7	40.1		
26	25	3	1	1	0	0	0	0	0	0	0	0	0	0	382	374.5	55.6		
27	26		2	0	1	0	0	0	0	0	0	0	0	0	355	354.9	0.0		

图 14 – 22 计算结果

使用表 14 – 5 中的数据和图 14 – 22 所示的 S 列可求得最优预测（误差平方和最低）模型，方程如下：

$$F_t = 149.25 + 95.69m_1 + 70.84m_2 + 70.99m_3 + 9.81m_4 + 8.3m_5 - 42.9m_6 -$$
$$41.7m_7 - 40.6m_8 - 88.8m_9 - 77.3m_{10} - 54.5m_{11} + 5.2t$$

现在我们可以使用上式的 F_t 来预测下一年（第四年）的月度销售利润。

1 月：销售利润

$$F_t = 149.25 + 95.69 \times 1 + 70.84 \times 0 + 70.99 \times 0 + 9.81 \times 0 + 8.3 \times 0 - 42.9 \times 0 -$$
$$41.7 \times 0 - 40.6 \times 0 - 88.8 \times 0 - 77.3 \times 0 - 54.5 \times 0 + 5.2 \times 37$$
$$= 436.8$$

……

11 月：销售利润

$$F_t = 149.25 + 95.69 \times 0 + 70.84 \times 0 + 70.99 \times 0 + 9.81 \times 0 + 8.3 \times 0 - 42.9 \times 0 -$$
$$41.7 \times 0 - 40.6 \times 0 - 88.8 \times 0 - 77.3 \times 0 - 54.5 \times 1 + 5.2 \times 38$$
$$= 417.1$$

12 月：销售利润

$$F_t = 149.25 + 95.69 \times 0 + 70.84 \times 0 + 70.99 \times 0 + 9.81 \times 0 + 8.3 \times 0 - 42.9 \times 0 -$$
$$41.7 \times 0 - 40.6 \times 0 - 88.8 \times 0 - 77.3 \times 0 - 54.5 \times 0 + 5.2 \times 48$$
$$= 398.1$$

即在外部环境是相对稳定的情况下，第四年 1 月的销售利润是 436.8 万元；……；12 月是 398.1 万元。

预测结果与月份趋势图如图 14 – 23 和图 14 – 24 所示。

	A	B	C	D	E	F	G	H	I	J	K	L	M	N	O	P	Q
27	26		2	0	1	0	0	0	0	0	0	0	0	0	355	354.9	0.0
28	27		3	0	0	1	0	0	0	0	0	0	0	0	365	360.2	23.0
29	28		4	0	0	0	1	0	0	0	0	0	0	0	305	304.2	0.6
30	29		5	0	0	0	0	1	0	0	0	0	0	0	310	307.9	4.5
31	30		6	0	0	0	0	0	1	0	0	0	0	0	260	261.9	3.5
32	31		7	0	0	0	0	0	0	1	0	0	0	0	266	268.2	4.9
33	32		8	0	0	0	0	0	0	0	1	0	0	0	274	274.5	0.3
34	33		9	0	0	0	0	0	0	0	0	1	0	0	226	231.5	30.7
35	34		10	0	0	0	0	0	0	0	0	0	1	0	248	248.2	0.0
36	35		11	0	0	0	0	0	0	0	0	0	0	1	273	276.2	10.3
37	36		12	0	0	0	0	0	0	0	0	0	0	0	335	335.9	0.8
38	37	4	1	1	0	0	0	0	0	0	0	0	0	0	0 预测数据	436.8	453.6
39	38		2	0	1	0	0	0	0	0	0	0	0	0		417.1	
40	39		3	0	0	1	0	0	0	0	0	0	0	0		422.4	
41	40		4	0	0	0	1	0	0	0	0	0	0	0		366.4	
42	41		5	0	0	0	0	1	0	0	0	0	0	0		370.1	
43	42		6	0	0	0	0	0	1	0	0	0	0	0		324.1	
44	43		7	0	0	0	0	0	0	1	0	0	0	0		330.1	
45	44		8	0	0	0	0	0	0	0	1	0	0	0		336.8	
46	45		9	0	0	0	0	0	0	0	0	1	0	0		293.8	
47	46		10	0	0	0	0	0	0	0	0	0	1	0		310.4	
48	47		11	0	0	0	0	0	0	0	0	0	0	1		338.4	
49	48		12	0	0	0	0	0	0	0	0	0	0	0		398.1	

图 14 – 23　预测结果

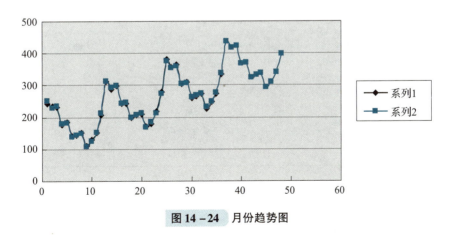

图 14 – 24　月份趋势图

延伸思考：假设第 4 年第 1 月的销售利润为 295 万元。你的预测误差为多少？如果这一误差很大，张三或许会因为你的预测值与实际值之间的差距而困扰。你可以做些什么来消除他的困惑及他对预测过程的怀疑呢？

第 14 章思考题—数据

思 考 题

某厂每周的汽油销售量见表 14-6，求指数平滑法中最优（误差的平方和最小）的平滑系数 α 值。

表 14-6 每周的汽油销售量 （单位：升）

周	1	2	3	4	5	6	7	8	9	10	11	12
汽油销售量	17	21	19	23	18	16	20	18	22	20	15	22

案例分析　产量预测

2021 年，S 矿业集团与 H 煤业集团进行重组，成立了 SH 煤化工集团公司。SH 公司成立后，大力加快新项目建设。通过技术改造和加强管理，使煤炭产量、销售收入、利润、职工收入等得到了大幅提高，2021 年生产煤炭 506 万 t，2022 年煤炭产量 726 万 t，2023 年煤炭产量 956 万 t。三年每月的产量见表 14-7，试预测 2024 年每月的产量。

表 14-7 2021—2023 年每月产量表 （单位：万 t）

2021 年	产量	2022 年	产量	2023 年	产量
1 月	46.84	1 月	53.82	1 月	73.44
2 月	51.52	2 月	68.98	2 月	77.88
3 月	36.46	3 月	52.22	3 月	75.42
4 月	26.23	4 月	43.33	4 月	68.13
5 月	34.15	5 月	51.12	5 月	64.33
6 月	44.26	6 月	63.72	6 月	73.48
7 月	32.43	7 月	51.58	7 月	68.54
8 月	46.52	8 月	65.62	8 月	76.85
9 月	44.13	9 月	69.55	9 月	89.03
10 月	51.69	10 月	70.12	10 月	95.78
11 月	46.78	11 月	68.33	11 月	97.54
12 月	45.12	12 月	67.45	12 月	95.88
合计	506.13	合计	725.84	合计	956.30

1）根据 2021—2023 年的煤炭产量数据，做出图形。

2）由 1）做出的图，给出模型形式。

3）应用上述数据建立预测模型。

4）对 SH 公司 2024 年的 12 个月的产量做出预测。

第 15 章　马尔可夫过程及其预测

马尔可夫预测的基本概念是状态和状态转移。他在 20 世纪初多次试验发现：在一个系统的某些因素的概率转移过程中，第 n 次的结果常常决定于第 $n-1$ 次的试验结果。通俗地讲，即当从一种状态（情况）转移到另一种状态（情况）的转移概率，只与当前所处状态有关，而与以前所处的状态无关，这种性质叫作无后效性；符合这种性质的转移过程，叫作马尔可夫过程。一系列马尔可夫过程的整体，叫作马尔可夫链。

事物经过 k 步转移概率矩阵记为

$$
\boldsymbol{P}^{(k)} = \begin{bmatrix} p_{11}(k) & \cdots & p_{1n}(k) \\ p_{21}(k) & \cdots & p_{2n}(k) \\ \vdots & & \vdots \\ p_{n1}(k) & \cdots & p_{nn}(k) \end{bmatrix}
$$

数学上可证明：

$$
\boldsymbol{P}^{(k)} = \begin{bmatrix} p_{11}(k) & \cdots & p_{1n}(k) \\ p_{21}(k) & \cdots & p_{2n}(k) \\ \vdots & & \vdots \\ p_{n1}(k) & \cdots & p_{nn}(k) \end{bmatrix} = \begin{bmatrix} p_{11} & \cdots & p_{1n} \\ p_{21} & \cdots & p_{2n} \\ \vdots & & \vdots \\ p_{n1} & \cdots & p_{nn} \end{bmatrix}^{k} = \boldsymbol{P}^{k}
$$

15.1　期望利润的马尔可夫预测

期望利润是指商品在市场上销售状况可能发生转变时带来的收益转变的预测。因而，若要预测这种期望收益，必须掌握两种资料：①商品销路转变的概率矩阵，即是由畅销变为畅销的、畅销变为滞销的、滞销变为畅销的、滞销变为滞销的概率；②商品销路在上述四种转变后带来的收益，正值为盈利，负值为亏损。可见在实际工作中就必须首先确定所谓畅销和滞销的数量界限，然后才能设法分析销路转变以及计算出它们所带来的收益。

销售状态转变若视为马尔可夫链，则由此带来的收益也将发生转变。这种随着马尔可夫链的状态转变，赋予收益的转变，称为带收益的马尔可夫链。于是可写出销售状态转移概率矩阵为

$$
\boldsymbol{P} = \begin{pmatrix} p_{11} & p_{12} \\ p_{21} & p_{22} \end{pmatrix}
$$

式中，p_{11} 为由畅销变为畅销的概率；p_{12} 为由畅销变为滞销的概率；p_{21} 为由滞销变为畅销

的概率；p_{22}为由滞销变为滞销的概率。

相应的收益矩阵 R 为

$$R = \begin{pmatrix} r_{11} & r_{12} \\ r_{21} & r_{22} \end{pmatrix}$$

式中，r_{ij}为p_{ij}所带来的收益。其中，$r_{ij}>0$为盈利，$r_{ij}<0$为亏损；$i=1$，2；$j=1$，2。

若在某一时刻通过以往资料求得销售状态转移概率矩阵 P，以及相应的收益矩阵 R，则一步转移的期望收益为

$$v_i^{(1)} = r_{i1}p_{i1} + r_{i2}p_{i2} = \sum_{j=1}^{2} r_{ij}p_{ij}, i=1,2$$

式中，$i=1$为本期处于畅销时的期望收益；$i=2$为本期处于滞销时的期望收益。

经过 k 步转移后的期望收益为

$$v_i^{(k)} = p_{i1}^{(k)}\left(r_{i1}+v_1^{(k-1)}\right) + p_{i2}^{(k)}\left(r_{i2}+v_2^{(k-1)}\right), i=1，2$$

当 $k=1$ 时，规定 $v_1^{(0)}=v_2^{(0)}=0$。

例 15-1

某商品本季度及以往23个季度的销售状态见表15-1。

表15-1　24个季度的销售状态

季度	销售状态	季度	销售状态
1	畅销	13	畅销
2	畅销	14	畅销
3	滞销	15	滞销
4	畅销	16	滞销
5	滞销	17	畅销
6	滞销	18	畅销
7	畅销	19	滞销
8	畅销	20	畅销
9	畅销	21	滞销
10	滞销	22	畅销
11	畅销	23	畅销
12	滞销	24（本）	畅销

经过测算，相应的收益矩阵为

$$R = \begin{pmatrix} 5 & 1 \\ 1 & -1 \end{pmatrix}$$

单位为千元，问本季度期望第二季度、第三季度的收益为多少？

274

解：根据表 15 - 1 中除了最后 1 个季度，即本季度外，畅销季度共 14 个，其中畅销变为畅销次数 7 次，故 $p_{11} = 7/14 = 0.5$，畅销变为滞销次数 7 次，$p_{12} = 7/14 = 0.5$；滞销季度共 9 次，其中由滞销变为畅销 $p_{21} = 7/9 \approx 0.78$，由滞销变为滞销 $p_{22} = 2/9 = 0.22$。

由此得到

$$\boldsymbol{P} = \begin{pmatrix} 0.5 & 0.5 \\ 0.78 & 0.22 \end{pmatrix}, \quad \boldsymbol{P}^{(2)} = \begin{pmatrix} 0.64 & 0.36 \\ 0.56 & 0.44 \end{pmatrix}, \quad \boldsymbol{P}^{(3)} = \begin{pmatrix} 0.6 & 0.40 \\ 0.62 & 0.38 \end{pmatrix}$$

即（第一）期望收益为

$$v_1^{(1)} = r_{11}p_{11} + r_{12}p_{12} = 0.5 \times 5 + 0.5 \times 1 = 3 \text{（千元）}$$

$$v_2^{(1)} = r_{21}p_{21} + r_{22}p_{22} = 0.78 \times 1 + 0.22 \times (-1) = 0.56 \text{（千元）}$$

当 $k = 2$ 时，即二步转移后，期望收益为

$$v_1^{(2)} = p_{11}^{(2)}(r_{11} + v_1^{(1)}) + p_{12}^{(2)}(r_{12} + v_2^{(1)}) = 0.56 \times (5 + 3) + 0.36 \times (1 + 0.56) = 5.68 \text{（千元）}$$

$$v_2^{(2)} = p_{21}^{(2)}(r_{21} + v_1^{(1)}) + p_{22}^{(2)}(r_{22} + v_2^{(1)}) = 0.56 \times (1 + 3) + 0.44 \times (-1 + 0.56) = 2.05 \text{（千元）}$$

当 $k = 3$ 时，即再下个季度后的期望收益为

$$v_1^{(3)} = p_{11}^{(3)}(r_{11} + v_1^{(2)}) + p_{12}^{(3)}(r_{12} + v_2^{(2)}) = 0.6 \times (5 + 5.68) + 0.4 \times (1 + 2.05) = 7.63 \text{（千元）}$$

$$v_1^{(3)} = p_{11}^{(3)}(r_{21} + v_1^{(2)}) + p_{22}^{(3)}(r_{12} + v_2^{(2)}) = 0.62 \times (1 + 5.68) + 0.38 \times (1 + 2.05) = 4.54 \text{（千元）}$$

15.2　稳定状态时的马尔可夫预测

经过相当长的时间后，马尔可夫过程将逐渐趋于稳定，与原始状态无关，此时稳定状态时的马尔可夫预测模型为

$$S^{(n)} \times \boldsymbol{P} = S^{(n)}, \quad \sum S_t^{(n)} = 1$$

企业中的机器设备，粗略地划分为良好和损坏两种状态，在运转和使用的过程中，良好的可能会转变为损坏，而损坏的也可能经过维修转变为良好。一般可用图 15 - 1 表示这种状态转移。

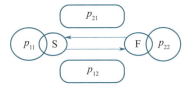

图 15 - 1　机器的状态转移

图 15 - 1 中，S 表示良好状态，F 表示故障状态。

状态转移概率矩阵可写为

$$\boldsymbol{P} = \begin{pmatrix} p_{11} & p_{12} \\ p_{21} & p_{22} \end{pmatrix}$$

式中，p_{11} 为某时刻机器处于良好，到下一时刻仍转变为良好状态的概率；p_{12} 为某时刻机器处

于良好，到下一时刻转变为故障状态的概率；p_{21} 为某时刻机器处于故障，到下一时刻转变为良好状态的概率；p_{22} 为某时刻机器处于故障，到下一时刻仍转变为故障状态的概率。

例 15 – 2

设某车间里的机器出故障的概率为 0.2，机器能修复好的概率为 0.85，求稳定状态下，机器处于良好状态和故障状态的概率各为多少？

解：由题意可知，机器不出故障的概率为 $1 - 0.2 = 0.8$；机器修不好的概率为 $1 - 0.85 = 0.15$。故得到状态转移概率矩阵为：

$$P = \begin{pmatrix} 0.80 & 0.20 \\ 0.85 & 0.15 \end{pmatrix}$$

按照 $S^{(n)} \times P = S^{(n)}$，$\sum S_t^{(n)} = 1$，有：

$$(S_1^{(n)}, S_2^{(n)}) \times \begin{pmatrix} 0.80 & 0.20 \\ 0.85 & 0.15 \end{pmatrix} = (S_1^{(n)}, S_2^{(n)})$$

$$S_1^{(n)} + S_2^{(n)} = 1$$

解上述方程组得：$S_1^{(n)} = 0.81$，$S_2^{(n)} = 0.19$。

即在稳定状态下机器不出故障的概率为 0.81，而出故障的概率为 0.19。

知道了机器出故障的概率，将有助于做出正确的机器维修决策、计划和组织工作。

应用状态转移概念分析设备状态概率，如例 15 – 2 所述，可以是针对某台设备进行分析，也可以用来分析厂内的设备群，取决于调查统计的对象及其转移概率矩阵的含义。

15.3 应收账款分析

本节考虑如何应用马尔可夫过程对应收账款坏账的估算。坏账是对最终无法收回的应收账款的数目的估算。我们来看看 ABC 百货商店应收账款的情况。ABC 百货商店按账龄将应收账款分为两类：① $0 \sim 30$ 天时长的账目；② $31 \sim 90$ 天时长的账目。如果账户余额的任何部分超过 90 天还未收回，那么这一部分将作为坏账注销。ABC 百货商店根据最远的未支付的账单，对所有顾客的账户余额进行账龄管理。某顾客的计费总额见表 15 – 2。

表 15 – 2　计费总额

购买日期	计费总额（元）
8 月 15 日	25
9 月 18 日	10
9 月 28 日	50
合计	85

因为距离最远的未支付的账单（8 月 15 日）已经有 46 天了，所以 9 月 30 日将 85 元应收账款的总余额按账龄列入 31~90 天那类。假设一周后，即 10 月 7 日，顾客付清了 8 月 15 日的 25 元，则剩下 60 元的总余额归入 0~30 的分类，因为距离现在最远的未支付的数目，也就是 9 月 18 日购物的那笔账还不足 31 天。由于账户总余额是根据距离现在最远的未支付的款项来归类的，所以这种按账龄来管理应收账款的方法叫作总余额法。

注意：在账龄型应收账款总余额法下，某一刻归类于 31~90 天类别的账目晚些时候可能会归类到 0~30 天类别中。在该例中，9 月份的 60 元的账单在不同分类间的变动即是如此。在 8 月份的账单被支付后，它从 31~90 天类别转到 0~30 天类别了。

我们假设 12 月 31 日 ABC 百货商店总共有 3000 元应收账款，且公司管理层想要预计这 3000 元大约有多少钱最后可以收回，有多少钱最终会成为坏账。坏账的估计额将作为坏账准备列在年终的财务报告中。

我们来看看如何将应收账款的运作看作马尔可夫过程。首先，我们把目标放在当前应收账款中的一元会如何变化上。由于公司在未来将继续运行，所以我们可以把每周都看作马尔可夫过程的一个事件，而这一元会处于以下系统状态中的一种。

状态一：已支付类。

状态二：坏账类。

状态三：0~30 天类。

状态四：31~90 天类。

这样，我们就可以通过马尔可夫分析跟踪一元在每周的状态，从而识别出在某周或某一期间系统所处的状态。

应用具有先前状态的马尔可夫过程模型，我们对转移概率做如下定义：

p_{ij} 为一元在某周处于状态 i、在下周转为状态 j 的概率。

根据以往应收账款金额的转移情况，我们为 ABC 百货商店建立了如下的转移概率矩阵 P：

$$P = \begin{bmatrix} p_{11} & p_{12} & p_{13} & p_{14} \\ p_{21} & p_{22} & p_{23} & p_{24} \\ p_{31} & p_{32} & p_{33} & p_{34} \\ p_{41} & p_{42} & p_{43} & p_{44} \end{bmatrix} = \begin{bmatrix} 1.0 & 0.0 & 0.0 & 0.0 \\ 0.0 & 1.0 & 0.0 & 0.0 \\ 0.4 & 0.0 & 0.3 & 0.3 \\ 0.4 & 0.2 & 0.3 & 0.1 \end{bmatrix}$$

注意：属于 0~30 天类的金额（状态三）下一期间已支付类（状态一）的概率为 0.4。同时，一周后一元仍处于 0~30 天类（状态三）的概率为 0.3，且一周后处于 31~90 天类（状态四）的概率也为 0.3。当然，属于 0~30 天类的一元不可能在一周后就转到坏账类（状态二）。

ABC 百货商店应收账款状况的马尔可夫过程模型有个重要的特征，即存在吸收状态。例如，一旦一元转到了状态一，就是已支付，那它转换到其他状态的概率就为 0。同样，一旦一元转换到了状态二，即坏账状态，那它转换到其他状态的概率就为 0。因此，一旦这一元到达了状态一或状态二，系统就会永远保持这一状态。我们可以断定，所有的应收账款金额最终都将被吸收入已支付或坏账状态，因此有了吸收状态这一名称。

1. 基本矩阵和相关计算

只要马尔可夫过程模型存在吸收状态，我们就不用计算稳态概率了（系统经过大量转移之后处于任意状态的概率，一旦达到稳定状态，状态概率就不会随时间的推移而改变），因为每个单位最后都会以吸收状态中的一种结束。所以当存在吸收状态时，我们便想知道一个单位账款落于每一种吸收状态的概率。对于 ABC 百货商店问题来说，我们希望知道当前在 0 ~ 30 天账龄类的一美元最后成为已支付类（吸收状态一）的概率以及成为坏账类（吸收状态二）的概率是多少。我们同样也想知道现在属于 31 ~ 90 天账龄类一元的相应的吸收状态概率。

计算吸收状态概率需要确定基本矩阵（计算关于马尔可夫过程吸收状态的概率所需要的矩阵）。基本矩阵来源于转移概率矩阵且对于只有很少量状态的马尔可夫过程，更容易计算。

计算前我们先把转移概率矩阵分成四部分：

$$P = \begin{bmatrix} 1.0 & 0.0 & 0.0 & 0.0 \\ 0.0 & 1.0 & 0.0 & 0.0 \\ 0.4 & 0.0 & 0.3 & 0.3 \\ 0.4 & 0.2 & 0.3 & 0.1 \end{bmatrix} = \begin{bmatrix} 1.0 & 0.0 & 0.0 & 0.0 \\ 0.0 & 1.0 & 0.0 & 0.0 \\ & & R & Q \end{bmatrix}$$

式中，$R = \begin{bmatrix} 0.4 & 0.0 \\ 0.4 & 0.2 \end{bmatrix}$，$Q = \begin{bmatrix} 0.3 & 0.3 \\ 0.3 & 0.1 \end{bmatrix}$。

矩阵 N 为基本矩阵，可以通过下式计算。

$$N = (I - Q)^{-1}$$

式中，I 为单位矩阵，$(I - Q)^{-1}$ 为 $I - Q$ 的逆矩阵。

$$I - Q = \begin{bmatrix} 1.0 & 0.0 \\ 0.0 & 1.0 \end{bmatrix} - \begin{bmatrix} 0.3 & 0.3 \\ 0.3 & 0.1 \end{bmatrix} = \begin{bmatrix} 0.7 & -0.3 \\ -0.3 & 0.9 \end{bmatrix}$$

$$N = (I - Q)^{-1} = \begin{bmatrix} 1.67 & 0.56 \\ 0.56 & 1.30 \end{bmatrix}$$

如果我们用基本矩阵 N 乘以矩阵 P 的 R 部分，就可以得到初始处于状态三或状态四的应收账款最终落到每一个吸收状态的概率。ABC 百货商店问题中的 N 乘以 R 得到以下结果：

$$NR = (I - Q)^{-1}R = \begin{bmatrix} 1.67 & 0.56 \\ 0.56 & 1.30 \end{bmatrix} \times \begin{bmatrix} 0.4 & 0.0 \\ 0.4 & 0.2 \end{bmatrix} = \begin{bmatrix} 0.89 & 0.11 \\ 0.74 & 0.26 \end{bmatrix}$$

NR 乘积的第一行表示 0 ~ 30 天类中的一元最后落入每一种吸收状态的概率。因此我们得到，0 ~ 30 天账龄类中的一元最后成为已支付类的概率为 0.89；而其成为坏账类的概率为 0.11。类似地，NR 乘积的第二行表示与 31 ~ 90 天账龄类中的一元相关的概率。也就是说，31~90 天账龄类中一元最后成为已支付类的概率为 0.74，而其成为坏账类的概率为 0.26。有了这一信息，我们就可以预测有多少钱能收回来，有多少钱作为坏账损失掉。

2. 设立坏账准备

令 $\boldsymbol{B}$ 代表一个二元向量，它包括当前 0~30 天账龄类和 31~90 天账龄类的应收账款。即

$$\boldsymbol{B} = [\, b_1, \ b_2\,]$$

式中，b_1 表示在 0~30 天账龄类的总金额；b_2 表示在 31~90 天账龄类的总金额。

假设 ABC 百货商店于 12 月 31 日的应收账款余额中 0~30 天账龄类（状态三）有 1000 元，31~90 天账龄类（状态四）有 2000 元。

我们可以通过 $\boldsymbol{B}$ 与 $\boldsymbol{NR}$ 相乘来确定这 3000 元中有多少能够收回，有多少会损失掉。则，

$$\boldsymbol{B} \times \boldsymbol{NR} = [\,1000, 2000\,] \times \begin{bmatrix} 0.89 & 0.11 \\ 0.74 & 0.26 \end{bmatrix} = [\,2370, 630\,]$$

因此，我们看到将有 2370 元的应收账款被收回，而剩余的 630 元将作为坏账注销。基于这一分析，会计部门应该为这 630 元建立坏账准备。

基于前面的分析，我们假设 ABC 百货商店希望调查减少的坏账概率。前面的分析指出，0~30 天账龄类账款不可收回的概率为 0.11，也就是说 11% 的账款不可收回，而 31~90 天账龄类账款不可收回的概率为 26%。我们进一步假设 ABC 百货商店正在考虑推行一项新的信用政策，包括给予即付账款以折扣。

管理层相信，正在考虑的这一政策将提高 0~30 天账龄类向已支付类转变的概率，降低了 0~30 天账龄类向 31~90 天账龄类转变的概率。假设管理层对新政策的作用进行了仔细研究，并给出了以下这一可适用的转移矩阵：

$$\boldsymbol{P} = \begin{bmatrix} 1.0 & 0.0 & 0.0 & 0.0 \\ 0.0 & 1.0 & 0.0 & 0.0 \\ 0.6 & 0.0 & 0.3 & 0.1 \\ 0.4 & 0.2 & 0.3 & 0.1 \end{bmatrix}$$

我们发现，0~30 天账龄类的一元在下一期间转为已支付类的概率增加到了 0.6，而在下一期间转为 31~90 天账龄类的概率减少为 0.1。要确定这些变化带给坏账费用的影响，我们必须计算 $\boldsymbol{N}$、$\boldsymbol{NR}$、$\boldsymbol{BNR}$。计算基本矩阵 $\boldsymbol{N}$ 如下：

$$\boldsymbol{N} = (\boldsymbol{I} - \boldsymbol{Q})^{-1} = \left(\begin{bmatrix} 1.0 & 0.0 \\ 0.0 & 1.0 \end{bmatrix} - \begin{bmatrix} 0.3 & 0.1 \\ 0.3 & 0.1 \end{bmatrix} \right)^{-1} = \begin{bmatrix} 1.5 & 0.17 \\ 0.5 & 1.17 \end{bmatrix}$$

用 $\boldsymbol{N}$ 乘以 $\boldsymbol{R}$，可得

$$\boldsymbol{NR} = (\boldsymbol{I} - \boldsymbol{Q})^{-1}\boldsymbol{R} = \begin{bmatrix} 1.5 & 0.17 \\ 0.5 & 1.17 \end{bmatrix}\begin{bmatrix} 0.6 & 0.0 \\ 0.4 & 0.2 \end{bmatrix} = \begin{bmatrix} 0.97 & 0.03 \\ 0.77 & 0.23 \end{bmatrix}$$

通过新的信用政策，我们预料 0~30 天账龄类有 3% 的账款不能收回，而 31~90 天类

则有 23% 的账款不能收回。同前面一样，假设 0～30 天账龄类中有 1000 元，31～90 天账龄类中有 2000 元，我们可以通过 **B** 乘 **NR** 来计算出落于吸收状态的应收账款的总量。得到

$$\boldsymbol{B} \times \boldsymbol{NR} = \begin{bmatrix} 1000, & 2000 \end{bmatrix} \times \begin{bmatrix} 0.97 & 0.03 \\ 0.77 & 0.23 \end{bmatrix} = \begin{bmatrix} 2510, & 490 \end{bmatrix}$$

因此，新的信用政策下坏账费用为 490 元。而在原有的信用政策下，这一费用为 630 元。因此，预期新的信用政策使这一项费用节约了 630－490＝140（元）。如果考虑到应收账款总量为 3000 元，那这一项节约将使坏账费用减少 4.7%（140/3000）。在考虑了成本之后，管理层就可以评估新的信用政策的经济性了。如果成本（包括折扣）小于应收账款的 4.7%，我们就可以预料新的政策将有助于提高 ABC 百货商店的利润。

思 考 题

两种品牌牙膏购买模式的转移概率的马尔可夫过程见表 15－3。

1）哪种品牌牙膏的顾客忠诚度最高？请解释。

2）这两种品牌牙膏的预期市场份额分别是多少？

表 15－3　转移概率的马尔可夫过程

从	到	
	特效 B	MDA
特效 B	0.90	0.10
MDA	0.05	0.95

附　录

附录 A　标准正态分布表

	0.00	0.01	0.02	0.03	0.04	0.05	0.06	0.07	0.08	0.09
0.0	0.5000	0.5040	0.5080	0.5120	0.5160	0.5199	0.5239	0.5279	0.5319	0.5359
0.1	0.5398	0.5438	0.5478	0.5517	0.5557	0.5596	0.5636	0.5675	0.5714	0.5753
0.2	0.5793	0.5832	0.5871	0.5910	0.5948	0.5987	0.6026	0.6064	0.6103	0.6141
0.3	0.6179	0.6217	0.6255	0.6293	0.6331	0.6368	0.6406	0.6443	0.6480	0.6517
0.4	0.6554	0.6591	0.6628	0.6664	0.6700	0.6736	0.6772	0.6808	0.6844	0.6879
0.5	0.6915	0.6950	0.6985	0.7019	0.7054	0.7088	0.7123	0.7157	0.7190	0.7224
0.6	0.7257	0.7291	0.7324	0.7357	0.7389	0.7422	0.7454	0.7486	0.7517	0.7549
0.7	0.7580	0.7611	0.7642	0.7673	0.7704	0.7734	0.7764	0.7794	0.7823	0.7852
0.8	0.7881	0.7910	0.7939	0.7967	0.7995	0.8023	0.8051	0.8078	0.8106	0.8133
0.9	0.8159	0.8186	0.8212	0.8238	0.8264	0.8289	0.8315	0.8340	0.8365	0.8389
1.0	0.8413	0.8438	0.8461	0.8485	0.8508	0.8531	0.8554	0.8577	0.8599	0.8621
1.1	0.8643	0.8665	0.8686	0.8708	0.8729	0.8749	0.8770	0.8790	0.8810	0.8830
1.2	0.8849	0.8869	0.8888	0.8907	0.8925	0.8944	0.8962	0.8980	0.8997	0.9015
1.3	0.9032	0.9049	0.9066	0.9082	0.9099	0.9115	0.9131	0.9147	0.9162	0.9177
1.4	0.9192	0.9207	0.9222	0.9236	0.9251	0.9265	0.9279	0.9292	0.9306	0.9319
1.5	0.9332	0.9345	0.9357	0.9370	0.9382	0.9394	0.9406	0.9418	0.9429	0.9441
1.6	0.9452	0.9463	0.9474	0.9484	0.9495	0.9505	0.9515	0.9525	0.9535	0.9545
1.7	0.9554	0.9564	0.9573	0.9582	0.9591	0.9599	0.9608	0.9616	0.9625	0.9633
1.8	0.9641	0.9649	0.9656	0.9664	0.9671	0.9678	0.9686	0.9693	0.9699	0.9706
1.9	0.9713	0.9719	0.9726	0.9732	0.9738	0.9744	0.9750	0.9756	0.9761	0.9767
2.0	0.9772	0.9778	0.9783	0.9788	0.9793	0.9798	0.9803	0.9808	0.9812	0.9817
2.1	0.9821	0.9826	0.9830	0.9834	0.9838	0.9842	0.9846	0.9850	0.9854	0.9857
2.2	0.9861	0.9864	0.9868	0.9871	0.9875	0.9878	0.9881	0.9884	0.9887	0.9890
2.3	0.9893	0.9896	0.9898	0.9901	0.9904	0.9906	0.9909	0.9911	0.9913	0.9916
2.4	0.9918	0.9920	0.9922	0.9925	0.9927	0.9929	0.9931	0.9932	0.9934	0.9936
2.5	0.9938	0.9940	0.9941	0.9943	0.9945	0.9946	0.9948	0.9949	0.9951	0.9952
2.6	0.9953	0.9955	0.9956	0.9957	0.9959	0.9960	0.9961	0.9962	0.9963	0.9964

（续）

	0.00	0.01	0.02	0.03	0.04	0.05	0.06	0.07	0.08	0.09
2.7	0.9965	0.9966	0.9967	0.9968	0.9969	0.9970	0.9971	0.9972	0.9973	0.9974
2.8	0.9974	0.9975	0.9976	0.9977	0.9977	0.9978	0.9979	0.9979	0.9980	0.9981
2.9	0.9981	0.9982	0.9982	0.9983	0.9984	0.9984	0.9985	0.9985	0.9986	0.9986
3.0	0.9987	0.9987	0.9987	0.9988	0.9988	0.9989	0.9989	0.9989	0.9990	0.9990
3.1	0.9990	0.9991	0.9991	0.9991	0.9992	0.9992	0.9992	0.9992	0.9993	0.9993
3.2	0.9993	0.9993	0.9994	0.9994	0.9994	0.9994	0.9994	0.9995	0.9995	0.9995
3.3	0.9995	0.9995	0.9995	0.9996	0.9996	0.9996	0.9996	0.9996	0.9996	0.9997
3.4	0.9997	0.9997	0.9997	0.9997	0.9997	0.9997	0.9997	0.9997	0.9997	0.9998

附录 B　t 分布表

n	0.350	0.300	0.250	0.200	0.150	0.100	0.050	0.025	0.010	0.005
1	0.5095	0.7265	1.0000	1.3764	1.9626	3.0777	6.3138	12.7062	31.8205	63.6567
2	0.4447	0.6172	0.8165	1.0607	1.3862	1.8856	2.9200	4.3027	6.9646	9.9248
3	0.4242	0.5844	0.7649	0.9785	1.2498	1.6377	2.3534	3.1824	4.5407	5.8409
4	0.4142	0.5686	0.7407	0.9410	1.1896	1.5332	2.1318	2.7764	3.7469	4.6041
5	0.4082	0.5594	0.7267	0.9195	1.1558	1.4759	2.0150	2.5706	3.3649	4.0321
6	0.4043	0.5534	0.7176	0.9057	1.1342	1.4398	1.9432	2.4469	3.1427	3.7074
7	0.4015	0.5491	0.7111	0.8960	1.1192	1.4149	1.8946	2.3646	2.9980	3.4995
8	0.3995	0.5459	0.7064	0.8889	1.1081	1.3968	1.8595	2.3060	2.8965	3.3554
9	0.3979	0.5435	0.7027	0.8834	1.0997	1.3830	1.8331	2.2622	2.8214	3.2498
10	0.3966	0.5415	0.6998	0.8791	1.0931	1.3722	1.8125	2.2281	2.7638	3.1693
11	0.3956	0.5399	0.6974	0.8755	1.0877	1.3634	1.7959	2.2010	2.7181	3.1058
12	0.3947	0.5386	0.6955	0.8726	1.0832	1.3562	1.7823	2.1788	2.6810	3.0545
13	0.3940	0.5375	0.6938	0.8702	1.0795	1.3502	1.7709	2.1604	2.6503	3.0123
14	0.3933	0.5366	0.6924	0.8681	1.0763	1.3450	1.7613	2.1448	2.6245	2.9768
15	0.3928	0.5357	0.6912	0.8662	1.0735	1.3406	1.7531	2.1314	2.6025	2.9467
16	0.3923	0.5350	0.6901	0.8647	1.0711	1.3368	1.7459	2.1199	2.5835	2.9208
17	0.3919	0.5344	0.6892	0.8633	1.0690	1.3334	1.7396	2.1098	2.5669	2.8982
18	0.3915	0.5338	0.6884	0.8620	1.0672	1.3304	1.7341	2.1009	2.5524	2.8784
19	0.3912	0.5333	0.6876	0.8610	1.0655	1.3277	1.7291	2.0930	2.5395	2.8609
20	0.3909	0.5329	0.6870	0.8600	1.0640	1.3253	1.7247	2.0860	2.5280	2.8453
21	0.3906	0.5325	0.6864	0.8591	1.0627	1.3232	1.7207	2.0796	2.5176	2.8314

n	0.350	0.300	0.250	0.200	0.150	0.100	0.050	0.025	0.010	0.005
22	0.3904	0.5321	0.6858	0.8583	1.0614	1.3212	1.7171	2.0739	2.5083	2.8188
23	0.3902	0.5317	0.6853	0.8575	1.0603	1.3195	1.7139	2.0687	2.4999	2.8073
24	0.3900	0.5314	0.6848	0.8569	1.0593	1.3178	1.7109	2.0639	2.4922	2.7969
25	0.3898	0.5312	0.6844	0.8562	1.0584	1.3163	1.7081	2.0595	2.4851	2.7874
26	0.3896	0.5309	0.6840	0.8557	1.0575	1.3150	1.7056	2.0555	2.4786	2.7787
27	0.3894	0.5306	0.6837	0.8551	1.0567	1.3137	1.7033	2.0518	2.4727	2.7707
28	0.3893	0.5304	0.6834	0.8546	1.0560	1.3125	1.7011	2.0484	2.4671	2.7633
29	0.3892	0.5302	0.6830	0.8542	1.0553	1.3114	1.6991	2.0452	2.4620	2.7564
30	0.3890	0.5300	0.6828	0.8538	1.0547	1.3104	1.6973	2.0423	2.4573	2.7500
31	0.3889	0.5298	0.6825	0.8534	1.0541	1.3095	1.6955	2.0395	2.4528	2.7440
32	0.3888	0.5297	0.6822	0.8530	1.0535	1.3086	1.6939	2.0369	2.4487	2.7385
33	0.3887	0.5295	0.6820	0.8526	1.0530	1.3077	1.6924	2.0345	2.4448	2.7333
34	0.3886	0.5294	0.6818	0.8523	1.0525	1.3070	1.6909	2.0322	2.4411	2.7284
35	0.3885	0.5292	0.6816	0.8520	1.0520	1.3062	1.6896	2.0301	2.4377	2.7238
36	0.3884	0.5291	0.6814	0.8517	1.0516	1.3055	1.6883	2.0281	2.4345	2.7195
37	0.3883	0.5289	0.6812	0.8514	1.0512	1.3049	1.6871	2.0262	2.4314	2.7154
38	0.3882	0.5288	0.6810	0.8512	1.0508	1.3042	1.6860	2.0244	2.4286	2.7116
39	0.3882	0.5287	0.6808	0.8509	1.0504	1.3036	1.6849	2.0227	2.4258	2.7079
40	0.3881	0.5286	0.6807	0.8507	1.0500	1.3031	1.6839	2.0211	2.4233	2.7045

附录 C　卡方分布表

n	0.995	0.990	0.975	0.950	0.900	0.100	0.050	0.025	0.010	0.005
1	0.000	0.000	0.001	0.004	0.016	2.706	3.841	5.024	6.635	7.879
2	0.010	0.020	0.051	0.103	0.211	4.605	5.991	7.378	9.210	10.597
3	0.072	0.115	0.216	0.352	0.584	6.251	7.815	9.348	11.345	12.838
4	0.207	0.297	0.484	0.711	1.064	7.779	9.488	11.143	13.277	14.860
5	0.412	0.554	0.831	1.145	1.610	9.236	11.070	12.833	15.086	16.750
6	0.676	0.872	1.237	1.635	2.204	10.645	12.592	14.449	16.812	18.548
7	0.989	1.239	1.690	2.167	2.833	12.017	14.067	16.013	18.475	20.278
8	1.344	1.646	2.180	2.733	3.490	13.362	15.507	17.535	20.090	21.955
9	1.735	2.088	2.700	3.325	4.168	14.684	16.919	19.023	21.666	23.589

（续）

n	0.995	0.990	0.975	0.950	0.900	0.100	0.050	0.025	0.010	0.005
10	2.156	2.558	3.247	3.940	4.865	15.987	18.307	20.483	23.209	25.188
11	2.603	3.053	3.816	4.575	5.578	17.275	19.675	21.920	24.725	26.757
12	3.074	3.571	4.404	5.226	6.304	18.549	21.026	23.337	26.217	28.300
13	3.565	4.107	5.009	5.892	7.042	19.812	22.362	24.736	27.688	29.819
14	4.075	4.660	5.629	6.571	7.790	21.064	23.685	26.119	29.141	31.319
15	4.601	5.229	6.262	7.261	8.547	22.307	24.996	27.488	30.578	32.801
16	5.142	5.812	6.908	7.962	9.312	23.542	26.296	28.845	32.000	34.267
17	5.697	6.408	7.564	8.672	10.085	24.769	27.587	30.191	33.409	35.718
18	6.265	7.015	8.231	9.390	10.865	25.989	28.869	31.526	34.805	37.156
19	6.844	7.633	8.907	10.117	11.651	27.204	30.144	32.852	36.191	38.582
20	7.434	8.260	9.591	10.851	12.443	28.412	31.410	34.170	37.566	39.997
21	8.034	8.897	10.283	11.591	13.240	29.615	32.671	35.479	38.932	41.401
22	8.643	9.542	10.982	12.338	14.041	30.813	33.924	36.781	40.289	42.796
23	9.260	10.196	11.689	13.091	14.848	32.007	35.172	38.076	41.638	44.181
24	9.886	10.856	12.401	13.848	15.659	33.196	36.415	39.364	42.980	45.559
25	10.520	11.524	13.120	14.611	16.473	34.382	37.652	40.646	44.314	46.928
26	11.160	12.198	13.844	15.379	17.292	35.563	38.885	41.923	45.642	48.290
27	11.808	12.879	14.573	16.151	18.114	36.741	40.113	43.195	46.963	49.645
28	12.461	13.565	15.308	16.928	18.939	37.916	41.337	44.461	48.278	50.993
29	13.121	14.256	16.047	17.708	19.768	39.087	42.557	45.722	49.588	52.336
30	13.787	14.953	16.791	18.493	20.599	40.256	43.773	46.979	50.892	53.672
31	14.458	15.655	17.539	19.281	21.434	41.422	44.985	48.232	52.191	55.003
32	15.134	16.362	18.291	20.072	22.271	42.585	46.194	49.480	53.486	56.328
33	15.815	17.074	19.047	20.867	23.110	43.745	47.400	50.725	54.776	57.648
34	16.501	17.789	19.806	21.664	23.952	44.903	48.602	51.966	56.061	58.964
35	17.192	18.509	20.569	22.465	24.797	46.059	49.802	53.203	57.342	60.275
36	17.887	19.233	21.336	23.269	25.643	47.212	50.998	54.437	58.619	61.581
37	18.586	19.960	22.106	24.075	26.492	48.363	52.192	55.668	59.893	62.883
38	19.289	20.691	22.878	24.884	27.343	49.513	53.384	56.896	61.162	64.181
39	19.996	21.426	23.654	25.695	28.196	50.660	54.572	58.120	62.428	65.476
40	20.707	22.164	24.433	26.509	29.051	51.805	55.758	59.342	63.691	66.766

附录 D F 分布表

n_2	n_1																	
	1	2	3	4	5	6	7	8	9	10	12	15	20	24	30	40	60	120
1	40	49	54	56	57	58	59	59	60	60	61	61	62	62	62	63	63	63
2	9	9	9	9	9	9	9	9	9	9	9	9	9	9	9	9	9	9
3	5.54	5.46	5.39	5.34	5.31	5.28	5.27	5.25	5.24	5.23	5.22	5.20	5.18	5.18	5.17	5.16	5.15	5.14
4	4.54	4.32	4.19	4.11	4.05	4.01	3.98	3.95	3.94	3.92	3.90	3.87	3.84	3.83	3.82	3.80	3.79	3.78
5	4.06	3.78	3.62	3.52	3.45	3.40	3.37	3.34	3.32	3.30	3.27	3.24	3.21	3.19	3.17	3.16	3.14	3.12
6	3.78	3.46	3.29	3.18	3.11	3.05	3.01	2.98	2.96	2.94	2.90	2.87	2.84	2.82	2.80	2.78	2.76	2.74
7	3.59	3.26	3.07	2.96	2.88	2.83	2.78	2.75	2.72	2.70	2.67	2.63	2.59	2.58	2.56	2.54	2.51	2.49
8	3.46	3.11	2.92	2.81	2.73	2.67	2.62	2.59	2.56	2.54	2.50	2.46	2.42	2.40	2.38	2.36	2.34	2.32
9	3.36	3.01	2.81	2.69	2.61	2.55	2.51	2.47	2.44	2.42	2.38	2.34	2.30	2.28	2.25	2.23	2.21	2.18
10	3.29	2.92	2.73	2.61	2.52	2.46	2.41	2.38	2.35	2.32	2.28	2.24	2.20	2.18	2.16	2.13	2.11	2.08
11	3.23	2.86	2.66	2.54	2.45	2.39	2.34	2.30	2.27	2.25	2.21	2.17	2.12	2.10	2.08	2.05	2.03	2.00
12	3.18	2.81	2.61	2.48	2.39	2.33	2.28	2.24	2.21	2.19	2.15	2.10	2.06	2.04	2.01	1.99	1.96	1.93
13	3.14	2.76	2.56	2.43	2.35	2.28	2.23	2.20	2.16	2.14	2.10	2.05	2.01	1.98	1.96	1.93	1.90	1.88
14	3.10	2.73	2.52	2.39	2.31	2.24	2.19	2.15	2.12	2.10	2.05	2.01	1.96	1.94	1.91	1.89	1.86	1.83
15	3.07	2.70	2.49	2.36	2.27	2.21	2.16	2.12	2.09	2.06	2.02	1.97	1.92	1.90	1.87	1.85	1.82	1.79
16	3.05	2.67	2.46	2.33	2.24	2.18	2.13	2.09	2.06	2.03	1.99	1.94	1.89	1.87	1.84	1.81	1.78	1.75
17	3.03	2.64	2.44	2.31	2.22	2.15	2.10	2.06	2.03	2.00	1.96	1.91	1.86	1.84	1.81	1.78	1.75	1.72
18	3.01	2.62	2.42	2.29	2.20	2.13	2.08	2.04	2.00	1.98	1.93	1.89	1.84	1.81	1.78	1.75	1.72	1.69
19	2.99	2.61	2.40	2.27	2.18	2.11	2.06	2.02	1.98	1.96	1.91	1.86	1.81	1.79	1.76	1.73	1.70	1.67
20	2.97	2.59	2.38	2.25	2.16	2.09	2.04	2.00	1.96	1.94	1.89	1.84	1.79	1.77	1.74	1.71	1.68	1.64
21	2.96	2.57	2.36	2.23	2.14	2.08	2.02	1.98	1.95	1.92	1.87	1.83	1.78	1.75	1.72	1.69	1.66	1.62
22	2.95	2.56	2.35	2.22	2.13	2.06	2.01	1.97	1.93	1.90	1.86	1.81	1.76	1.73	1.70	1.67	1.64	1.60
23	2.94	2.55	2.34	2.21	2.11	2.05	1.99	1.95	1.92	1.89	1.84	1.80	1.74	1.72	1.69	1.66	1.62	1.59
24	2.93	2.54	2.33	2.19	2.10	2.04	1.98	1.94	1.91	1.88	1.83	1.78	1.73	1.70	1.67	1.64	1.61	1.57
25	2.92	2.53	2.32	2.18	2.09	2.02	1.97	1.93	1.89	1.87	1.82	1.77	1.72	1.69	1.66	1.63	1.59	1.56
26	2.91	2.52	2.31	2.17	2.08	2.01	1.96	1.92	1.88	1.86	1.81	1.76	1.71	1.68	1.65	1.61	1.58	1.54
27	2.90	2.51	2.30	2.17	2.07	2.00	1.95	1.91	1.87	1.85	1.80	1.75	1.70	1.67	1.64	1.60	1.57	1.53
28	2.89	2.50	2.29	2.16	2.06	2.00	1.94	1.90	1.87	1.84	1.79	1.74	1.69	1.66	1.63	1.59	1.56	1.52
29	2.89	2.50	2.28	2.15	2.06	1.99	1.93	1.89	1.86	1.83	1.78	1.73	1.68	1.65	1.62	1.58	1.55	1.51
30	2.88	2.49	2.28	2.14	2.05	1.98	1.93	1.88	1.85	1.82	1.77	1.72	1.67	1.64	1.61	1.57	1.54	1.50

（续）

n_2	n_1																	
	1	2	3	4	5	6	7	8	9	10	12	15	20	24	30	40	60	120
40	2.84	2.44	2.23	2.09	2.00	1.93	1.87	1.83	1.79	1.76	1.71	1.66	1.61	1.57	1.54	1.51	1.47	1.42
50	2.81	2.41	2.20	2.06	1.97	1.90	1.84	1.80	1.76	1.73	1.68	1.63	1.57	1.54	1.50	1.46	1.42	1.38
60	2.79	2.39	2.18	2.04	1.95	1.87	1.82	1.77	1.74	1.71	1.66	1.60	1.54	1.51	1.48	1.44	1.40	1.35
70	2.78	2.38	2.16	2.03	1.93	1.86	1.80	1.76	1.72	1.69	1.64	1.59	1.53	1.49	1.46	1.42	1.37	1.32
80	2.77	2.37	2.15	2.02	1.92	1.85	1.79	1.75	1.71	1.68	1.63	1.57	1.51	1.48	1.44	1.40	1.36	1.31
90	2.76	2.36	2.15	2.01	1.91	1.84	1.78	1.74	1.70	1.67	1.62	1.56	1.50	1.47	1.43	1.39	1.35	1.29
100	2.76	2.36	2.14	2.00	1.91	1.83	1.78	1.73	1.69	1.66	1.61	1.56	1.49	1.46	1.42	1.38	1.34	1.28
110	2.75	2.35	2.13	2.00	1.90	1.83	1.77	1.73	1.69	1.66	1.61	1.55	1.49	1.45	1.42	1.37	1.33	1.27
120	2.75	2.35	2.13	1.99	1.90	1.82	1.77	1.72	1.68	1.65	1.60	1.55	1.48	1.45	1.41	1.37	1.32	1.26
130	2.74	2.34	2.13	1.99	1.89	1.82	1.76	1.72	1.68	1.65	1.60	1.54	1.48	1.44	1.40	1.36	1.31	1.26

参考文献

[1] 丁以中. 管理科学 [M]. 北京：清华大学出版社，2003.

[2] 《运筹学》教材编写组. 运筹学 [M]. 4版. 北京：清华大学出版社，2012.

[3] 韩大卫. 管理运筹学——模型与方法 [M]. 北京：清华大学出版社，2009.

[4] 韩伯棠. 管理运筹学 [M]. 2版. 北京：高等教育出版社，2005.

[5] 叶向. 实用运筹学：运用Excel建模和求解 [M]. 北京：中国人民大学出版社，2007.

[6] 安德森，斯威尼，坎姆，等. 数据、模型与决策：管理科学篇—第13版 [M]. 侯文华，杨静蕾，译. 北京：机械工业出版社，2013.

[7] 普拉斯塔克斯. 管理决策：理论与实践 [M]. 李辉，译. 北京：清华大学出版社，2009.

[8] 泰勒. 数据、模型与决策：第9版 [M]. 侯文华，译. 北京：机械工业出版社，2010.

[9] 希利尔 F S，希利尔 M S. 数据、模型与决策：运用电子表格建模与案例研究 第2版 [M]. 任建标，译. 北京：中国财政经济出版社，2004.

[10] 安德森，斯威尼，威廉斯，等. 商务与经济统计：第11版 [M]. 张建华，王健，聂巧平，等译. 北京：机械工业出版社，2012.

[11] TSAY. 金融时间序列分析：第3版 [M]. 王远林，王辉，潘家柱，译. 北京：人民邮电出版社，2012.

[12] 黎子良，邢海鹏. 金融市场中的统计模型和方法 [M]. 姚佩佩，译. 北京：高等教育出版社，2009.

[13] 马达拉，拉奥. 金融中的统计方法 [M]. 王美今，芮萌，林嘉永，译. 上海：上海人民出版社，2008.

[14] 林雨雷. 定量方法 [M]. 北京：中国财政经济出版社，2012.

[15] 朱顺泉. 数据统计分析的R软件应用 [M]. 北京：清华大学出版社，2015.